"一带一路"
简明知识读本

(修订本)

本书编写组 ◎ 编

新华出版社

图书在版编目（CIP）数据

"一带一路"简明知识读本 /《"一带一路"简明知识读本》编写组编.
— 2版（修订本）.—北京：新华出版社，2017.4（2025.2重印）
ISBN 978-7-5166-3173-7

Ⅰ.①— … Ⅱ.①— … Ⅲ.①"一带一路"—国际合作—研究 Ⅳ.①F125.5

中国版本图书馆CIP数据核字（2017）第073030号

"一带一路"简明知识读本（修订本）

编　　者：本书编写组	
责任编辑：郑建玲	封面设计：臻美书装
责任印制：廖成华	

出版发行：新华出版社
地　　址：北京石景山区京原路8号　邮　　编：100040
网　　址：http：//www.xinhuapub.com
经　　销：新华书店、新华出版社天猫旗舰店、京东旗舰店及各大网店
购书热线：010-63077122　　中国新闻书店购书热线：010-63072012
照　　排：臻美书装
印　　刷：大厂回族自治县众邦印务有限公司
成品尺寸：160mm×230mm
印　　张：19　　　　　　　　　　字　　数：220千字
版　　次：2017年4月第二版　　　印　　次：2025年2月第六次印刷
书　　号：ISBN978-7-5166-3173-7
定　　价：36.80元

版权专有，侵权必究。如有质量问题，请与出版社联系调换：010-63077101

CONTENTS 目录

与世界共绘繁荣发展新画卷
——写在"一带一路"国际合作高峰论坛倒计时一个月之际 / 1

推动共建丝绸之路经济带和21世纪海上丝绸之路的愿景与行动 / 1

第一章　读懂新构想:"一带一路"是什么?

· 背景资料 ·
　　"一带一路"的前世与今生 / 2
· 深入解读 ·
　　"一带一路"打开"筑梦空间" / 7
　　新动能·新合作·新生活
　　　　——三个角度透视"一带一路" / 14
　　"一带一路"三年记 / 19
· "一带一路"专家谈 ·
　　"一带一路"战略,是伟大"中国梦"的合理延伸 / 23
· 媒体视角 ·
　　"一带一路"新观察:如何读懂"一带一路"新构想? / 28

丝路精神，贯穿古今开新篇
　　——聚焦"一带一路"倡议的时代意义（上）/ 32
开放包容，携手发展谋共赢
　　——聚焦"一带一路"倡议的时代意义（下）/ 33
计利当计天下利 / 35
举"中国方案"　践大道之行 / 37

· 一图看懂 ·

第二章　互通是关键："一带一路"怎么建？

· 背景资料 ·

　　"一带一路"：从愿景到行动的"五四三二一" / 47

· 深入解读 ·

　　"一带一路"开启全球互联互通史的新篇章 / 49
　　共建"一带一路"的机制和原则高度开放透明 / 52

CONTENTS 目录

中国方案的世界回响

　　——写在人类命运共同体理念首次载入安理会决议之际 / 54

· "一带一路"专家谈·

　　要在国家层面规划布局 / 58

· 媒体视角·

　　"一带一路"新观察:"一带一路"钱从哪儿来? / 62

　　丝路基金的"五个W和一个H" / 66

　　亚投行助力"一带一路" / 70

　　加强国际合作　共建"一带一路"　实现共赢发展

　　——杨洁篪谈"一带一路"国际合作高峰论坛筹备工作 / 84

· 新华丝路·

　　国家发改委等13部门建立"一带一路"PPP工作机制 / 91

　　丝路"钢铁驼队"从这里驶往欧亚　串起互联互通贸易纽带 / 92

　　第三批自贸区列近千项创新清单　金融探索再获突破 / 96

　　亚投行加速"一带一路"项目落地 / 100

· 一图看懂·

第三章　古路焕新颜：中国各地方如何发挥优势？

·背景资料·

中国各地方如何在"一带一路"中发挥优势 / 108

·深入解读·

以钉钉子精神推进"一带一路"建设 / 109

发改委：有序推进"一带一路"地方实施方案 / 111

·媒体视角·

你的家乡在"一带一路"上吗？ / 117

（一）丝绸之路经济带核心区域

陕西省以"三个创新"扩大与"一带一路"沿线国家合作 / 118

甘肃与"一带一路"沿线国家贸易额突破百亿元 / 120

青海发挥独特优势融入丝绸之路经济带 / 125

宁夏打造丝绸之路经济带的战略支点与交通大枢纽 / 128

"一带一路"引领新疆全方位开放上水平 / 130

重庆：打造"一带一路"西南枢纽 / 134

CONTENTS 目录

"一带一路"成都迎来更大机遇 / 138

昆明：辐射西南正当时 / 141

北部湾港口群成衔接"一带一路"重要门户 / 147

（二）21世纪海上丝绸之路核心区域

江苏省融入"一带一路"当好先行先导 沿东陇海线经济带崛起 / 150

"一带一路"阿里巴巴：智慧"新丝路"的全球化理想 / 153

福建：发力"海丝"行稳致远 / 155

深圳：当好"一带一路"文化排头兵 / 158

海南企业加快海外布局 参与"一带一路"重大项目27个 / 162

· 新华丝路 ·

班列竞"走西口" 郑州"牵手"欧洲 / 168

自贸区3.0：

一颗澳大利亚的樱桃6小时过海关，新格局对接"一带一路" / 171

· 丝路故事 ·

古丝绸之路上的故事 / 177

· 一图看懂 ·

第四章　你我共参与："一带一路"改变生活

· 深入解读 ·

　　"一带一路"：福泽"路边"民众 / 182

· "一带一路"专家谈 ·

　　共建"一带一路"造福各国人民 / 185

· 媒体视角 ·

　　"一带一路"新观察："一带一路"跟你我有关吗？ / 187

　　"一带一路"掘金指南 / 191

· 丝路故事 ·

　　蛮荒之地创奇迹

　　——实地探访扎根拉美24年的首钢秘铁 / 193

· 新华丝路 ·

　　青岛加快融入"一带一路"　打造开放型经济新格局 / 196

· 一图看懂 ·

CONTENTS
目录

第五章　携手共前行："一带一路"上的"中国故事"

·背景资料·

　　共享发展果实　谱写文明新篇

　　　　——"一带一路"建设成果回眸 / 205

·深入解读·

　　"一带一路"促进全球发展合作的中国方案 / 209

　　"一带一路"为全球化带来"三大利好" / 215

·"一带一路"专家谈·

　　中外专家畅谈"一带一路"广阔前景 / 220

·媒体视角·

　　同行天下　共圆梦想

　　　　——记行进中的"一带一路" / 222

　　做好"一带一路"交汇点大文章 / 228

　　产能合作筑就中哈互利共赢之路 / 231

- **中企新途** -

　　踏上"一带一路",中国企业迈出什么样的新步伐? / 239

　　中企,在加勒比海逐浪 / 242

　　乘着"一带一路"的东风,

　　　　中国环保产业怎么出得去、站得住、长得大? / 249

- **丝路故事** -

　　"一带一路"奏响马赛之歌 / 259

　　远东渔民的"中国梦" / 261

　　"中国亭"、中国制造与中巴情缘 / 263

　　连接大河文明的"万里纽带" / 267

　　湄公河畔山乡"变形记" / 270

- **一图看懂** -

附录:"一带一路"大事记 / 277

与世界共绘繁荣发展新画卷
——写在"一带一路"国际合作高峰论坛倒计时一个月之际

这是中国主场外交的新盛事,也是全球合作共赢的新起点。一个月后,"一带一路"国际合作高峰论坛将在北京拉开帷幕。"一带一路"是中国首倡的国际合作倡议,高峰论坛是首次主办,两个"首次"赋予本次论坛重大而深远的意义。"加强国际合作,共建'一带一路',实现共赢发展",会议主题展现东道主的胸怀与智慧,道出各国同舟共济、迈向繁荣的共同愿望。

春赏其花,秋登其实。自习近平主席提出"一带一路"倡议三年多来,"一带一路"建设从无到有、由点及面,进度和成果超出预期。100多个国家和国际组织积极响应,40多个国家和国际组织同中国签署合作协议。从经济走廊建设稳步推进到互联互通网络逐步成型,从贸易投资大幅增长到重要项目合作稳步实施,纵贯古今、统筹陆海、兼济天下的"一带一路"建设,蕴含着包容互鉴的东方智慧,见证了知行合一的中国担当。

"欢迎'一带一路'等经济合作倡议建设",去年底,第71届联合国大会决议首次写入这一倡议并获得193个会员国的一致赞同。中国方案之所以"一石激起千层浪",成为迄今最受欢迎的国际公共产品,一个重要原因在于它顺应了合作共赢的时代潮流和各国加快发展的迫切愿望,以共商、共建、共享的原则将中国机遇同各国发展融合起来。开放包容、互利共赢是"一带一路"建设最鲜明的特色,也是其强大生命力和吸引力所在。在当今世界保护主义、单边主义抬头的形势下,千余名元首或政府首脑、国际组织负责人以及各国、各地区代表将齐聚北京、共襄盛举,这既是对中国倡议投下的沉甸甸的赞成票，也展现了"撸起袖子一起干"的共识与决心。

"共商合作大计，共建合作平台，共享合作成果，为解决当前世界和区域经济面临的问题寻找方案，为实现联动式发展注入新能量。"习主席关于推进"一带一路"建设的一系列深刻论述，为办好高峰论坛、加强国际合作指明了方向。无论是聚焦合作、重在落实的议题设置，还是开放包容、海纳百川的办会理念，无不体现着东道主分享发展机遇的智慧，契合了各国实现共同繁荣的关切。"知者善谋，不如当时。"把握历史机遇，明确优势互补、共同繁荣的大方向，就能推动"一带一路"建设向着落地生根、深耕细作、持久发展的阶段迈进。

"求木之长者，必固其根本；欲流之远者，必浚其泉源。"向实处走，方能行稳致远。"一带一路"建设不是空洞的口号，而是看得见、摸得着的实际举措。中方将梳理重点领域合作、确定一批重大合作项目作为论坛一大目标，正是要通过实实在在的获得感，为互利合作注入动力、夯实根基。谋长远计，方可成就伟业。本次论坛旨在提出中长期合作举措，探讨共建"一带一路"长效合作机制，构建更加紧密务实的伙伴关系网络。以"一带一路"建设为契机，加强各国沟通与协调，增进互信，不仅有助于推动经济全球化朝更加普惠、包容方向实现再平衡，也将推动不同文明交流互鉴，成为构建人类命运共同体的重要实践。

"无冥冥之志者，无昭昭之明；无惛惛之事者，无赫赫之功。"从亚太经合组织领导人北京会议雁阵齐飞，到二十国集团领导人杭州峰会挺立涛头，中国主场外交好戏连台，合作共赢的理念一脉相承。瞩望即将到来的高峰论坛，我们期待各方坦诚交流、集思广益，共商"一带一路"建设大计；我们坚信，只要坚持正确方向，以钉钉子精神推进"一带一路"建设，各方定能奏响合作共赢的交响乐，共绘繁荣发展的新画卷。（新华社北京2017年4月13日电）

推动共建丝绸之路经济带和 21 世纪海上丝绸之路的愿景与行动

国家发改委、外交部、商务部

2015年3月28日

前言

2000多年前，亚欧大陆上勤劳勇敢的人民，探索出多条连接亚欧非几大文明的贸易和人文交流通路，后人将其统称为"丝绸之路"。千百年来，"和平合作、开放包容、互学互鉴、互利共赢"的丝绸之路精神薪火相传，推进了人类文明进步，是促进沿线各国繁荣发展的重要纽带，是东西方交流合作的象征，是世界各国共有的历史文化遗产。

进入21世纪，在以和平、发展、合作、共赢为主题的新时代，面对复苏乏力的全球经济形势，纷繁复杂的国际和地区局面，传承和弘扬丝绸之路精神更显重要和珍贵。

2013年9月和10月，中国国家主席习近平在出访中亚和东南亚国家期间，先后提出共建"丝绸之路经济带"和"21世纪海上丝绸之路"（以下简称"一带一路"）的重大倡议，得到国际社会高度关注。中国国务院总理李克强参加2013年中国—东盟博览会时强调，铺就面向东盟的海上丝绸之路，打造带动腹地发展的战略支点。加快"一带一路"建设,有利于促进沿线各国经济繁荣与区域经济合作,加强不同文明交流互鉴,促进世界和平发展,是一项造福世界各国人民的伟大事业。

"一带一路"建设是一项系统工程,要坚持共商、共建、共享原则,积极推进沿线国家发展战略的相互对接。为推进实施"一带一路"重大倡议,让古丝绸之路焕发新的生机活力,以新的形式使亚欧非各国联系更加紧密,互利合作迈向新的历史高度,中国政府特制定并发布《推动共建丝绸之路经济带和21世纪海上丝绸之路的愿景与行动》。

一、时代背景

当今世界正发生复杂深刻的变化,国际金融危机深层次影响继续显现,世界经济缓慢复苏、发展分化,国际投资贸易格局和多边投资贸易规则酝酿深刻调整,各国面临的发展问题依然严峻。共建"一带一路"顺应世界多极化、经济全球化、文化多样化、社会信息化的潮流,秉持开放的区域合作精神,致力于维护全球自由贸易体系和开放型世界经济。共建"一带一路"旨在促进经济要素有序自由流动、资源高效配置和市场深度融合,推动沿线各国实现经济政策协调,开展更大范围、更高水平、更深层次的区域合作,共同打造开放、包容、均衡、普惠的区域经济合作架构。共建"一带一路"符合国际社会的根本利益,彰显人类社会共同理想和美好追求,是国际合作以及全球治理新模式的积极探索,将为世界和平发展增添新的正能量。

共建"一带一路"致力于亚欧非大陆及附近海洋的互联互通,建立和加强沿线各国互联互通伙伴关系,构建全方位、多层次、复合型的互联互通网络,实现沿线各国多元、自主、平衡、可持续的发展。"一带一路"的互联互通项目将推动沿线各国发展战略的对接与耦合,发掘区域内市场的潜力,促进投资和消费,创造需求和就业,增进沿线各国人民的人文交流与文明互鉴,让各国人民相逢相知、互信互敬,共享和谐、安宁、富裕的生活。

当前，中国经济和世界经济高度关联。中国将一以贯之地坚持对外开放的基本国策，构建全方位开放新格局，深度融入世界经济体系。推进"一带一路"建设既是中国扩大和深化对外开放的需要，也是加强和亚欧非及世界各国互利合作的需要，中国愿意在力所能及的范围内承担更多责任义务，为人类和平发展作出更大的贡献。

二、共建原则

恪守联合国宪章的宗旨和原则。遵守和平共处五项原则，即尊重各国主权和领土完整、互不侵犯、互不干涉内政、和平共处、平等互利。

坚持开放合作。"一带一路"相关的国家基于但不限于古代丝绸之路的范围，各国和国际、地区组织均可参与，让共建成果惠及更广泛的区域。

坚持和谐包容。倡导文明宽容，尊重各国发展道路和模式的选择，加强不同文明之间的对话，求同存异、兼容并蓄、和平共处、共生共荣。

坚持市场运作。遵循市场规律和国际通行规则，充分发挥市场在资源配置中的决定性作用和各类企业的主体作用，同时发挥好政府的作用。

坚持互利共赢。兼顾各方利益和关切，寻求利益契合点和合作最大公约数，体现各方智慧和创意，各施所长，各尽所能，把各方优势和潜力充分发挥出来。

三、框架思路

"一带一路"是促进共同发展、实现共同繁荣的合作共赢之路，是增进理解信任、加强全方位交流的和平友谊之路。中国政府倡议，秉持和平合作、开放包容、互学互鉴、互利共赢的理念，全方位推进务实合作，打造政治互信、经济融合、文化包容的利益共同体、命运共同体和责任共同体。

"一带一路"贯穿亚欧非大陆，一头是活跃的东亚经济圈，一头是发达的欧洲经济圈，中间广大腹地国家经济发展潜力巨大。丝绸之路经济带重点畅通中国经中亚、俄罗斯至欧洲（波罗的海）；中国经中亚、西亚至波斯湾、地中海；中国至东南亚、南亚、印度洋。21世纪海上丝绸之路重点方向是从中国沿海港口过南海到印度洋，延伸至欧洲；从中国沿海港口过南海到南太平洋。

根据"一带一路"走向，陆上依托国际大通道，以沿线中心城市为支撑，以重点经贸产业园区为合作平台，共同打造新亚欧大陆桥、中蒙俄、中国—中亚—西亚、中国—中南半岛等国际经济合作走廊；海上以重点港口为节点，共同建设通畅安全高效的运输大通道。中巴、孟中印缅两个经济走廊与推进"一带一路"建设关联紧密，要进一步推动合作，取得更大进展。

"一带一路"建设是沿线各国开放合作的宏大经济愿景，需各国携手努力，朝着互利互惠、共同安全的目标相向而行。努力实现区域基础设施更加完善，安全高效的陆海空通道网络基本形成，互联互通达到新水平；投资贸易便利化水平进一步提升，高标准自由贸易区网络基本形成，经济联系更加紧密，政治互信更加深入；人文交流更加广泛深入，不同文明互鉴共荣，各国人民相知相交、和平友好。

四、合作重点

沿线各国资源禀赋各异，经济互补性较强，彼此合作潜力和空间很大。以政策沟通、设施联通、贸易畅通、资金融通、民心相通为主要内容，重点在以下方面加强合作。

政策沟通。加强政策沟通是"一带一路"建设的重要保障。加强政府间合作，积极构建多层次政府间宏观政策沟通交流机制，深化利益融合，促进政治互信，达成合作新共识。沿线各国可以就经济发展战略和对策进行充分交流对接，共同制定推进区域合作的规划和措施，协商解决合作中的问题，共同为务实合作及大型项目实施提供政策支持。

设施联通。基础设施互联互通是"一带一路"建设的优先领域。在尊重相关国家主权和安全关切的基础上，沿线国家宜加强基础设施建设规划、技术标准体系的对接，共同推进国际骨干通道建设，逐步形成连接亚洲各次区域以及亚欧非之间的基础设施网络。强化基础设施绿色低碳化建设和运营管理，在建设中充分考虑气候变化影响。

抓住交通基础设施的关键通道、关键节点和重点工程，优先打通缺失路段，畅通瓶颈路段，配套完善道路安全防护设施和交通管理设施设备，提升道路通达水平。推进建立统一的全程运输协调机制，促进国际通关、换装、多式联运有机衔接，逐步形成兼容规范的运输规则，实现国际运输便利化。推动口岸基础设施建设，畅通陆水联运通道，推进港口合作建设，增加海上航线和班次，加强海上物流信息化合作。拓展建立民航全面合作的平台和机制，加快提升航空基础设施水平。

加强能源基础设施互联互通合作，共同维护输油、输气管道等运输通道安全，推进跨境电力与输电通道建设，积极开展区域电网升级改造合作。

共同推进跨境光缆等通信干线网络建设，提高国际通信互联互通水平，畅通信息丝绸之路。加快推进双边跨境光缆等建设，规划建设洲际海底光缆项目，完善空中（卫星）信息通道，扩大信息交流与合作。

贸易畅通。投资贸易合作是"一带一路"建设的重点内容。宜着力研究解决投资贸易便利化问题，消除投资和贸易壁垒，构建区域内和各国良好的营商环境，积极同沿线国家和地区共同商建自由贸易区，激发释放合作潜力，做大做好合作"蛋糕"。

沿线国家宜加强信息互换、监管互认、执法互助的海关合作，以及检验检疫、认证认可、标准计量、统计信息等方面的双多边合作，推动世界贸易组织《贸易便利化协定》生效和实施。改善边境口岸通关设施条件，加快边境口岸"单一窗口"建设，降低通关成本，提升通关能力。加强供应链安全与便利化合作，推进跨境监管程序协调，推动检验检疫证书国际互联网核查，开展"经认证的经营者"（AEO）互认。降低非关税壁垒，共同提高技术性贸易措施透明度，提高贸易自由化便利化水平。

拓宽贸易领域，优化贸易结构，挖掘贸易新增长点，促进贸易平衡。创新贸易方式，发展跨境电子商务等新的商业业态。建立健全服务贸易促进体系，巩固和扩大传统贸易，大力发展现代服务贸易。把投资和贸易有机结合起来，以投资带动贸易发展。

加快投资便利化进程，消除投资壁垒。加强双边投资保护协定、避免双重征税协定磋商，保护投资者的合法权益。

拓展相互投资领域，开展农林牧渔业、农机及农产品生产加工等领域深度合作，积极推进海水养殖、远洋渔业、水产品加工、海水淡化、海洋生物制药、海洋工程技术、环保产业和海上旅游等领域合作。加大煤炭、油气、金属矿产等传统能源资源勘探开发合作，积极推动水电、核电、风电、太阳能等清洁、可再生能源合作，推进能源资源就地就近加工转化合作，形成能源资源合作上下游一体化产业链。加强能源资源深加工技术、装备与工程服务合作。

推动新兴产业合作，按照优势互补、互利共赢的原则，促进沿线国家加强在新一代信息技术、生物、新能源、新材料等新兴产业领域的深入合作，推动建立创业投资合作机制。

优化产业链分工布局，推动上下游产业链和关联产业协同发展，鼓励建立研发、生产和营销体系，提升区域产业配套能力和综合竞争力。扩大服务业相互开放，推动区域服务业加快发展。探索投资合作新模式，鼓励合作建设境外经贸合作区、跨境经济合作区等各类产业园区，促进产业集群发展。在投资贸易中突出生态文明理念，加强生态环境、生物多样性和应对气候变化合作，共建绿色丝绸之路。

中国欢迎各国企业来华投资。鼓励本国企业参与沿线国家基础设施建设和产业投资。促进企业按属地化原则经营管理，积极帮助当地发展经济、增加就业、改善民生，主动承担社会责任，严格保护生物多样性和生态环境。

资金融通。资金融通是"一带一路"建设的重要支撑。深化金融合作，推进亚洲货币稳定体系、投融资体系和信用体系建设。扩大沿线国家双边本币互换、结算的范围和规模。推动亚洲债券市场的开放和发展。共同推进亚洲基础设施投资银行、金砖国家开发银行筹建，有关各方就建立上海合作组织融资机构开展磋商。加快丝路基金组建运营。深化中国—东盟银行联合体、上合组织银行联合体务实合作，以银团贷款、银行授信等方式开展多边金融合作。支持沿线国家政府和信用等级较高的企业以及金融机构在中国境内发行人民币债券。符合条件的中国境内金融机构和企业可以在境外发行人民币债券和外币债券，鼓励在沿线国家使用所筹资金。

加强金融监管合作，推动签署双边监管合作谅解备忘录，逐步在区域内建立高效监管协调机制。完善风险应对和危机处置制度安排，构建区域性金融风险预警系统，形成应对跨境风险和危机处置的交流合作机制。加强征信管理部门、征信机构和评级机构之间的跨境交流与合作。充分发挥丝路基金以及各国主权基金作用，引导商业性股权投资基金和社会资金共同参与"一带一路"重点项目建设。

民心相通。民心相通是"一带一路"建设的社会根基。传承和弘扬丝绸之路友好合作精神，广泛开展文化交流、学术往来、人才交流合作、媒体合作、青年和妇女交往、志愿者服务等，为深化双多边合作奠定坚实的民意基础。

扩大相互间留学生规模，开展合作办学，中国每年向沿线国家提供1万个政府奖学金名额。沿线国家间互办文化年、艺术节、电影节、电视周和图书展等活动，合作开展广播影视剧精品创作及翻译，联合申请世界文化遗产，共同开展世界遗产的联合保护工作。深化沿线国家间人才交流合作。

加强旅游合作，扩大旅游规模，互办旅游推广周、宣传月等活动，联合打造具有丝绸之路特色的国际精品旅游线路和旅游产品，提高沿线各国游客签证便利化水平。推动21世纪海上丝绸之路邮轮旅游合作。积极开展体育交流活动，支持沿线国家申办重大国际体育赛事。

强化与周边国家在传染病疫情信息沟通、防治技术交流、专业人才培养等方面的合作，提高合作处理突发公共卫生事件的能力。为有关国家提供医疗援助和应急医疗救助，在妇幼健康、残疾人康复以及艾滋病、结核、疟疾等主要传染病领域开展务实合作，扩大在传统医药领域的合作。

加强科技合作，共建联合实验室（研究中心）、国际技术转移中心、海上合作中心，促进科技人员交流，合作开展重大科技攻关，共同提升科技创新能力。

整合现有资源，积极开拓和推进与沿线国家在青年就业、创业培训、职业技能开发、社会保障管理服务、公共行政管理等共同关心领域的务实合作。

充分发挥政党、议会交往的桥梁作用，加强沿线国家之间立法机构、主要党派和政治组织的友好往来。开展城市交流合作，欢迎沿线国家重要城市之间互结友好城市，以人文交流为重点，突出务实合作，形成更多鲜活的合作范例。欢迎沿线国家智库之间开展联合研究、合作举办论坛等。

加强沿线国家民间组织的交流合作，重点面向基层民众，广泛开展教育医疗、减贫开发、生物多样性和生态环保等各类公益慈善活动，促进沿线贫困地区生产生活条件改善。加强文化传媒的国际交流合作，积极利用网络平台，运用新媒体工具，塑造和谐友好的文化生态和舆论环境。

五、合作机制

当前，世界经济融合加速发展，区域合作方兴未艾。积极利用现有双多边合作机制，推动"一带一路"建设，促进区域合作蓬勃发展。

加强双边合作，开展多层次、多渠道沟通磋商，推动双边关系全面发展。推动签署合作备忘录或合作规划，建设一批双边合作示范。建立完善双边联合工作机制，研究推进"一带一路"建设的实施方案、行动路线图。充分发挥现有联委会、混委会、协委会、指导委员会、管理委员会等双边机制作用,协调推动合作项目实施。

强化多边合作机制作用,发挥上海合作组织(SCO)、中国—东盟"10+1"、亚太经合组织(APEC)、亚欧会议(ASEM)、亚洲合作对话(ACD)、亚信会议(CICA)、中阿合作论坛、中国—海合会战略对话、大湄公河次区域(GMS)经济合作、中亚区域经济合作(CAREC)等现有多边合作机制作用,相关国家加强沟通,让更多国家和地区参与"一带一路"建设。

继续发挥沿线各国区域、次区域相关国际论坛、展会以及博鳌亚洲论坛、中国—东盟博览会、中国—亚欧博览会、欧亚经济论坛、中国国际投资贸易洽谈会,以及中国—南亚博览会、中国—阿拉伯博览会、中国西部国际博览会、中国—俄罗斯博览会、前海合作论坛等平台的建设性作用。支持沿线国家地方、民间挖掘"一带一路"历史文化遗产,联合举办专项投资、贸易、文化交流活动,办好丝绸之路(敦煌)国际文化博览会、丝绸之路国际电影节和图书展。倡议建立"一带一路"国际高峰论坛。

六、中国各地方开放态势

推进"一带一路"建设,中国将充分发挥国内各地区比较优势,实行更加积极主动的开放战略,加强东中西互动合作,全面提升开放型经济水平。

西北、东北地区。发挥新疆独特的区位优势和向西开放重要窗口作用,深化与中亚、南亚、西亚等国家交流合作,形成丝绸之路经济带上重要的交通枢纽、商贸物流和文化科教中心,打造丝绸之路经济带核心区。发挥陕西、甘肃综合经济文化和宁夏、青海民族人文优势,打造西安内陆型改革开放新高地,加快兰州、西宁开发开放,推进宁夏内陆开放型经济试验区建设,形成面向中亚、南亚、西亚国家的通道、商贸物流枢纽、重要产业和人文交流基地。发挥内蒙古联通俄蒙的区位优势,完善黑龙江对俄铁路通道和区域铁路网，以及黑龙江、吉林、辽宁与俄远东地区陆海联运合作，推进构建北京—莫斯科欧亚高速运输走廊，建设向北开放的重要窗口。

西南地区。发挥广西与东盟国家陆海相邻的独特优势，加快北部湾经济区和珠江—西江经济带开放发展，构建面向东盟区域的国际通道，打造西南、中南地区开放发展新的战略支点，形成21世纪海上丝绸之路与丝绸之路经济带有机衔接的重要门户。发挥云南区位优势，推进与周边国家的国际运输通道建设，打造大湄公河次区域经济合作新高地，建设成为面向南亚、东南亚的辐射中心。推进西藏与尼泊尔等国家边境贸易和旅游文化合作。

沿海和港澳台地区。利用长三角、珠三角、海峡西岸、环渤海等经济区开放程度高、经济实力强、辐射带动作用大的优势，加快推进中国（上海）自由贸易试验区建设，支持福建建设21世纪海上丝绸之路核心区。充分发挥深圳前海、广州南沙、珠海横琴、福建平潭等开放合作区作用，深化与港澳台合作，打造粤港澳大湾区。推进浙江海洋经济发展示范区、福建海峡蓝色经济试验区和舟山群岛新区建设，加大海南国际旅游岛开发开放力度。加强上海、天津、宁波—舟山、广州、深圳、湛江、汕头、青岛、烟台、大连、福州、厦门、泉州、海口、三亚等沿海城市港口建设，强化上海、广州等国际枢纽机场功能。以扩大开放倒逼深层次改革，创新开放型经济体制机制，加大科技创新力度，形成参与和引领国际合作竞争新优势，成为"一带一路"特别是21世纪海上丝绸之路建设的排头兵和主力军。发挥海外侨胞以及香港、澳门特别行政区独特优势作用，积极参与和助力"一带一路"建设。为台湾地区参与"一带一路"建设作出妥善安排。

内陆地区。利用内陆纵深广阔、人力资源丰富、产业基础较好优势，依托长江中游城市群、成渝城市群、中原城市群、呼包鄂榆城市群、哈长城市群等重点区域，推动区域互动合作和产业集聚发展，打造重庆西部开发开放重要支撑和成都、郑州、武汉、长沙、南昌、合肥等内陆开放型经济高地。

加快推动长江中上游地区和俄罗斯伏尔加河沿岸联邦区的合作。建立中欧通道铁路运输、口岸通关协调机制，打造"中欧班列"品牌，建设沟通境内外、连接东中西的运输通道。支持郑州、西安等内陆城市建设航空港、国际陆港，加强内陆口岸与沿海、沿边口岸通关合作，开展跨境贸易电子商务服务试点。优化海关特殊监管区域布局，创新加工贸易模式，深化与沿线国家的产业合作。

七、中国积极行动

一年多来，中国政府积极推动"一带一路"建设，加强与沿线国家的沟通磋商，推动与沿线国家的务实合作，实施了一系列政策措施，努力收获早期成果。

高层引领推动。习近平主席、李克强总理等国家领导人先后出访20多个国家，出席加强互联互通伙伴关系对话会、中阿合作论坛第六届部长级会议，就双边关系和地区发展问题，多次与有关国家元首和政府首脑进行会晤，深入阐释"一带一路"的深刻内涵和积极意义，就共建"一带一路"达成广泛共识。

签署合作框架。与部分国家签署了共建"一带一路"合作备忘录，与一些毗邻国家签署了地区合作和边境合作的备忘录以及经贸合作中长期发展规划。研究编制与一些毗邻国家的地区合作规划纲要。

推动项目建设。加强与沿线有关国家的沟通磋商，在基础设施互联互通、产业投资、资源开发、经贸合作、金融合作、人文交流、生态保护、海上合作等领域，推进了一批条件成熟的重点合作项目。

完善政策措施。中国政府统筹国内各种资源，强化政策支持。推动亚洲基础设施投资银行筹建，发起设立丝路基金，强化中国—欧亚经济合作基金投资功能。推动银行卡清算机构开展跨境清算业务和支付机构开展跨境支付业务。积极推进投资贸易便利化，推进区域通关一体化改革。

发挥平台作用。各地成功举办了一系列以"一带一路"为主题的国际峰会、论坛、研讨会、博览会，对增进理解、凝聚共识、深化合作发挥了重要作用。

八、共创美好未来

共建"一带一路"是中国的倡议，也是中国与沿线国家的共同愿望。站在新的起点上，中国愿与沿线国家一道，以共建"一带一路"为契机，平等协商，兼顾各方利益，反映各方诉求，携手推动更大范围、更高水平、更深层次的大开放、大交流、大融合。"一带一路"建设是开放的、包容的，欢迎世界各国和国际、地区组织积极参与。

共建"一带一路"的途径是以目标协调、政策沟通为主，不刻意追求一致性，可高度灵活，富有弹性，是多元开放的合作进程。中国愿与沿线国家一道，不断充实完善"一带一路"的合作内容和方式，共同制定时间表、路线图，积极对接沿线国家发展和区域合作规划。

中国愿与沿线国家一道，在既有双多边和区域次区域合作机制框架下，通过合作研究、论坛展会、人员培训、交流访问等多种形式，促进沿线国家对共建"一带一路"内涵、目标、任务等方面的进一步理解和认同。

中国愿与沿线国家一道，稳步推进示范项目建设，共同确定一批能够照顾双多边利益的项目，对各方认可、条件成熟的项目抓紧启动实施，争取早日开花结果。

"一带一路"是一条互尊互信之路，一条合作共赢之路，一条文明互鉴之路。只要沿线各国和衷共济、相向而行，就一定能够谱写建设丝绸之路经济带和21世纪海上丝绸之路的新篇章，让沿线各国人民共享"一带一路"共建成果。

Chapter 1 第一章 读懂新构想："一带一路"是什么？

长河落日，大漠孤烟，汉韵唐风，丝路千年。"驰命走驿，不绝于时月；商胡贩客，日款于塞下"，这是一条厚重的文明之路，每一寸似乎都在讲述神秘而辉煌的故事。这里有张骞出使西域，班超投笔从戎，玄奘义无反顾；这里有当垆笑春风、一声出九重的胡姬，有石窟中忘我绘制壁画的匠师，也有驮载巴达克山青金石的贩夫，为波斯贵族运送爱琴海鲜鱼的走卒。视线南移，海上丝路也曾有市舶司冠盖辐辏、泉州港福船扬帆的景象；满载丝绸瓷器、香料珍宝的商船在万顷碧涛中昼夜星驰、通达四方……

岁月长河有大气磅礴，也有蜿蜒曲折；丝绸之路见证熙熙攘攘，也曾尘封荒弛。在新的历史起点上，习近平主席提出丝绸之路经济带和21世纪海上丝绸之路的战略构想，可谓"当惊世界殊"！

沿线各国有着谋求经济发展、扩大交流合作的基本共识。丝绸之路经济带沿线涉及众多国家和海量人口,区域内能源矿产、旅游文化、农业资源等要素禀赋齐全,市场规模和潜力独一无二,如何进一步推动贸易畅通和交往便利,考验着各国的视域与智慧。文明互鉴、民心相通本是国际交往的题中应有之义,基于不同社会制度、不同精神信仰、不同文化传统的国家和人民完全可以和谐相处、友好往来。"一带一路"实现途径以战略协调、政策沟通为主,没有追求一致的制度安排,有的是共商共建共享;没有强制性的时间表、路线图,有的是循序渐进、水到渠成。灵活、弹性的合作模式为未来的发展提供了无限可能。

历史宏卷已然铺开,精诚携手丝路同行,且看如椽巨笔谱续华章……

"一带一路"的前世与今生

一、"一带一路"的古代背景

丝绸之路是西汉时张骞出使西域开辟的以长安(今陕西西安)为起点,经关中平原、河西走廊、塔里木盆地,到锡尔河与乌浒河之间的中亚河中地区、大伊朗,并连结地中海各国的陆上通道。在这条具有历史意义的国际通道上,五彩丝绸、中国瓷器和香料络绎于途,为古代东西方之间经济、文化交流作出了重要贡献。作为经济全球化的早期版本,这条贸易通道被誉为全球最重要的商贸大动脉。

从运输方式上分为陆上丝绸之路和海上丝绸之路。丝绸之路是一条东方与西方之间在经济、政治、文化进行交流的主要道路。它最初的作用是运输中国古代出产的丝绸、瓷器等商品。19世纪末,德国地质地理学家李希霍芬在《中国》一书中,把"从公元前114年至公元127年间,中国与中亚、中国与印度间以丝绸贸易为媒介的西域交通道路"命名为"丝绸之路",这一名词很快被学术界和大众所接受,并正式运用。其后,德国历史学家郝尔曼在20世纪初出版的《中国与叙利亚之间的古代丝绸之路》一书中,根据新发现的文物考古资料,进一步把丝绸之路延伸到地中海西岸和小亚细亚。

海上丝绸之路,是指古代中国与世界其他地区进行经济文化交流交往的海上通道的统称,最早开辟于秦汉时期。从广州、泉州、杭州、扬州等沿海城市出发,往来于南洋和阿拉伯海,甚至远达非洲东海岸。相对于1877年德国地理学家李希霍芬对"丝绸之路"的命名来说,"海上丝路"的提法出现较晚,直到1913年才由法国的东方学家沙畹首次提及。从此之后,有关"海上丝路"的使用和研究越来越多,划分也越来越细。经过多年的研究和讨论,一般对中国海上丝绸之路的划分大概归为两条比较重要的线路:一条是东海航线,也叫"东方海上丝路",是春秋战国时期的齐国在胶东半岛开辟的"循海岸水行"直通辽东半岛、朝鲜半岛、日本列岛直至东南亚的黄金通道;另一条是南海航线,也称"南海丝路",是西汉时始发于广东徐闻港到东南亚各国后延续到西亚直至欧洲的海上贸易黄金通道。

二、"一带一路"的时代背景

当今世界正发生复杂深刻的变化,国际金融危机深层次影响继续显现,世界经济缓慢复苏、发展分化,国际投资贸易格局和多边投资贸易规则酝酿深刻调整,各国面临的发展问题依然严峻。共建"一带一路"顺应世界多极化、经济全球化、文化多样化、社会信息化的潮流,秉持开放的区域合作精神,致力于维护全球自由贸易体系和开放型世界经济。共建"一带一路"旨在促进经济要素有序自由流动、资源高效配置和市场深度融合,推动沿线各国实现经济政策协调,开展更大范围、更高水平、更深层次的区域合作,共同打造开放、包容、均衡、普惠的区域经济合作架构。共建"一带一路"符合国际社会的根本利益,彰显人类社会共同理想和美好追求,是国际合作以及全球治理新模式的积极探索,将为世界和平发展增添新的正能量。

共建"一带一路"致力于亚欧非大陆及附近海洋的互联互通,建立和加强沿线各国互联互通伙伴关系,构建全方位、多层次、复合型的互联互通网络,实现沿线各国多元、自主、平衡、可持续的发展。"一带一路"的互联互通项目将推动沿线各国发展战略的对接与耦合,发掘区域内市场的潜力,促进投资和消费,创造需求和就业,增进沿线各国人民的人文交流与文明互鉴,让各国人民相逢相知、互信互敬,共享和谐、安宁、富裕的生活。

当前,中国经济和世界经济高度关联。中国将一以贯之地坚持对外开放的基本国策,构建全方位开放新格局,深度融入世界经济体系。推进"一带一路"建设既是中国扩大和深化对外开放的需要,也是加强和亚欧非及世界各国互利合作的需要,中国愿意在力所能及的范围内承担更多责任义务,为人类和平发展作出更大的贡献。

经过岁月变迁,21世纪初,贸易和投资在古丝绸之路上再度活跃。中亚各国希望与中国扩展合作领域,在交通、邮电、纺织、食品、制药、化工、农产品加工、消费品生产、机械制造等行业对其进行投资,并在农业、沙漠治理、太阳能、环境保护等方面进行合作,为这块沃土注入"肥料"和"生机"。

在现代交通、资讯飞速发展和全球化发展背景下,促进丝绸之路沿线区域经贸各领域的发展合作,既是对历史文化的传承,也是对该区域蕴藏的巨大潜力的开发。

海洋是各国经贸文化交流的天然纽带,共建"21世纪海上丝绸之路",是全球政治、贸易格局不断变化形势下,中国连接世界的新型贸易之路,其核心价值是通道价值和战略安全。尤其在中国成为世界上第二大经济体,全球政治经济格局合纵连横的背景下,"21世纪海上丝绸之路"的开辟和拓展无疑将大大增强中国的战略安全。21世纪海上丝绸之路和丝绸之路经济带、上海自贸区、高铁战略等都是基于这个大背景下提出的。

21世纪海上丝绸之路的战略合作伙伴并不仅限与东盟,而是以点带线,以线带面,增进同沿边国家和地区的交往,串起连通东盟、南亚、西亚、北非、欧洲等各大经济板块的市场链,发展面向南海、太平洋和印度洋的战略合作经济带,以亚欧非经济贸易一体化为发展的长期目标。由于东盟地处海上丝绸之路的十字路口和必经之地,将是新海丝战略的首要发展目标,而中国和东盟有着广泛的政治基础,坚实的经济基础,21世纪海丝战略符合双方共同利益和共同要求。

自2003年中国与东盟建立战略伙伴关系以来,携手开创了"黄金十年"。中国东盟博览会连续举办十年,以经济合作为重点,逐渐向政治、安全、文化等领域延拓,在应对国际金融危机和抗击重大灾害中形成了合作交流的良好局面。2010年中国—东盟自由贸易区建成,中国成为东盟第一大贸易伙伴,东盟成为中国第三大贸易伙伴,以自贸区升级为标志,关系已进入成熟期,合作进入快车道。21世纪海上丝绸之路作为重要推力和载体,将从规模和内涵上进一步提升双方贸易政治关系。

三、"一带一路"的构思提出

2013年9月和10月,中国国家主席习近平在出访中亚和东南亚国家期间,先后提出共建"丝绸之路经济带"和"21世纪海上丝绸之路"(以下简称"一带一路")的重大倡议,得到国际社会高度关注。中国国务院总理李克强参加2013年中国—东盟博览会时强调，铺就面向东盟的海上丝绸之路，打造带动腹地发展的战略支点。加快"一带一路"建设，有利于促进沿线各国经济繁荣与区域经济合作，加强不同文明交流互鉴，促进世界和平发展，是一项造福世界各国人民的伟大事业。

"一带一路"建设是一项系统工程，要坚持共商、共建、共享原则，积极推进沿线国家发展战略的相互对接。为推进实施"一带一路"重大倡议，让古丝绸之路焕发新的生机活力，以新的形式使亚欧非各国联系更加紧密，互利合作迈向新的历史高度，中国政府特制定并发布《推动共建丝绸之路经济带和21世纪海上丝绸之路的愿景与行动》。

精彩论述

为了使我们欧亚各国经济联系更加紧密、相互合作更加深入、发展空间更加广阔，我们可以用创新的合作模式，共同建设"丝绸之路经济带"。这是一项造福沿途各国人民的大事业。

——2013年9月7日，习近平在哈萨克斯坦纳扎尔巴耶夫大学演讲

东南亚地区自古以来就是"海上丝绸之路"的重要枢纽，中国愿同东盟国家加强海上合作，使用好中国政府设立的中国—东盟海上合作基金，发展好海洋合作伙伴关系，共同建设21世纪"海上丝绸之路"。

——2013年10月3日，习近平在印度尼西亚国会演讲

 深入解读

"一带一路"打开"筑梦空间"

中国古代,丝绸之路在世界版图上延伸,诉说着沿途各国人民友好往来、互利互惠的动人故事。如今,一个新的战略构想在世界政经版图从容铺展——共建"丝绸之路经济带"和"21世纪海上丝绸之路"。

习近平总书记在2013年9月和10月分别提出建设"新丝绸之路经济带"和"21世纪海上丝绸之路"的战略构想,强调相关各国要打造互利共赢的"利益共同体"和共同发展繁荣的"命运共同体"。

这一跨越时空的宏伟构想,从历史深处走来,融通古今、连接中外,顺应和平、发展、合作、共赢的时代潮流,承载着丝绸之路沿途各国发展繁荣的梦想,赋予古老丝绸之路以崭新的时代内涵。

"一带一路"是合作发展的理念和倡议,是依靠中国与有关国家既有的双多边机制,借助既有的、行之有效的区域合作平台,旨在借用古代"丝绸之路"的历史符号,高举和平发展的旗帜,主动地发展与沿线国家的经济合作伙伴关系,共同打造政治互信、经济融合、文化包容的利益共同体、命运共同体和责任共同体。

"一带一路"倡议,对于世界最大的魅力,将不仅仅在于有多少投资和利润,更重要的是它能够给世界带来一股新的潮流,让平等合作、文化交流、经济繁荣,而非军事霸权,成为未来世界秩序的另一条主轴。

> **丝绸之路**横跨亚欧大陆，绵延7000多公里，途经多个国家，总人口近30亿。以上合组织为例，组织内的6个成员国（中、俄、哈、吉、塔、乌）、5个观察员国（蒙古、巴基斯坦、印度、伊朗、阿富汗）、3个对话伙伴国（白俄罗斯、土耳其、斯里兰卡）绝大部分都位于丝绸之路沿线。
>
> **经济带**是经济地理学范畴。经济带发展需要依托一定的交通运输干线，并以其为发展轴，以轴上经济发达的一个和几个大城市作为核心，发挥经济集聚和辐射功能，联结带动周围不同等级规模城市的经济发展，由此形成点状密集、面状辐射、线状延伸的生产、贸易、流通一体化的带状经济区域。

一、什么是"丝绸之路经济带"？

"丝绸之路经济带"是在"古丝绸之路"概念基础上形成的一个新的经济发展区域。"丝绸之路经济带"，东边牵着亚太经济圈，西边系着欧洲经济圈，被认为是"世界上最长、最具有发展潜力的经济大走廊"。"丝绸之路经济带"首先是一个"经济带"概念，体现的是经济带上各城市集中协调发展的思路。

丝绸之路沿线大部分国家处在两个引擎之间的"塌陷地带"，整个区域存在"两边高，中间低"的现象，发展经济与追求美好生活是本地区国家与民众的普遍诉求。这方面的需求与两大经济引擎通联的需求叠加在一起，共同构筑了"丝绸之路经济带"的国际战略基础。

二、什么是"21世纪海上丝绸之路"？

古老的海上丝绸之路自秦汉时期开通以来，一直是沟通东西方经济文化交流的重要桥梁，而东南亚地区自古就是海上丝绸之路的重要枢纽和组成部分。习近平总书记基于历史，着眼中国与东盟建立战略伙伴十周年这一新

"一带一路"是什么？

【"一带一路"合作方向】

丝绸之路经济带重点畅通中国经中亚、俄罗斯至欧洲（波罗的海）；中国经中亚、西亚至波斯湾、地中海；中国至东南亚、南亚、印度洋

21世纪海上丝绸之路重点方向是从中国沿海港口过南海到印度洋，延伸至欧洲；从中国沿海港口过南海到南太平洋

【共建国际大通道和经济走廊】

陆上依托国际大通道，共同打造新亚欧大陆桥、中蒙俄、中国-中亚-西亚、中国-中南半岛等国际经济合作走廊

海上以重点港口为节点，共同建设通畅安全高效的运输大通道。中巴、孟中印缅两个经济走廊与推进"一带一路"建设关联紧密，要进一步推动合作，取得更大进展

的历史起点上，为进一步深化中国与东盟的合作，构建更加紧密的命运共同体，为双方乃至本地区人民的福祉而提出的战略构想。

同时，"21世纪海上丝绸之路"是我国在世界格局发生复杂变化的当前，主动创造合作、和平、和谐的对外合作环境的有力手段，为我国全面深化改革创造良好的机遇和外部环境。

李克强总理在2014年3月5日所作的政府工作报告提出，抓紧规划建设"丝绸之路经济带"和"21世纪海上丝绸之路"。

"21世纪海上丝绸之路"的战略合作伙伴并不仅限与东盟，而是以点带线，以线带面，增进同沿边国家和地区的交往，将串起连通东盟、南亚、西亚、北非、欧洲等各大经济板块的市场链，发展面向南海、太平洋和印度

洋的战略合作经济带，以亚欧非经济贸易一体化为发展的长期目标。由于东盟地处海上丝绸之路的十字路口和必经之地，将是新海丝战略的首要发展目标，而中国和东盟有着广泛的政治基础，坚实的经济基础，21世纪海丝战略符合双方共同利益和共同要求。

打造"21世纪海上丝绸之路"虽存在一些风险和挑战，但沿线国家加强与中国合作是大势所趋。实施策略将从现有区域合作机制着手，把这些国家和地区串联起来，搭建战略平台，携手重现海上丝绸之路繁荣，促进沿线国家的经济发展与共同富强。不仅保证了中国的国际战略安全，并能让沿线国家和中国互惠互利共赢。

三、伟大复兴中国梦的战略构想

为了使各国经济联系更加紧密、相互合作更加深入、发展空间更加广阔，我们可以用创新的合作模式，共同建设"丝绸之路经济带"，以点带面，从线到片，逐步形成区域大合作。

——2013年9月7日，习近平在哈萨克斯坦纳扎尔巴耶夫大学发表演讲时表示

中国愿同东盟国家加强海上合作，使用好中国政府设立的中国—东盟海上合作基金，发展好海洋合作伙伴关系，共同建设21世纪"海上丝绸之路"。

——2013年10月3日，习近平主席在印尼国会发表演讲时表示

解读：建设"一带一路"，是以习近平同志为总书记的党中央主动应对全球形势深刻变化、统筹国内国际两个大局作出的重大战略决策。

它对推进我国新一轮对外开放和沿线国家共同发展意义重大。当前，经济全球化深入发展，区域经济一体化加快推进，全球增长和贸易、投资格局正在酝酿深刻调整，亚欧国家都处于经济转型升级的关键阶段，需要进一步

激发域内发展活力与合作潜力。"一带一路"战略构想的提出,契合沿线国家的共同需求,为沿线国家优势互补、开放发展开启了新的机遇之窗。

"一带一路"在平等的文化认同框架下谈合作,是国家的战略性决策,体现的是和平、交流、理解、包容、合作、共赢的精神。

随着中国成为世界第二大经济体,国际社会上"中国威胁论"的声音不绝于耳。"一带一路"的建设,正是中国在向世界各国释疑解惑,向世界宣告和平崛起:中国崛起不以损害别国的利益为代价。

四、构建开放新格局助推区域大合作

推进"丝绸之路经济带"建设,抓紧制定战略规划,加强基础设施互联互通建设。建设"21世纪海上丝绸之路",加强海上通道互联互通建设,拉紧相互利益纽带。

——2013年12月,习近平总书记在中央经济工作会议上指出

解读:回顾历史,2000多年前,各国人民就通过海陆两条丝绸之路开展商贸往来。从2100多年前张骞出使西域到600多年前郑和下西洋,海陆两条丝绸之路把中国的丝绸、茶叶、瓷器等输往沿途各国,带去了文明和友好,赢得了各国人民的赞誉和喜爱。

如今,随着中国经济的崛起和腾飞,中国在更多方面有能力帮助别国,特别是作为制造业大国,中国不仅可以输出丰富多彩、价廉物美的日常用品,而且能够向世界提供更多的技术和设备。作为全球主要外汇储备国,中国能够携手各国共同应对金融风险,中国有实力投资海外,与急需资金的国家共同把握发展机遇。

商务部部长高虎城曾撰文阐述"一带一路"战略意义称,改革开放30多年来,我国对外开放取得了举世瞩目的伟大成就,但受地理区位、资源禀赋、发展基础等因素影响,对外开放总体呈现东快西慢、海强陆弱格局。

"一带一路"将构筑新一轮对外开放的"一体两翼",在提升向东开放水平的同时加快向西开放步伐,助推内陆沿边地区由对外开放的边缘迈向前沿。

据了解,"一带一路"沿线大多是新兴经济体和发展中国家,总人口约44亿,经济总量约21万亿美元,分别约占全球的63%和29%。这些国家普遍处于经济发展的上升期,开展互利合作的前景广阔。深挖我国与沿线国家的合作潜力,必将提升新兴经济体和发展中国家在我国对外开放格局中的地位,促进我国中西部地区和沿边地区对外开放,推动东部沿海地区开放型经济率先转型升级,进而形成海陆统筹、东西互济、面向全球的开放新格局。

中国经济的发展,是一个不断开拓创新和寻求突破的过程,从沿海地区向西部内陆不断推进,"一带一路"建设将为全面深化改革和持续发展创造前提条件,在区域合作新格局中寻找未来发展的着力点和突破口,可谓是"一子落而满盘活"。

在中国国内近年实行西部大开发战略的形势下,中国和中亚乃至向西更多国家的经贸合作也成为发展的必然趋势。而中国的发展经验和成果,可以为中亚等各国借鉴。公路、铁路、油气管道、网络通信设施等不断修建,正在形成古丝绸之路上的现代商队。

五、新丝路连接"中国梦"与"世界梦"

中国将同各国一道,加快推进"丝绸之路经济带"和"21世纪海上丝绸之路"建设,尽早启动亚洲基础设施投资银行,更加深入参与区域合作进程,推动亚洲发展和安全相互促进、相得益彰。

——2014年5月21日,习近平在亚信峰会上做主旨发言时指出

解读:打开世界地图可以发现,"一带一路"这条世界上跨度最长的经济大走廊,发端于中国,贯通中亚、东南亚、南亚、西亚乃至欧洲部分区域,东牵亚太经济圈,西系欧洲经济圈。它是世界上最具发展潜力的经济

带,无论是从发展经济、改善民生,还是从应对金融危机、加快转型升级的角度看,沿线各国的前途命运,从未像今天这样紧密相连、休戚与共。

"一带一路"不仅是实现中华民族振兴的战略构想,更是沿线各国的共同事业,有利于将政治互信、地缘毗邻、经济互补等优势转化为务实合作、持续增长优势。

通过"一带一路"建设,无论是"东出海"还是"西挺进",都将使我国与周边国家形成"五通"。"一带一路"战略合作中,经贸合作是基石。遵循和平合作、开放包容、互学互鉴、互利共赢的丝路精神,中国与沿线各国在交通基础设施、贸易与投资、能源合作、区域一体化、人民币国际化等领域,必将迎来一个共创共享的新时代。

2013年中国与"一带一路"国家的贸易额超过1万亿美元,占中国外贸总额的1/4。过去10年,中国与沿途国家的贸易额年均增长19%。未来5年,中国将进口10万亿美元的商品,对外投资将超过5000亿美元,出境游客数量约5亿人次,周边国家以及丝绸之路沿线国家将率先受益。

六、筑牢"利益共同体"和"命运共同体"

希望双方弘扬丝绸之路精神,以共建"丝绸之路经济带"和"21世纪海上丝绸之路"为新机遇新起点,不断深化全面合作、共同发展的中阿战略合作关系。

——2014年6月5日,习近平出席中阿合作论坛第六届部长级会议表示

解读:"一带一路"是开放包容的经济合作倡议,不限国别范围,不是一个实体,不搞封闭机制,有意愿的国家和经济体均可参与进来,成为"一带一路"的支持者、建设者和受益者。在共同建设的未来,"一带一路"无疑将释放更大的活力。

外交部副部长张业遂3月22日曾表示,"未来'一带一路'进程中的很

多项目涉及的国家和实体可能更多，开放性也更强。"

外交部国际经济司副司长刘劲松此前表示，"一带一路"倡议符合时代潮流，亚洲已经成为经济增长的引擎，是世界多极化和全球化的中坚力量。如何巩固和平发展，进一步凝聚亚洲国家的共识和力量，增强"利益共同体"和"命运共同体"，实现和谐亚洲是亚洲国家的共同课题。

"一带一路"战略构想，正在世界各国人民心中落地生根。复兴丝绸之路，一幅横贯东西、共谋发展的宏大蓝图正在铺展开来。有梦想，有追求，有奋斗，一切都有可能。中国人民有梦想，世界各国人民有梦想，这将给世界带来无限生机和美好前景。（中国经济网 2014年8月11日，作者王敬文）

新动能·新合作·新生活
——三个角度透视"一带一路"

国家发展改革委、外交部、商务部28日联合发布《推动共建丝绸之路经济带和21世纪海上丝绸之路的愿景与行动》，中国倡导的"一带一路"有了纲领性文件。

"一带一路"看起来高大上，实际上看得见、摸得着。透过这份愿景与行动，可以清晰地看到"一带一路"给中国、沿线国家和百姓带来的实实在在的利益。

国内视角：打造新的增长极

2015年1月，中远比雷埃夫斯集装箱码头公司三号码头扩建正式开工。项目完成后，比港码头将成为地中海地区最重要的集装箱中转中心之一，为促进亚欧互联互通发挥重要的桥梁作用。

中远集团董事长马泽华在博鳌亚洲论坛上说，在经济增速下滑和全球航运贸易格局深度调整的背景下，企业面临着转型调整的巨大压力。"'一带一路'将为我们走出去，在全球范围内进行航线格局调整以及发展物流等延伸业务提供广阔的空间。"

"推进'一带一路'有利于中国在更大范围实现资源优化配置、拓展市场空间，为中国经济增长提供新的动力。"发展改革委宏观经济研究院科研部副主任史育龙说。

作为拉动中国经济增长的"三驾马车"之一，投资过去主要集中于国内市场。进入新常态后，多年投资高速增长正面临着国内需求相对不足的矛盾。

基础设施互联互通是"一带一路"建设的优先领域。国务院发展研究中心对外经济部部长赵晋平说，"一带一路"建设将大幅拉动包括基础设施在内的对外投资，加快国内产业结构升级，带动生产性服务业等产业发展，并带动出口增长，这都会为中国经济增长提供持久动力。

根据愿景与行动，推动"一带一路"建设，中国将充分发挥国内各地区的比较优势，实行更加积极主动的开放战略。

国务院发展研究中心研究员程国强说，将"一带一路"建设与国内区域开发开放有机结合起来，以沿边地区为前沿，以内陆重点经济区为腹地，以东部沿海发达地区为引领，加强东中西互动合作，将打造中国全方位对外开放的新格局。

"过去中西部是对外开放的后方，'一带一路'将使这些地区转为开放前沿，包括来自东部沿海地区的资源要素会在此聚集，通过中西部大通道直接对接国际市场。"赵晋平说，这将为推动中西部经济增长带来重要契机，并助推中国打造新的区域增长极。

国际视角：唱响合作共赢最强音

俄罗斯28日宣布将加入亚洲基础设施投资银行。此前一天，巴西宣布将加入亚投行。中国财政部28日宣布，亚投行意向创始成员国增至30个，筹建工作迈出实质性步伐。

资金融通是"一带一路"建设的重要支撑。"一带一路"的互联互通项目将推动沿线各国发展战略的对接与耦合，发掘区域内市场的潜力，促进投资和消费，创造需求和就业。

泰国副总理兼外长他那萨说："泰国赞赏中国在推动地区互联互通方面扮演的角色，'一带一路'建设能够帮助我们改善基础设施联通，在亚洲发展贸易枢纽，联通欧洲和非洲。"

根据愿景与行动，沿线国家将加强基础设施建设规划、技术标准体系的对接，共同推进国际骨干通道建设，逐步形成连接亚洲各次区域以及亚欧非之间的基础设施网络。

老挝外交部外交学院院长永·占塔琅西说，大多数邻国都看到了"一带一路"的优势与潜力，期望从贸易投资中获得机遇。老挝是没有出海口的内陆国家，经济落后，希望通过大型铁路项目和道路建设，实现与邻国更加快捷地贯通。

"中国已是世界第二大经济体，在未来国际合作和新的全球治理模式方面，需要作出一些积极探索。通过共商共建共享的模式，在亚洲地区和沿线国家倡导一种开放合作的模式，能够实现互利共赢的发展目标。"史育龙说。

中国经济发展进入新常态，将继续给包括亚洲国家在内的世界各国提供更多市场、增长、投资、合作机遇。未来5年，中国进口商品将超过10万亿美元，对外投资将超过5000亿美元，出境旅游人数将超过5亿人次。

"通过'一带一路'建设，中国希望与沿线国家分享30多年改革开放的成果,希望沿线国家能够充分享受中国经济发展红利。"商务部国际贸易经济合作研究院副院长李光辉说。

史育龙表示,"一带一路"向国际社会提出一种全球治理新模式,"各国体量有大小、国力有强弱、发展有先后,但并不能由此决定国际共同事务的影响力和发言权。"

百姓视角:共创美好生活

"我们在2006年谋划'走出去'规划蓝图的时候,讨论的不是工厂怎么建、园区怎么做,而是在园区哪里建教堂、哪里建学校、哪里建清真寺。"企业足迹遍布印尼、马来西亚、非洲等地的聚龙集团党委副书记孙卫军说。

在这一理念下,聚龙集团在印尼与当地民众以农业合作社的方式合作,现在已经发展到50多个村庄、5000多户,有2万多人从中受益。

其实,"一带一路"给我国和沿线国家百姓带来的不仅是收入增加、就业增加,还有生活的提升。根据愿景与行动,"一带一路"建设将在旅游、教育、文化、购物、医疗等领域影响百姓生活。

——旅游。愿景与行动提出要加强旅游合作,扩大旅游规模,联合打造具有丝绸之路特色的国际精品旅游线路和旅游产品,提高沿线各国游客签证便利化水平。

商务部国际贸易经济合作研究院国际市场部副主任白明说,今后通过免签证或简化签证手续,加上更加便捷的国际交通运输,会有更多特色化、个性化旅游线路被开发,实现"说走就走的出国旅行",坐着高铁去欧洲也不是不可能。

——购物。愿景与行动提出,要积极同沿线国家和地区共同商建自贸区;创新贸易方式,发展跨境电商等新的商业业态。

专家认为,出境旅游、跨境电商、自贸区建设加速等,都将成为方便国

一路同行　　　　　　　　　　　　　　新华社发　商海春　作

内消费者购物的推动力。贸易通关和国际运输便利化将促进"海淘"范围扩大，也会让生鲜食品的跨境购买更加容易。

——教育和文化。根据愿景与行动，中国每年向沿线国家提供1万个政府奖学金名额，沿线国家间互办文化年、艺术节、电影节等活动。

白明认为，"一带一路"建设不仅能吸引沿线国家学生来中国留学，也会让中国学生增加留学国家的选择余地。而越来越多的各类文化活动的举办，无疑会让我们的生活越来越丰富，越来越精彩。

"民心相通是建设'一带一路'很重要的民意基础，会给'一带一路'建设带来持久动力，促进沿线国家的经济繁荣和人民福祉，让丝路精神薪火相传。"史育龙说。（新华网北京2015年3月28日电，记者安蓓、王优玲、于佳欣、华晔迪、王慧慧）

"一带一路"三年记

2013年9月7日,习近平在出访中亚国家期间,首次提出共建"丝绸之路经济带"。同年10月,他又提出共同建设21世纪"海上丝绸之路",二者共同构成了"一带一路"重大倡议。

而今,三年了。

"一带一路"这三年

三年,筚路蓝缕,春华秋实。

在"一带一路"倡议提出的当年11月,十八届三中全会通过的《中共中央关于全面深化改革若干重大问题的决定》明确指出:"加快同周边国家和区域基础设施互联互通建设,推进丝绸之路经济带、海上丝绸之路建设,形成全方位开放新格局。"

2014年11月的中央财经领导小组第八次会议专门研究了丝绸之路经济带和21世纪海上丝绸之路规划,发起建立亚洲基础设施投资银行和设立丝路基金。

在博鳌亚洲论坛2015年年会上,习近平呼吁各国积极参与"一带一路"建设。随后,中国政府发布《推动共建丝绸之路经济带和21世纪海上丝绸之路的愿景与行动》,明确了"一带一路"的共建原则、框架思路、合作重点、合作机制等。

2016年3月,国家"十三五"规划纲要正式发布,"推进'一带一路'建设"成为其中专门一章。

2016年8月，习近平在推进"一带一路"建设工作座谈会上，进一步提出8项要求。从统一思想到统筹落实，从金融创新到人文合作，从话语体系建设到安全保障，面面俱到。

三年，蓝图由草创到一步步展开、一笔笔绘就。

目前，已有100多个国家和国际组织参与到"一带一路"建设中来，中国同30多个沿线国家签署了共建合作协议、同20多个国家开展了国际产能合作，联合国等国际组织也态度积极，以亚投行、丝路基金为代表的金融合作不断深入，一批有影响力的标志性项目逐步落地。"一带一路"建设从无到有、由点及面，进度和成果超出预期。

拉合尔轨道交通橙线项目是中巴经济走廊首个正式启动的交通基础设施项目，也是巴基斯坦首条轻轨线路。该项目全长约26公里，总投资16.26亿美元，由中国铁路总公司和中国北方工业公司联合承建，2015年4月20日签订总承包合同，合同工期27个月。项目建成后将极大地缓解拥有500多万人口的拉合尔市的交通压力。同时，该项目的建设将为当地创造上万个就业机会。图为巴基斯坦工人在拉合尔轨道交通橙线项目的建设工地上。新华网发

"一带一路"东联亚太经济圈，西接欧洲经济圈，跨越高山深海，正在逐步构建世界上最壮美的经济走廊。

通天下，利天下

"'一带一路'追求的是百花齐放的大利，不是一枝独秀的小

利。""这条路不是某一方的私家小路，而是大家携手前进的阳光大道。"习近平说。

谋求共享共赢，是"一带一路"的本质，是习近平一直强调的理念。

2014年6月，在中阿合作论坛第六届部长级会议开幕式上，习近平的话语铿锵有力："'一带一路'是互利共赢之路。"

在博鳌亚洲论坛2015年年会上，习近平说："'一带一路'建设秉持的是共商、共建、共享原则，不是封闭的，而是开放包容的；不是中国一家的独奏，而是沿线国家的合唱。"

2016年8月召开的推进"一带一路"建设工作座谈会上，习近平明确指出，要让"一带一路"建设造福沿线各国人民。

9月3日开幕的二十国集团工商峰会上，习近平向世界承诺："中国的发展得益于国际社会，也愿为国际社会提供更多公共产品。我提出'一带一路'倡议，旨在同沿线各国分享中国发展机遇，实现共同繁荣。"

黄钟响而群音和。

从中巴经济走廊、孟中印缅经济走廊到中俄蒙经济走廊，一个个区域合作新倡议应运而生。

从俄罗斯欧亚经济联盟建设、欧盟"容克计划"到英国"英格兰北部经济中心"，都在积极探索与中国"一带一路"的对接。

中老铁路、中泰铁路、印尼雅万高铁……"一带一路"合作共赢的理念，在东南亚地区生根发芽。

2016年1月，习近平的中东三国行，从推进"一带一路"谅解备忘录到五大领域交往合作，打开了中国梦与中东梦相融合的"筑梦空间"。

9月2日，G20杭州峰会召开前夕，习近平与哈萨克斯坦总统纳扎尔巴耶夫共同见证了有关"丝绸之路经济带"建设与"光明之路"新经济政策对接合作等文件的签署。

9月11日至14日，以"共建21世纪海上丝绸之路，共筑更紧密的中国—东盟命运共同体"为主题的第十三届中国—东盟博览会（东博会）、中国—东盟商务与投资峰会在广西南宁举行。

……

"一带一路"通天下，利天下。

三"聚焦"，八"切实"

犹如一位设计大师，在绘制好"蓝图"之后，习近平又不断做出细部设计。

推进"一带一路"建设工作座谈会上，习近平提出了三方面"聚焦"和八项"切实"的要求。

"聚焦"的第一个方面是"五通"："政策沟通、设施联通、贸易畅通、资金融通、民心相通"。"通"则"顺"，"顺"则"成"。

"聚焦"的第二个方面是三"合作"，即构建"互利合作网络、新型合作模式、多元合作平台"。合作产生合力，合力铸造辉煌。

"聚焦"的第三个方面是四"路"，即携手打造"绿色丝绸之路、健康丝绸之路、智力丝绸之路、和平丝绸之路"。绿色、健康、智力、和平，这条路是一条真正的阳光大道。

"切实推进思想统一""切实推进规划落实""切实推进统筹协调""切实推进关键项目落地""切实推进金融创新""切实推进民心相通""切实推进舆论宣传""切实推进安全保障"，八项要求巨细无遗，项项"切实"。

习近平说，我们要"保持经济持续健康发展，就必须树立全球视野，更加自觉地统筹国内国际两个大局，全面谋划全方位对外开放大战略，以更加积极主动的姿态走向世界"。（新华网2016年9月21日，记者赵银平）

"一带一路"战略,是伟大"中国梦"的合理延伸

对话嘉宾:

全国政协委员、社科院学部委员、国际研究学部主任张蕴岭

全国政协委员、新疆农业大学经济与贸易学院副院长布娲鹣·阿布拉

全国政协委员、河南大学校长娄源功

全国人大代表、宁夏自治区发改委主任张八五

全国人大代表、三沙市委书记、市长肖杰

全国人大代表、甘肃省委常委、宣传部部长连辑

全国人大代表、福建省泉州市市长郑新聪

张蕴岭:中国对外部依赖性增大成最大市场国

中国提出"一带一路"新战略,经济也正发展转型。目前产生了三个效应:第一对外部依赖性增大,而且是双向依赖,我们需要拓展更广的关系。第二,与周边国家关系发生了重大转变,几乎成为最大的市场国,要加深关系,构建经济带。第三,成为全球性大国,构建更具延伸性的这样一种对外关系。

与过去有不同的是,过去主要是通过贸易,现在包括经济社会人文,过去是一种通道,现在是构建周边经济依托,构建经济框架,走向更广。利用古老的联系,发展新的关系。

布娲鹣·阿布拉：从被动接受一些规则格局到重新布局

从多国内外环境来讲"一路一带"都是意义重大。从外部环境来讲，中国与世界经济越来越紧密，我国的经济安全，国家安全都面临一些新的问题，需要通过主动参与到区域经济合作中，为贸易发展营造一个比较好的外部条件。

美国在根据新的形势进行一些新格局的调整，它要与欧洲建立自由贸易区。在此情况下，中国作为世界第二大经济体，以前是被动的接受一些规则或者经济格局的局面的话，现在我们从国家利益来说，应该是更好的利用外部环境，利益规则，主动的去加强区域合作，为发展营造更好的环境。

从经济上来讲，我国对外经济依赖度已经相当高，石油进口最多，能源进口也很多，还有粮食安全，形成了靠出口带动国内经济发展的格局，虽然我们在扩大内需的作用，但是一时转不过来，我们还得靠出口进一步带动经济发展。如果外部环境不好，我们中国没有赢得信任，没有赢得更多朋友，出口就会受影响，国内经济也会受到影响。中国经过多年发展，资源越来越贫乏，我们需要利用国外一些资源来发展，提出丝绸之路经济带，表达我们想主动去与这些国家去加强合作，通过平等互助共赢来取得一些发展。

从内部来讲，我国发展的差距在拉大，西部地区经济仍然落后，由此带来的一系列国家安全，地区稳定问题显现出来。与西部接壤的这些国家，又是我们重要的能源国。从国内促进区域均衡发展，从西部大开发战略新一轮开发，促进少数民族地区的发展，保持一种稳定，在地缘优势发挥来讲，我们怎么把东部，中部，西部连起来，组成一个合力，共同打出去。

外部到中亚，西亚，再到非洲欧洲，内部从上海到新疆，国内也要形成一种合力，来完成经济转型期的过程，发展西部地区经济，促使我们经济稳定。

娄源功："一路一带"最终形成国际物流大通道

十八届三中全会在公告里也明确提出，形成全方位开放格局。"一路一带"，应该是：中国从中亚，走俄罗斯，中亚五国哈、乌、塔、吉、土，中东欧十六国，这是大的版板。我们国家改革开放的方向向西纵深，合作领域是交通运输，能源开发，油气管道互联互通，产业投资合作，部分产能也该向外转移，向外转移。拓展教育，文化，旅游等方面的合作。

从国际上来看，"一路一带"一些区域，与我国经济结构有比较强的互补性。互补很重要，中国的互补重点在能源与矿山资源。而中国改革开放这几十年来，技术，设备，装备，性价比等方面有互补性。

最终形成的是国际物流大通道。更可能是繁忙的国际物流大通道。

张八五：中国制造将进一步扩大国际合作空间

丝绸之路战略是国家不断深化国际合作、开拓国际合作的新空间、新领域，是培育中国对外开放新优势，也是一个综合的经济战略决策。

改革开放以来，沿海地区与欧美日等发达国家经贸往来较多，外贸比重也较高。但是，这种增长方式和增长模式，无论从外部环境看，还是从我国沿海经济地区环境资源承载能力来看，已经面临着比较大的考验和压力。

欧美市场对我国这种廉价的商品进口，已经从两位数增长在逐步地回落。同时在这种贸易关系中,我们国家付出的环境、资源代价也是比较大的。这种产业布局也加重了我国沿海环境、资源、土地、人口等等方面的压力,引发国内一些产业布局的不合理。

中国制造需要进一步扩大国际空间,除了与传统的贸易国家联系之外,还要向其他国际空间进行开拓。无论是海上丝绸之路,还是丝绸之路经济带,都有利于我们这种国际空间的开拓。

经过30多年的改革开放,中国主要产品都成为国际生产能力较强的国家。中国开拓国际市场的能力也在不断地增强。原来我们的贸易、技术等等难以覆盖的这些地区,也具有这种能力和条件了。我们现在需要拓展的国家大部分是发展中国家,中国产品、管理和技术等方面比他们有较强的竞争力。

肖杰:与周边国家更加紧密的海上合作

古代海上丝绸之路始于2000多年前,中国的丝绸、瓷器、茶叶等精美物品从海上丝绸之路通过东南亚向西,到达西亚北非,并通达欧洲,一路播撒文明、传播和平,也繁荣了沿途各国的商贸活动和经济。

21世纪的海上丝绸之路强调的是中国与丝绸之路上东南亚国家的对等合作和互利共赢。海上丝绸之路强调的是中国进一步的对外开放,与周边国家更加紧密的海上合作。

新世纪的丝绸之路强调的是中国与周边国家的合作共赢,不再是古海上丝绸之路停驻的雷州半岛、海南岛,它代表着一个新时期更大的构想。基础是与丝绸之路上东南亚国家的对等合作,能够更加推动中国与其他国家之间的经贸合作和文化交流,共同发展。

连辑：中国在向世界宣告和平崛起

丝绸之路经济带是在平等的文化认同框架下谈经济合作，是国家的战略性决策。丝绸之路经济带是国家战略层面的设计，体现的是和平、交流、理解、包容、合作、共赢的精神。

随着中国成为世界第二大经济体，国际社会上"中国威胁论"的声音不绝于耳。丝绸之路经济带的建设，正是中国在向世界各国释疑解惑，向世界宣告和平崛起。这种崛起不以损害别人利益为代价。

丝绸之路经济带的底蕴就是丝绸之路文化。历史上如果没有西风东渐，没有西方商旅之行，没有张骞出使西域，就没有丝绸之路文化。因此，丝绸之路文化一开始就是高度国际化的东西方交流的产物。有了合文化的基础，使得西域国家更容易在文化认同的框架下与我国谈经济合作。

郑新聪：伟大"中国梦"的合理延伸

国家"一带一路"战略是习近平总书记提出的伟大"中国梦"的合理延伸，顺应了当今世界经济、政治、外交格局的新变化，将给"一带一路"沿线国家和地区带来更加紧密的经贸合作和更加广阔的发展空间，也将为沿线国家和地区的文化交流及友好往来开辟新的更加顺畅的通道。

通过新"丝绸之路"，很好地把实现中华民族伟大复兴的中国梦和"一带一路"国家人民追求美好生活的梦想连接在了一起。

（人民网2014年3月19日，记者赵晶、李叶、贺迎春、李阔、吴声婧、王千原雪、钟巧花、郑青亭、常红）

 媒体视角

"一带一路"新观察：

如何读懂"一带一路"新构想？

60多个国家、44亿人口、21万亿美元的区域经济总量，一幅"一带一路"新构想的画卷正在徐徐展开。从中国到中亚，从非洲到欧洲；从基础设施到能源开发，从产业合作到金融合作，"一带一路"正在焕发生机和活力。

2013年的秋天，国家主席习近平在哈萨克斯坦纳扎尔巴耶夫大学发表演讲时，第一次发出了建设"丝绸之路经济带"的倡议。随后的10月3日，建设21世纪"海上丝绸之路"的倡议也首次提出。"一带一路"的构想就此成型。

就在2015年3月，国家发改委、外交部、商务部联合发布《推动共建丝绸之路经济带和21世纪海上丝绸之路的愿景与行动》，"一带一路"构想步入现实，新疆、陕西、甘肃、青海、宁夏、内蒙古、黑龙江等18个省区市被重点提及。2000年前的丝绸之路被赋予新的含义与使命，中国正在把与世隔绝了数百年的中亚地区，重新带回世界，并将因此激活整个欧亚经济。

国家发改委宏观经济研究院科研部副部长史育龙认为，"一带一路"将为全球经济大发展提供稳定持续的新动力。史育龙表示，对于中国本身来说，"一带一路"新构想也是经济新常态下焕发经济新活力的绝佳机遇。

经济之声特约评论员、中国国际经济交流中心专家马庆斌对此解读。

经济之声："一带一路"新构想从提出到化为实际行动，用了17个月的

第一章 读懂新构想:"一带一路"是什么?

时间,可以说这17个月,把一条2000年前的古代商贸通道被彻底重新激活,怎么来看待"一带一路"发展的历程?

马庆斌:应该说这是意料之中也是情理之中,为什么这么讲?一方面中国提出"一带一路"的战略,是顺应了世界经济发展的潮流,就是合作共赢,构建命运共同体。曾经有句话说的好,世界上各国之间没有永远的友谊,只有永远的利益。但是我想加一句话,如果这一个友谊是建立在互相尊重,互利共赢的合作机制上的,那么友谊应该是持续常青的,也是为世界各国所接受。另一方面无论是当年郑和下西洋,所展现的这种和平实质的历史形象,还是新中国建国以来提出的和平共处五项原则,都深入人心。最近一些年来中国在亚洲金融危机,全球经济危机中所展现的负责任的大国行为,也赢得了多数国家的认可,它们相信中国在推进共建"一带一路"的战略实施过程中的言行一致,最重要的也就是中国作为世界上第二大经济体,第一大货物贸易国,第三大对外投资国,也是第一大外汇储备国,它的实力也让世界各国相信就是沿线的各国相信中国有这个实力来推进"一带一路"战略的实施。

经济之声:"一带一路"的发展,涉及60多个国家、44亿人口、21万亿区域经济总量,怎么看待这样的数据?这会给中国经济甚至整个世界经济带来怎样的影响?

马庆斌:这个数据一方面告诉我们这个区域,它的经济和社会的地位在全世界的重要性,另一方面63%的人口只占了29%的GDP,这说明世界经济的发展依然还不平衡,很多的国家需要与全球经济衔接起来来分享全球化的红利。

但是过去的很多年,在这沿线的60多个国家中,如非洲南亚的一些国家,因为一些特殊的原因,它的经济发展水平还有待提升。在过去一两年我也有机会去过一些非洲和南亚的国家调研,我也深刻的体会到这些国家在发展中需要更多的投资技术,也需要加大技术设施的建设,事实上它们对于中国的这种也持欢迎的态度。

现在提出"一带一路"这个战略，可以说把这些国家与世界上最具活力的东亚经济体和发达的欧洲经济体衔接起来，这一块经济的洼地就有了一个崛起的机会了，一方面使发展中国家获得了发展的机会，另外也让东亚的国家和欧洲的国家经济实现转型升级。具体就是通过"一带一路"沿线的基础设计建设，产业类合作贸易人员的交流，推动东亚活跃的经济圈和欧洲发展的经济圈，实现包括中间的这个最具潜力的经济带实现战略的衔接优势互补，一方面让这些最具潜力的国家，分享全球化的红利，另一方面让两侧的这些经济体尽快的走出经济危机的阴霾，实现经济的振兴，所以我想它应该是积极的而且是长远的。

经济之声：我们也看到了"一带一路"的发展获得了全世界非常多国家的响应，为什么会受到这么多国家的瞩目？那么我们可以理解，如果是属于这个"一带一路"构想当中的一些国家和地区，它们响应我们可以理解，但是有一些地区也不在这个概念之内，那么怎么会受到这么多国家的瞩目呢？

马庆斌：最重要的一个标志就是这一次倡议在亚洲行列得到了很多国家的响应，原因总结有三个。一个是亚太地区尤其是亚洲地区，它实际上是当今世界经济最活跃的区域，而且潜力巨大，但是你会发现亚洲国家在未来几十年的时间，面临数万亿的美元的导入、电力、水等基础设施投资需求，但是现有的这个国际经济的体系，包括金融体系还是无法满足这样一个需求的，也需要"一带一路"战略，或者这么一个金融机构，对亚洲还是世界经济发展都是有益的。所以中国在提出这个战略的时候，应该是顺应了这个需求。另外一方面像亚洲国家以外的英国、德国、法国的这些发达国家也在积极的加入，这说明一个问题，在全球化的今天，没有一个国家能够与全球经济割裂开来，亚洲经济的稳定创业发展，事实上也是欧洲经济稳定和创业发展的重要基础，两者是难以分割的，当然这也希望从亚洲经济发展中分享经济利益。另一方面事实上包括"一带一路",包括亚投行创业的提出,应者云集直接原因还是对中国经济的信心。(央广网财经北京2015年4月13日,王忻)

精彩论述

见微知著,丝绸之路经济带互联互通一旦成形,它的能量将超乎想象。它连接亚太经济圈,西接发达的欧洲经济圈,被认为是世界最长最具有发展潜力的经济大走廊,它无异于是一条源源不断的经济增长动力传送带,周边国家都可以共同分享好处。

——中国改革发展研究院院长迟福林

"一带一路"把过去的道路联通变成设施联通,当时的货币流通变成资金流通。从道路和设施到货币到资金,都意味着范围的扩大。

——北京大学国际关系学院教授翟坤

"一带一路"建设的基本目的,是促进经济要素有序自由流动、资源高效配置和市场深度融合,打造开放、包容、均衡、普惠的区域经济合作架构。在能源基础设施合作方面,要共同维护输油、输气管道等运输通道安全,推进跨境电力与输电通道建设。在通信基础设施合作方面,共同推进区域通信干线网络建设,大幅度提高国际通信互联互通水平,打造畅通便捷的信息丝绸之路。

——国务院发展研究中心研究员程国强

丝路精神，贯穿古今开新篇
——聚焦"一带一路"倡议的时代意义（上）

2013年，中国领导人提出共建丝绸之路经济带和21世纪海上丝绸之路两大倡议，被合称为"一带一路"。作为中国深化改革开放和推进周边外交的大手笔，"一带一路"受到国际社会广泛关注，反响积极。

2000多年前，亚欧大陆上勤劳勇敢的人民，探索出多条连接亚欧非几大文明的贸易通路，后人将其统称为"丝绸之路"。尽管多次经历血与火的洗礼，但驼铃声声，舟楫相望，丝绸之路从未完全中断。尽管古代交通和技术条件远逊于今，但商人、智者、学子、使节排除艰难险阻，跨越万水千山，以极大的毅力和勇气开辟和经营丝绸之路。古代丝绸之路上的国家有大有小，但都因丝绸之路受益匪浅。进入21世纪，面对纷繁复杂的国际和地区形势，丝绸之路展现的团结互信、平等互利、包容互鉴、合作共赢的精神，更显重要和珍贵。

今天，亚洲成为世界经济增长重要引擎，但同时也面临新老挑战和不进则退的压力。如何巩固亚洲和平发展局面，进一步凝聚亚洲国家共识和力量，实现整体振兴，是亚洲国家的共同课题。"一带一路"倡议在此背景下提出恰逢其时。

亚洲区域合作方兴未艾，有力促进了亚洲的和平发展。但需要看到的是，亚洲区域合作与欧洲和北美相比还有不小差距，特别是亚洲各个次区域之间发展不平衡、联系不紧密，对深化区域合作构成不小的阻碍。"一带一路"将中亚、南亚、东南亚、西亚等各次区域连接起来，有利于各区域间互通有无、优势互补，建立和健全亚洲供应链、产业链和价值链，使泛亚和亚欧区域合作迈上一个新台阶。

当前，全球贸易、投资格局和资金流向正酝酿深刻变化，亚欧国家都处于经济转型升级的关键阶段，需要进一步挖掘域内和本国的内需潜力，创造新的经济增长点，增强经济的内生动力和抗风险能力。"一带一路"建设包含基础设施建设和体制机制创新，有利于改善区域内和各国的营商环境，有利于区域内要素有序自由流动和优化配置，有利于内陆国家和各国边远地区的开发，有利于各国之间削减贸易投资成本与壁垒。

亚欧大陆各国历史文化宗教不同，发展水平各异，未来发展需要发挥多样化优势，走多样化道路，因此人员沟通、文化交流和文明对话至关重要。历史上，丝绸之路是国与国、人与人交流的结晶，建设"一带一路"将发掘古代丝绸之路深厚的文明和文化底蕴，加强各国、各领域、各阶层、各宗教信仰的人际交往，发挥人文交流的潜力，进一步扩大各国民间友好的基础。

"一带一路"，涵盖中国中西部和沿海省区市，紧扣中国的区域发展战略、新型城镇化战略和对外开放战略，将助推中国形成全方位开放新格局——实现中国与周边、与亚欧国家发展战略的对接，编织更加紧密的共同利益网络，将各方利益融合提升到更高水平，让周边国家得益于中国的发展，也使中国从周边国家的共同发展中获得裨益和助力。

"一带一路"，是新时期中国外交特别是周边外交的亮点。繁荣共进的美好未来，值得本地区乃至世界人民共同期待。（《人民日报》2014年2月25日3版）

开放包容，携手发展谋共赢
——聚焦"一带一路"倡议的时代意义（下）

无论是丝绸之路经济带还是21世纪海上丝绸之路，都以经济合作为基础和主轴，以人文交流为重要支撑，开放包容的合作理念蕴含其中。在共建

"一带一路"的过程中，中国坚持不干涉地区国家内政，不谋求地区事务主导权和势力范围。

"一带一路"不是一个实体和机制，而是合作发展的理念和倡议，将充分依靠中国与有关国家既有的双多边机制，借助既有的、行之有效的区域合作平台。"一带一路"的建设不仅不会与上海合作组织、欧亚经济联盟、中国—东盟（10+1）等既有合作机制产生重叠或竞争，还会为这些机制注入新的内涵和活力。

继承古丝绸之路开放传统，吸纳东亚国家开放的区域主义，"一带一路"秉持开放包容精神，不会搞封闭、固定、排外的机制。"一带一路"不是从零开始，而是现有合作的延续和升级。有关各方可以将现有的、计划中的合作项目串接起来，形成一揽子合作，争取产生"一加一大于二"的整合效应。

与此同时，"一带一路"倡议的地域和国别范围也是开放的，古代陆、海丝绸之路上的国家、中国的友好邻国都可以参与进来。中亚、俄罗斯、南亚和东南亚国家是优先方向，中东和东非国家是"一带一路"的交会之地，欧洲、独联体和非洲部分国家从长远看也可融入合作。未来"一带一路"进程中的很多项目，涉及的国家和实体可能更多，开放性也更强。

历史上的丝绸之路主要是商品互通有无，今天"一带一路"交流合作范畴要大得多，优先领域和早期收获项目可以是基础设施互联互通，也可以是贸易投资便利化和产业合作，当然也少不了人文交流和人员往来。各类合作项目和合作方式，都旨在将政治互信、地缘毗邻、经济互补的优势转化为务实合作、持续增长的优势，目标是物畅其流，政通人和，互利互惠，共同发展。

在共建"一路一带"过程中，中国将坚持正确的义利观，道义为先、义利并举，向发展中国家和友好邻国提供力所能及的帮助，真心实意帮助发展中国家加快发展。中国将不断增大对周边的投入，积极推进周边互联互通，探索搭建地区基础设施投融资平台。中国不仅要打造中国经济的升级版，也要通过"一带一路"等途径打造中国对外开放的升级版，不断拓展同世界各国特别是周边国家的互利合作。

"一带一路"不是中国一家的事，而是各国共同的事业；不是中国一家的利益独享地带，而是各国的利益共享地带。"一带一路"建设，包括前期研究都是开放的，中国欢迎其他国家提出建设性意见建议，不断丰富和完善"一带一路"的理念、构想和规划，集思广益，群策群力，共同谱写丝绸之路的新篇章，共同建设利益和命运共同体，共同创造美好幸福的未来。

（《人民日报》2014年2月26日3版）

计利当计天下利

春生夏长，秋收冬藏。千年丝路，重焕荣光。2013年初秋时节，习近平主席出访中亚和东南亚时提出建设"一带一路"倡议。3年来，从理念构想到人心聚合，从顶层设计到项目落实，"一带一路"一步一个脚印，从梦想走进现实。

大开放、大合作、大融合。战略对接，互联互通，一南一北，海陆相连，产能合作——在东起亚太经济圈、西接欧洲经济圈的广袤土地上，世界经济地理新图景徐徐铺陈。

3年来，"一带一路"走进民间、走入人心。它是飞架印尼列岛的长桥，是穿行蒙古草原的高速路，是非洲大地不断兴起的新产业新项目，是不同肤色的人民追求美好生活的共同梦想……

习主席说，只有合作共赢才能办大事、办好事、办长久之事。"一带一路"倡议提出至今，70多个国家和组织表达支持和参与，34个国家和国际组织与中国签署共建协议,在国际上形成了各方响应的合作"大气候"。利益交集越来越多,合作动力越来越强。

计利当计天下利。"一带一路"之"天下利",在于倡导开放融通,推动世界经济复苏向好。面对金融危机后贸易保护主义、孤立主义和民粹主义抬头的倾向,"一带一路"倡导各国打开大门搞建设,倡导政策沟通、道路联通、贸易畅通、货币流通、民心相通,促进生产要素在全球自由流动,构建互利共赢的开放型世界经济,为世界经济舒筋通络、添增活力。

"一带一路"之"天下利",在于推进区域一体化整合进程。世界多极化、经济全球化、社会信息化深入推进,跨国、跨地区合作协调愈显重要,但随着新区域自由贸易安排的不断涌现,区域合作也面临碎片化风险。"一带一路"汇集世界62.5%的人口、28.6%的经济总量,致力于在更大范围开展更高水平、更深层次的区域合作。欧亚经济联盟、欧盟"容克投资计划"、东盟一体化等既有区域合作安排与"一带一路"的对接合作,亚投行与世界银行、亚洲开发银行和欧洲复兴开发银行的联合融资……一系列的"对接"与"联合"表明,"一带一路"不是要取代现有地区合作机制、另起炉灶,而是要在已有基础上理顺关系、整合资源,为区域经济一体化开辟更大空间、搭建更大舞台。

"一带一路"之"天下利",在于促进各国共同发展。"一带一路"不是某一方的私家小路,而是大家携手共进的阳光大道。中国提出"一带一路"倡议,惠己达人,既有利于其自身扩大东西双向开放、加快经济发展转型,也有利于沿线发展中国家加快工业化、城市化进程。全球化浪潮一浪接一浪,在西方主导的诸多方案里,常常是"强者更强、弱者更弱"。"一带一路"致力于义利兼顾、弘义融利,致力于推动发展中国家脱贫致富、新兴国家持续成功崛起,致力于开创更加公平、普惠的全球化新时代。

中华民族五千年文明史上,中国从未与世界如此紧密连接,从未如此牵动世界目光。与各国同行,为世界担当,"一带一路"这一中国方案,传递的是中国与世界各国共同发展的诚意,展现的是中国"国不以利为利,以义为利"的胸襟,见证的是中国积极做国际体系建设者、贡献者的努力。

"没有比人更高的山,没有比脚更长的路。""一带一路"建设不是一蹴而就,需绵绵用力,久久为功,以钉钉子的精神,积跬步至千里。

浩渺行无极,扬帆但信风。中国愿与世界各国命运与共,传承弘扬"和平合作、开放包容、互学互鉴、互利共赢"的丝路精神,共同开创"一带一路"美好未来。(新华社北京2016年6月17日电)

举"中国方案" 践大道之行

这是共商共建共享的人类文明盛举,是造福各国人民的全球化盛宴。

春日的古都北京,草长莺飞、生机勃勃。一个月后,"一带一路"国际合作高峰论坛将在这里拉开帷幕。

2013年秋天,习近平总书记提出共建丝绸之路经济带和21世纪海上丝绸之路的倡议,得到国际社会广泛关注和积极响应。3年多来,"一带一路"建设从无到有,由点及面,取得了超出预期的进度和成果。

连接历史与未来,沟通中国和世界。以东方智慧为全球发展探寻解决之道,"一带一路"再度吸引全球目光。

共商合作大计,共建合作平台,共享合作成果。世界期待,"一带一路"国际合作高峰论坛将为解决当前世界和区域经济面临的问题找出答案,为实现联动式发展注入新的能量。

顺应时代潮流　贡献中国智慧

2016年11月17日，"一带一路"倡议首次写入第71届联合国大会决议。2017年3月17日，联合国安理会通过第2344号决议，首次载入"构建人类命运共同体"理念，呼吁通过"一带一路"建设等加强区域经济合作。

3年多的时间，一个由中国提出的倡议、行动，逐渐形成广泛国际合作共识。截至目前，已有100多个国家和国际组织积极响应支持，40多个国家和国际组织同中国签署合作协议。

"丝绸之路经济带和21世纪海上丝绸之路倡议顺应了时代要求和各国加快发展的愿望，提供了一个包容性巨大的发展平台，具有深厚历史渊源和人文基础，能够把快速发展的中国经济同沿线国家的利益结合起来。"2014年11月，习近平总书记在主持召开中央财经领导小组第八次会议时强调。

物物相通、人员往来、文化交流……千百年前的古丝绸之路，沟通了东西方文明，丰富了沿线人民生活，推动了世界文明的进程。其所承载的和平合作、开放包容、互学互鉴、互利共赢精神，历千年而不息。

"中国方案，大道之行。'一带一路'倡议一经提出就得到国际社会广泛关注和沿线国家积极响应，是化理念为行动、变梦想为现实的重大国际合作倡议。"国家发展改革委西部司巡视员欧晓理说。

这是促进全球经济复苏的"中国方案"——

经过十余年发展，泰中罗勇工业园已成为中国传统产业在泰国乃至东盟的最大产业集群中心和制造出口基地。

"国内光缆产能增长迅速，行业竞争压力很大，但在泰国却属于稀缺资源。"富通集团董事长王建沂说，富通入驻园区后，不仅拓展了发展空间，还填补了泰国光缆技术空白，目前已成为东盟最大的现代化光缆工厂。

截至目前，泰中罗勇工业园已累计吸引近90家企业入驻，协议投资金额

25亿美元，向当地政府上缴税费1.2亿美元，解决当地就业2万余人。

"一带一路"贯穿亚欧非大陆，一头是活跃的东亚经济圈，一头是发达的欧洲经济圈，中间是潜力巨大的腹地国家。在这一区域开展互联互通，提高贸易和投资合作水平，推动国际产能和装备制造合作，本质上是通过提高有效供给催生新需求，推动世界经济再平衡。

"国际金融危机爆发以来，原有的全球增长循环被打破，全球经济发展进入一个动力减弱、增速放缓和治理乏力的新阶段，广大发展中国家在全球化进程中获得发展动力的通道遇阻。"中国宏观经济研究院研究员史育龙说，塑造发展创新、增长联动、利益融合的世界经济，成为各国共同诉求。

这是增进不同文明互学互鉴的"中国智慧"——

古都西安，大唐西市博物馆内近万件文物描绘出古代中国与中亚、西亚、欧洲交往的"丝路画卷"；博物馆外的丝路风情街上，各国特色商品、特色演艺、特色建筑集文化大观，聚海内外商旅。

当今世界，经济全球化走到十字路口，逆全球化思潮涌动，贸易保护主义抬头，世界遭遇政治安全冲突和动荡、难民危机、气候变化、恐怖主义等挑战。多元文化，是冲突斗争还是和谐共处？成为国际社会面临的共同课题。

古丝绸之路上，中华文明、印度文明、阿拉伯文明和欧洲文明交相辉映，为"和而不同"做出生动诠释。"古丝绸之路是商贸之路、文化之路、和平之路、友谊之路，输出的是和谐文明和商贸发展，加强了不同文明的沟通连接，却未给他国造成任何威胁。"大唐西市集团董事局主席吕建中说。

"'一带一路'传承古丝绸之路所创造的文明交流、交往的精髓要义，为增进不同文明之间的互学互鉴贡献出中国智慧。"欧晓理说。

这是推动全球治理体系变革的"中国担当"——

全球增长动能不足，难以支撑世界经济持续稳定增长；全球经济治理滞后，难以适应世界经济新变化；全球发展失衡，难以满足人们对美好生活的期待……世界经济增长、治理、发展模式面临的矛盾和问题，亟待新的解决方案。

坚持创新驱动，打造富有活力的增长模式；坚持协同联动，打造开放共赢的合作模式；坚持与时俱进，打造公正合理的治理模式；坚持公平包容，打造平衡普惠的发展模式——习近平总书记在世界经济论坛2017年年会开幕式上发表主旨演讲，开出"药方"。

"一带一路"倡议，旨在同沿线各国分享中国发展机遇，实现共同繁荣，与这一理念深度契合、一脉相承。

"'一带一路'建设的目标之一，是不断加强发展中国家的制度性话语权，促进全球经济治理体系向更加公平、公正、合理的方向发展。"欧晓理说。

倡议来自中国　成果惠及世界

4月1日17时许，载有41车集装箱的中欧班列缓缓驶出西安港，一路向西奔向9312公里之外的匈牙利首都布达佩斯。约17天后，来自中国东部浙江义乌的小商品将抵达这座欧洲古城，进入东欧市场。

车轮和钢轨撞击发出的叮叮声，仿佛古丝绸之路的驼铃声穿越千年岁月……截至目前，中欧班列已累计开行3000多列，沿线各国迎来加强国际合作、发展互联互通的新机遇。

"'一带一路'倡议提出3年多取得的最重要的进展，就是在全球范围内形成了空前的强烈共鸣和广泛共识。不同发展水平、不同文化传统和不同治理模式的国家都能从中发现促进自身发展的机遇。"史育龙说。

全球化时代，各国利益相通，命运与共。"一带一路"倡议本身就是把中国机遇转化为世界机遇、促进中国与世界共同发展的宏伟构想。

"共商、共建、共享，分别解决了怎么建、谁来建、为谁建的问题，这是'一带一路'倡议得到国际社会广泛支持的奥秘所在。"欧晓理说，"共商，'一带一路'注重和他国发展战略的对接，考虑沿线国家利益关切，尊重他国治理模式的选择，追求发展最大公约数；共建，将沿线国家利益、命运和责任紧密相联，注重第三方合作，共同推进'一带一路'建设；共享，追求互利共赢，造福沿线各国人民。"

大势所趋、水到渠成。3年多以来，"一带一路"初步完成规划布局，正在向落地生根、精耕细作、持久发展阶段迈进，一批早期收获成果喜人。

——"一带一路"朋友圈不断扩大。中国与澳大利亚同意深入推进中方"一带一路"倡议与澳"北部大开发"计划以及两国创新战略对接合作；中国与新西兰签署关于加强"一带一路"倡议合作的安排备忘录；《建设中蒙俄经济走廊规划纲要》启动实施……

——互联互通推进迅速。连点成线，织线成网，以中巴、中蒙俄等经济走廊建设为标志，基础设施等领域取得一批早期收获。中欧班列贯通欧亚，匈塞铁路、雅万高铁开工建设，中国—东盟信息港进展顺利，瓜达尔港正式开航……

——产能合作全面推进。中国同近20个国家开展了机制化产能合作，开创了中国—哈萨克斯坦合作新模式；一大批重点项目落地生根；中国企业已在沿线20多个国家建立了56个经贸合作区，累计投资超过185亿美元，为东道国增加了近11亿美元税收和18万个就业岗位……

——贸易往来日益紧密。2016年，中国与"一带一路"沿线国家进出口总额达到6.3万亿元人民币，增速超过中国对外贸易的总体增速；中国对"一带一路"沿线国家直接投资达145亿美元……

——金融支撑基本到位。中方发起的亚投行开业运营，成员总规模达70个；丝路基金首批投资项目已正式启动，实际拨付投资金额已达53亿美元……

倡议来自中国，成果惠及世界。3年多来，政策沟通、设施联通、贸易畅通、资金融通、民心相通不断推进，越来越多国家和地区受惠于这一互利共赢、共同发展的理念和实践。沿线发展中国家更是从中获得跳跃式发展的宝贵机遇。

"中国鞋业大亨计划使埃塞俄比亚成为全球制造业中心。"埃塞俄比亚通讯社今年3月的一则报道称。

2011年底，中国制鞋企业华坚集团进入埃塞俄比亚设厂。截至目前，已在当地安置就业6000人，累计出口创汇8000万美元。

华坚集团董事长张华荣说，在"一带一路"建设大潮下，华坚国际轻工业城项目已启动建设，预计总投资20亿美元，2020年建成后将解决当地就业3万至5万人，出口创汇额达20亿美元。

"中国的发展得益于国际社会，也愿为国际社会提供更多公共产品。我提出'一带一路'倡议，旨在同沿线各国分享中国发展机遇，实现共同繁荣。"习近平总书记在2016年二十国集团工商峰会开幕式上的讲话鼓舞人心。

孤举者难起，众行者易趋。"在以和平、发展、合作、共赢为主题的时代，'一带一路'建设为全球化深入发展带来新的哲学思维。这是'一带一路'建设的精髓所在，也是其'道'的重要体现。"中国科学院"一带一路"战略研究中心主任刘卫东说。

承载世界期盼　共绘美好蓝图

400多年前，意大利传教士利玛窦经海上丝绸之路来到中国，几经周折抵达当时的明王朝都城北京，带来了世界地图。

四个世纪后，北京再次辉耀"丝绸之路"的时代印记。一个月后，"一带一路"国际合作高峰论坛即将召开，走近世界舞台中心的中国，将与各国共襄盛举，开启全面推进"一带一路"建设的新航程。

"一个国家强盛才能充满信心开放，而开放促进一个国家强盛。""我们要保持经济持续健康发展，就必须树立全球视野，更加自觉地统筹国内国际两个大局,全面谋划全方位对外开放大战略,以更加积极主动的姿态走向世界。"2016年8月17日,习近平总书记在推进"一带一路"建设工作座谈会上强调。

"一带一路"建设正处在全面推进的关键节点,这将是一次总结过去、规划未来的盛会。

"高峰论坛是'一带一路'提出3年多来最高规格的论坛活动,是今年我国重要的主场外交活动,对推动国际和地区合作具有重要意义。"负责高峰论坛筹备工作的杨洁篪国务委员说。

——全面总结"一带一路"建设的积极进展,展现重要早期收获成果,进一步凝聚合作共识,巩固良好的合作态势;

——共商下一阶段重要合作举措,进一步推动各方加强发展战略对接,深化伙伴关系,实现联动发展;

——在推进中国经济社会发展和结构调整的同时,推动国际合作,实现合作共赢。

"'一带一路'倡议最大的吸引力在于不但有利于中国的发展,更使参与国受益良多。这次高峰论坛将成为崭新的起点。"西班牙驻华大使瓦伦西亚说。

世界经济在深度调整中曲折复苏,这将是一次有助于冲散经济低迷的阴霾、为世界经济增长注入更多正能量的盛会。

当今世界,经济一体化和"碎片化"的矛盾凸显。但与此同时,在基础设施、互联互通和可持续发展等领域,双边和多边、区域和全球合作势头渐起,各国都将其视为发展的重要抓手。

中国将高峰论坛主题设定为"加强国际合作,共建'一带一路',实现共赢发展",议题以"五通"为主线,围绕基础设施互联互通、经贸合作、产业投资、能源资源、金融支撑、人文交流、生态环保和海洋合作等重要领域进行讨论。各国领导人参加的圆桌峰会是高峰论坛的重点，主要讨论两个议题：一是加强政策和发展战略对接，深化伙伴关系；二是推进互联互通务实合作，实现联动发展。

"这些主题和议题针对当下形势和挑战，突出国际合作，突出联通，突出对接，与各方普遍关注的议程高度契合。"杨洁篪说，"我们要抓住新的发展机遇，找到打破困境、解决问题的有效途径。"

这将是一次务实高效的盛会，将为扎实推进"一带一路"开启新征程。

高峰论坛预计在扩大国际合作共识、推进重点领域务实合作、规划长远合作愿景等3方面取得重要成果。一批重大项目、合作协议和一些中长期重大举措有望推进；各方将探讨建立长效合作机制，规划符合共同利益的发展蓝图。

"高峰论坛将进一步凝聚共识，有利于增强国际社会对共建'一带一路'及全球化本身的信心。"中国人民大学重阳金融研究院高级研究员王义桅说。

承载世界期盼，5月的北京之约，"一带一路"将再启征程，这是中国的机会，更是世界的机遇。

史育龙说，由于沿线国家国情条件和利益诉求不同，让"一带一路"倡议落地扎根、开花结果，不可能一蹴而就。"要一个一个项目抓，一步一步向前走，让参与各方在合作中有实实在在的收获，不断增强'一带一路'的吸引力和感召力。"

求木之长者，必固其根本，欲流之远者，必浚其泉源。中国期待同各方一道，通过主办高峰论坛，推进"一带一路"建设，为促进世界经济增长、深化地区合作打造更坚实的发展基础，创造更便利的联通条件，更好造福各国和各国人民。（新华社北京2017年4月13日电，记者安蓓、侯丽军、孔祥鑫、郁琼源）

第一章　读懂新构想："一带一路"是什么？

 一图看懂

Chapter2 第二章

互通是关键：
"一带一路"怎么建？

在地图上跨越国界的广阔区域里，连上铁路，放置海港码头，添加城市和人流……"一带一路"战略构想提出之初，许多人惊叹于其地理跨度之大、建设时间之长："一带一路"贯通亚欧，一旦落实将成就更为活跃的经济走廊，造福40多亿人口；其建设历程可能会延续数十年，由此改变一代人乃至几代人的生活面貌。

"合抱之木，生于毫末；九尺之台，起于累土。"如今，"一带一路"作为一个视野宏大的开放性合作架构，正走出战略倡议阶段，伴随具体项目的落地生根，变为可触可感的现实，切实有效推动各国务实合作，为全球经济增长贡献新动能。

第二章 互通是关键:"一带一路"怎么建?

The Belt and Road

"一带一路":从愿景到行动的"五四三二一"

2013年习近平主席提出共建"一带一路"战略构想以来,中国与沿线国家一系列务实合作结出了早期的果实。由中国国家发改委、外交部和商务部联合发布的《推动共建丝绸之路经济带和21世纪海上丝绸之路的愿景与行动》宣告"一带一路"进入了全面推进阶段。

5个合作重点,即"五通"

2013年9月7日,习近平主席在哈萨克斯坦纳扎尔巴耶夫大学发表重要演讲,首次提出了加强政策沟通、道路联通、贸易畅通、货币流通、民心相通,共同建设"丝绸之路经济带"的战略倡议。

沿线国家要素禀赋各异,发展水平不一,互补性很强。建设"一带一路",有利于我国与沿线国家进一步发挥各自比较优势,促进区域内要素有序自由流动和资源高效配置,"五通"是关键。

目前已经有60多个沿线国家和国际组织对参与"一带一路"建设表达了积极态度。"一带一路"建设、亚洲基础设施投资银行都是开放的,欢迎沿线国家和亚洲国家积极参与,也张开臂膀欢迎五大洲朋友共襄盛举。中国社会科学院金融所副研究员安国俊认为,"一带一路"是中国对外开放的重要部分。

4个理念

千百年来,"和平合作、开放包容、互学互鉴、互利共赢"的丝绸之路精神薪火相传,推进了人类文明进步。

"一带一路"是促进共同发展、实现共同繁荣的合作共赢之路,是增进理解信任、加强全方位交流的和平友谊之路。中国政府倡议,秉持4个理念,全方位推进务实合作,打造政治互信、经济融合、文化包容的利益共同体、命运共同体和责任共同体。

打造"3个共同体"

"一带一路"旨在打造政治互信、经济融合、文化包容的利益共同体、命运共同体和责任共同体。

迈向命运共同体,体现了我国"坚持和平发展、共同发展、亚太合作发展"绝不动摇的决心,也体现了中国的责任与担当。"一带一路"建设构想覆盖亚欧非三大洲,连接亚欧两大经济圈。放眼世界,全球化、信息化改变了一切。无论从政治、经济还是安全角度考量,丝路沿线国家都是休戚相关、一荣俱荣、一损俱损。"一带一路"沿线国家唯有成为利益共同体、责任共同体、命运共同体才能更好地实现共赢。

2个核心区

推进"一带一路"建设,中国将充分发挥国内各地区比较优势,实行更加积极主动的开放战略,加强东中西互动合作,全面提升开放型经济水平。《推动共建丝绸之路经济带和21世纪海上丝绸之路的愿景与行动》对东北西北地区、西南地区、沿海和港澳台以及内陆地区的开放优势和策略进行概括性阐述,并着重提出了两个核心区,即新疆丝绸之路经济带核心区、福建21世纪海上丝绸之路核心区。

打造两个核心区,一要发挥新疆独特的区位优势和向西开放重要窗口作用,深化与中亚、南亚、西亚等国家交流合作,形成丝绸之路经济带上重要的交通枢纽、商贸物流和文化科教中心,将其打造为丝绸之路经济带核心区。二要利用长三角、珠三角、海峡西岸、环渤海等经济区开放程度高、经济实力强、辐射带动作用大的优势,加快推进中国(上海)自由贸易试验区建设,支持福建建设21世纪海上丝绸之路核心区。

1项系统工程

"一带一路"建设是一项系统工程,要坚持共商、共建、共享原则,积极推进沿线国家发展战略的相互对接。

习近平主席在博鳌亚洲论坛2015年年会上指出,"一带一路"建设秉持的是共商、共建、共享原则,不是封闭的,而是开放包容的;不是中国一家的独奏,而是沿线国家的合唱。

细数"一带一路"从愿景到行动的"五四三二一",就会发现一幅发展新蓝图正在绘就。(人民网2015年4月15日)

"一带一路"开启全球互联互通史的新篇章

十八大以来,习近平主席在一系列的周边外交活动中,提出了加强经济合作的"一带一路"战略构想,并一步步付诸实施,与我国"亲、诚、惠、容"的周边外交理念相呼应,可谓实践与理念并行,正在开辟中国周边外交的新模式。

"一带一路"是中国版的全球互联互通战略。丝绸之路是个容易被全球接受的好概念。耿昇先生说，"'丝绸之路'是沟通中西经济、政治、文化和思想的一条大动脉。"而"丝绸之路"的提法，最早是外国人的发明，后来被中国学者认同和采纳，现已成为一个国际通用的学术名词，远远超越了"路"的地理学范畴。因此，从古至今，从东到西，丝绸之路本身就是一部全球互联互通史。全球互联互通是全球化时代的根本特征。任何一个国家的开放发展战略，都可以视为全球互联互通的有机组成部分。"一带一路"是"丝绸之路经济带"与"21世纪海上丝绸之路"的形象概括和精炼整合，是中国新一代领导人提出的最高级和最重要的跨地区经济合作倡议。"一带"是从中国向欧亚大陆腹地及西部延展，"一路"是从中国向太平洋和印度洋延展，"一带"与"一路"对接，形同雄鹰展翅。创新丝绸之路经济带合作的"五通"模式，即加强政策沟通、道路联通、贸易畅通、货币流通，民心相通，或许就是中国对全球互联互通的理解，是物质与精神，官方与民间，理念与实践的互联互通。因而可以说，"一带一路"是全球互联互通史在21世纪的延续，是促进全球互联互通新演进的强劲动力。

"一带一路"是推动全球互联互通的"中国模式"。"一带一路"主张打通陆海战略通道，通过实体项目的实施，推进区域基础设施、基础产业和基础市场的形成，促进广泛的互联互通，推进贸易投资自由化和便利化，共同形成有利于共同发展的贸易投资乃至人员、信息和资金移动的新规则，从根本上缩小经济发展差距，纠正世界经济发展不平衡，形成"后危机时代"全新的国际经济合作新思维，确立符合世界经济发展多样性的合作新范式。在此过程中，中国将成为全球互联互通的动力源和重要网络节点。而"丝绸之路"战略的全面展开，不仅有利于本地区的经济发展，也有利于"第三方"有效用好地区资源形成广泛利益的互联互通。

"一带一路"需要创新全球互联互通时代的"丝路外交"。从宏观看，

"一带一路"是一个堪比"马歇尔计划"的周边乃至全球的互联互通工程，规模之巨，技术难度之大，安全形势之复杂，前无古人。从微观看，"一带一路"上任何一个项目、任何一条公路、任何一个乡村、任何一个人，牵一发而动全局。从更综合的角度看，如今的"一带一路"，是包含了海陆空天网，以及心理世界的"丝绸之路"。可见，"一带一路"是世界级水平的长线系统工程，需要

> **"一带一路"怎么建？**
>
> 【政策沟通】
> 沿线各国可以就经济发展战略和对策进行充分交流对接，共同制定推进区域合作的规划和措施
>
> 【设施联通】
> 优先打通缺失路段，畅通瓶颈路段，推进跨境电力与输电通道建设，共同推进跨境光缆等通信干线网络建设
>
> 【贸易畅通】
> 解决投资贸易便利化问题，加快边境口岸"单一窗口"建设，挖掘贸易新增长点，拓展相互投资领域
>
> 【资金融通】
> 扩大沿线国家双边本币互换、结算的范围和规模；共同推进亚洲基础设施投资银行、金砖国家开发银行筹建，有关各方就建立上海合作组织融资机构开展磋商；加快丝路基金组建运营；支持沿线国家政府和信用等级较高的企业以及金融机构在中国境内发行人民币债券；符合条件的中国境内金融机构和企业可以在境外发行人民币债券和外币债券，鼓励在沿线国家使用所筹资金
>
> 【民心相通】
> 教育文化上，中国每年向沿线国家提供1万个政府奖学金名额，联合申请世界文化遗产，提高沿线各国游客签证便利化水平，支持沿线国家申办重大国际体育赛事；医疗卫生上，提高合作处理突发公共卫生事件的能力，为有关国家提供医疗援助和应急医疗救助，扩大在传统医药领域的合作；科技合作上，共建联合实验室（研究中心）、国际技术转移中心、海上合作中心，合作开展重大科技攻关

世界级水平的长久战略规划和长期外交推动，有必要创新"丝路外交"。原则上，既要有整体的战略远景和规划，又要有动态和阶段性的形势分析、风险管理和效果评估，力求每一步都恰当合理。理念上，高举自柏拉图到孙中山以来所形成的人文主义国际战略旗帜，以理性、开放、包容、平等、合作的心态，发展全球互联互通理论，传播知识经济和现代价值理念，强化文化与软实力含义，让沿路国家自觉接受中国的发展理念，主动借助"一带一路"提振自身发展。机制上，实施统筹外交，综合施策，带动和强化国内各部门间的协调，发挥政府和民间的作用，创新治理体系，开展"公共外交""法制外交""规则外交""金融外交"。实践上，强调"不畏艰难"

的精神，强化国内外利益相关方的利益协调与创增，兼顾从草根民众到精英阶层等各层次利益的诉求，将决策者、谋划者、执行者、建设者、参与者、评估者整合成一个有机运作的整体，探知支持者、旁观者、疑惧者、投机者、破坏者等的行动意图。天下大事必做于细。有必要建立一个跨越国内外的综合型智囊咨询机制，其成员应来自官方、商家、产业、学界、金融、媒体、军事与民间组织等多领域的人才。

总而言之，"一带一路"与"亲诚惠容"互为表里，相促并行，是新时期中国周边外交模式的创新之举。（新华网2014年10月9日，翟崑，北京大学国际关系学院教授）

共建"一带一路"的机制和原则高度开放透明

"一带一路"倡议是谋求共同发展的一种理念，目的是达到合作共赢，它不是传统意义上的有形区域合作模式，也不是要另起炉灶建立什么组织或机构。它的合作机制和原则具有高度的开放性、灵活性、机动性和包容性。根据具体情况，主要通过以下三种合作机制来共建"一带一路"。

第一，通过加强双边合作，开展多层次、多渠道沟通磋商，推动双边关系全面发展。例如，充分发挥现有联委会、混委会、协委会、指导委员会、管理委员会等双边机制作用，协调推动合作项目实施。

第二，充分发挥沿线现有的多边合作机制的作用。例如，通过上海合作组织、中国—东盟"10+1"、亚太经合组织、亚欧会议、亚洲合作对话、亚信会议等现有多边合作机制作用，相关国家加强沟通，让更多国家和地区参与"一带一路"建设。

第三，充分发挥沿线现有的区域、次区域相关国际论坛、展会的建设性作用。例如，充分发挥博鳌亚洲论坛、中国—东盟博览会、中国—阿拉伯博览会、欧亚经济论坛、中国国际投资贸易洽谈会等平台的建设性作用，同时倡议建立"一带一路"国际高峰论坛，共同探讨共建"一带一路"事宜。

笔者认为，在共建"一带一路"中，应遵循以下准则：

第一，恪守以和平共处五项原则为基础的《联合国宪章》的宗旨和原则。中国是联合国的创始国和常任理事国，在国际言行方面一直恪守被称之为世界宪法的《联合国宪章》的宗旨和原则。在共建"一带一路"言行方面自然也不例外。

第二，保持开放性、包容性。相关国家围绕中亚和南亚都提出了自己的发展计划，中国倡议的"一带一路"比此前所有的相关区域合作范围更广，中方注重现有区域合作机制相铺相成，不但不排斥，而且包容共存，欢迎各国、各国际组织、地区组织参与共建。

第三，遵循国际通行原则行事。这就是要发挥市场在资源配置中的决定性作用、发挥企业的主体作用，发挥好政府的作用。这里特别要强调的是，共建"一带一路"是沿线各国的共同事业，不是所谓的中国亚洲版"马歇尔计划"。因为时代背景完全不同，二者的目标完全不同。二战结束后迅速形成了美苏对峙的两极世界，开展以意识形态挂帅的"冷战"。西欧国家遭战争严重破坏，美国虽然参加了欧洲和亚太两战场的作战，但是在远离本土作战，本土未受破坏，利用战争发展起来的经济实力向欧洲盟国施援，一举两得：既推动了其国内产业升级，又凝集欧洲力量抗衡苏联。而今却是世界向多极化发展，和平与发展为这个时代的主旋律，中国同俄罗斯建立了牢固的全面战略协作伙伴关系，与美国建立不冲突、不对抗、相互尊重、合作共赢的新型大国关系，与发展中国家和其他国家建立广泛的合作关系。在当今这个时代的大背景下，中国是要通过共建"一带一路"来达到合作共赢、共同繁荣。

中国改革开放30多年取得世界称道的成就，但中国仍是发展中国家，人均经济占有量不但与发达国家有很大差距，而且还低于一些发展中国家。因此，在共建"一带一路"中，无论在国内还是在国外必须按市场规则行事，使市场发挥决定性作用，企业发挥主体作用，不仅国有企业，而且必须有相当数量民营企业参与其中。只有这样，这一"世纪工程"才能持续发展。政府的作用不可替代，对于大规模的国际合作，政府搭好平台十分重要，为此，成立亚洲基础设施投资银行和丝路基金来融资十分必要。

第四，注重人文交流。沿线国家和地区人文环境多样复杂，不同宗教、不同民族、不同地区在千百年里形成了他们各自的思维方式、行为方式和生活方式，只有通过旅游、教育、学术来交流，共处共事增进彼此之间的了解和理解，为共建"一带一路"作出贡献。

第五，突出和谐共生。"一带"和"一路"是一个整体性的合作倡议，二者不可分割，因为二者目标和理念一致，而且在某些国家和地区还相互交汇。因此，二者同时推进，与其他区域合作机制既不重叠也不竞争，而是寻求与其他各类合作机制求同存异、和谐共生。（万成才，新华社世界问题研究中心研究员）

中国方案的世界回响
——写在人类命运共同体理念首次载入安理会决议之际

日月之行，星汉灿烂。

人类向何处去？这一宇宙之问，在经逢数百年未有之变局的今天，成为世界各国必须共同应对的深刻命题。

构建人类命运共同体，让和平的薪火代代相传，让发展的动力源源不断，让文明的光芒熠熠生辉，是中国给出的响亮回答，展现出中国领导人面向未来的长远眼光、博大胸襟和历史担当。

3月17日，构建人类命运共同体理念更是首次载入联合国安理会决议。

中国理念赢得了世界范围的认同，中国智慧日益成为全人类共同的财富。

破局：辨明潮流方向

2013年3月，习近平主席在莫斯科国际关系学院发表重要演讲。他说，这个世界，各国相互联系、相互依存的程度空前加深，人类生活在同一个地球村里，生活在历史和现实交汇的同一个时空里，越来越成为你中有我、我中有你的命运共同体。

回首以往，人类经历了血腥的战争、冷战的对峙，也取得了惊人的发展、巨大的进步。进入21世纪，世界多极化、经济全球化深入发展，和平与发展取代丛林法则，成为世界潮流。

与此同时，"逆全球化"思潮抬头，局部冲突此起彼伏，非传统安全和全球性挑战不断增多，世界经济持续低迷，不稳定、不确定成为常态。

"世界怎么了、我们怎么办？"2017年1月18日，习近平主席在日内瓦万国宫出席"共商共筑人类命运共同体"高级别会议，从历史和哲学高度为世界释疑解惑：构建人类命运共同体，建设一个持久和平、普遍安全、共同繁荣、开放包容、清洁美丽的世界。

四年来，习近平主席在国际国内重要场合100多次谈及"命运共同体"：在博鳌亚洲论坛2015年年会上，提出迈向命运共同体"四个坚持"的实践路径；在联合国成立70周年系列峰会上，阐述打造人类命运共同体的"五位一体"路线图；在日内瓦万国宫，深刻、全面、系统地阐述了人类命运共同体理念……

英国剑桥大学教授马丁·雅克认为，"中国提供了一种'新的可能'，这就是摒弃丛林法则、不搞强权独霸、超越零和博弈，开辟一条合作共赢、共建共享的文明发展新道路。这是前无古人的伟大创举,也是改变世界的伟大创造。"

开拓:体现中国担当

大道至简,实干为要。四年来,中国从人类共同发展的高度、以前所未有的勇气和担当,扎实推进人类命运共同体这一宏伟蓝图的实践。

——新型大国关系、周边命运共同体、亚洲命运共同体、中拉命运共同体、中非命运共同体……在世界范围内建立平等相待、互商互谅的伙伴关系,走出一条"对话而不对抗,结伴而不结盟"的国与国交往新路。

——在二十国集团领导人杭州峰会上,中国首次将发展问题置于全球宏观政策框架的突出位置。从"欢迎各国搭乘中国发展'顺风车'"的开放姿态,到设立中国—联合国和平与发展基金、中非"十大合作计划"……真正让"一个都不能少"的全球可持续发展目标落在实处。

——气候变化《巴黎协定》落槌生效,时任联合国秘书长潘基文称赞中国为协定的达成、巴黎气候大会的成功作出了历史性贡献。"十三五"规划中,中国把生态文明建设作为重要内容,践行"人与自然和谐相处"的绿色发展理念。

——"一带一路"倡议提出三年多来,得到100多个国家和国际组织积极响应支持,一系列重大项目落地开花。今年5月,中国将举办"一带一路"国际合作高峰论坛,为实现"包容和联动式发展"注入新能量。

——亚洲基础设施投资银行、金砖国家新开发银行顺利运行,人民币加入国际货币基金组织特别提款权货币篮子……"中国角色"在全球金融合作中更加举足轻重,国际金融治理体系更趋完善。

一个个致力于打造人类命运共同体的扎实行动,讲述着"志合者,不以山海为远"的生动故事。正如联合国开发计划署署长克拉克所感悟到的:中国与其合作伙伴能够共享和平与繁荣,这就是命运共同体。

共振：汇聚人类力量

纽约，联合国总部广场前，193个会员国的旗帜迎风飘扬。

3月17日，构建人类命运共同体理念首次载入联合国安理会决议。继2月10日构建人类命运共同体理念首次载入联合国决议后，中国理念回声再起，在国际社会汇聚起越来越多和平发展的希望和力量。

联合国社会发展委员会第55届会议主席菲利普·查沃斯说，"从长远来看，世界各国和联合国都会从这一理念中受益"，"构建人类命运共同体理念是中国人着眼于人类长远利益的远见卓识"。

思想是推动人类发展的先导，是引领历史进步的旗帜。人类命运共同体理念之所以获得广泛关注和认同，在于其继承和维护以联合国宪章宗旨和原则为核心的国际秩序和国际体系，不搞穷兵黩武，抛弃零和博弈，奉行双赢、多赢、共赢的新理念，契合世界各国对于发展的共同诉求，在世界范围内激发"最大公约数"。

哈佛大学费正清中国研究中心研究员罗斯·特里尔主编的《习近平复兴中国》一书评价说，以人类命运共同体为纲领的全球治理体系，展现了对中国和世界各国关系长远发展的战略思考，也给国际格局新秩序的建立带来新动力。

但见时光流似箭，岂知天道曲如弓。人类文明进步历程从来没有平坦的大道可走，而是在同困难的不断斗争中砥砺前行。中国以自身发展向世界证明，拥有不同信仰、制度和民族的国家可以和平共处、有序竞争，让共同利益压倒分歧对立，让人类理性选择世界的未来。

"历史是勇敢者创造的。"习近平主席在世界经济论坛2017年年会开幕式演讲中，铿锵有力地再次向全世界宣布，为和平、为发展，中国将与世界同舟共济、携手向前。（新华社2017年3月24日，作者班威）

要在国家层面规划布局

对话嘉宾：

全国政协委员、民进新疆主委、新疆师范大学副校长牛汝极

全国政协委员、社科院学部委员、国际研究学部主任张蕴岭

全国政协委员、河南大学校长娄源功

全国政协委员、新疆农业大学经济与贸易学院副院长布娲鹣·阿布拉

全国人大代表、中科院院士、厦门大学教授焦念志

全国政协委员、中国（海南）改革发展研究院院长迟福林

牛汝极：现代丝绸之路的五通还有很多条件要克服

现代丝绸之路的五通（政策沟通、道路联通、贸易畅通、货币流通和民心相通），我们正在准备之中，还有很多不利条件要去克服，比如政策沟通，建设"丝绸之路经济带"必须和俄罗斯达成共识；道路畅通，中亚地区的铁路比我们的要宽。

五通要开通，我认为政策沟通是保障，要协调；道路联通是条件，要满足；贸易畅通是目标，要互利；货币流通是途径，要跟进；民心相通是关键，要先行。"丝绸之路经济带"的动作可能会比21世纪"海上丝绸之路"的要快一些，劲头足一些，工作做得可能要充分一些。"海上丝绸之路"协调起来难度很大，这和我们离海洋强国还有一段距离，海域周边环境复杂有一定关系。

现代丝绸之路和古代丝绸之路是有区别的,也有联系,可以归纳为以古连今,以道带商,以经促文,以文连心,以利安邻。

要用"丝绸之路精神"来拓展"丝绸之路经济带"和21世纪"海上丝绸之路"。丝绸之路精神就是开拓、互信、合作、创新、共赢。没有丝绸之路开拓开放的精神,就不可能走出我们目前的困境;没有互信,就没有互联互通;当今世界靠"单打独斗"是不行的,所以要有合作;创新的核心是思维方式的改变;共赢才能赢得共鸣。

无论是"丝绸之路经济带",还是"21世纪海上丝绸之路",实际上是贸易丝路、文化丝路、科技丝路、艺术丝路、旅游丝路、能源丝路、交通丝路、信息丝路、农林丝路、考古丝路等等。

张蕴岭:要和外界形成命运共同体共建共赢

丝绸之路经济带建设,一定要有新的布局,才能和经济发展阶段相联系,和外部世界新关系相联系。一个新特征是主动战略,另一个特征是是共建共赢。这是一个长期的发展过程。

第一,建海上丝绸之路,需要妥善解决南海争端,加强和东盟的协商。

第二,合作走出去第一步,都是发展中国家,过去以能源关系为主,这是简单的经济关系,不可持续的。如何促进当地经济发展,产业转移,有个富邻居,才可以从中得到更大的好处。习总书记讲"亲诚惠容",在经济带建设上,中俄取得共识,没有战略怀疑,要与俄罗斯区域合作接轨,能同向而行。

第三,安全问题,开通了和中亚的合作通道,促进了生产要素流动,包括人员流动,如何控制对极端势力的渗透,如果处理不好会带来很大问题。

娄源功：需要各国有识之士、人民的接受

古代丝绸之路一千多年了，总书记提出"一带一路"不到一年，我们正在开始准备，需要有一个时间过程，它也需要有各国的有识之士、人民的认识和接受的过程。

这个战略实施绝非一蹴而就，无论是规划上，理念上，都需要一个过程。我们面临的困难不在国内，在于"一带一路"的这些国家和地区人民的认同和政府的支持。

我们一定是本着共建、共享、共赢的理念。要想长久，要想把困难解决好，应该与沿途国家有充分沟通，真正按照互利共赢，优势互补，形成思想认识上的共识，才能真正做好。

不要便宜都是我们占了，也要让人家得到实惠。实际上就是丝绸之路沿途国家有个分工的问题，只有把这个问题解决了，未来发展才有希望。

布娲鹣·阿布拉：重点是产业准备人才准备

"丝绸之路经济带"沿线国家大部分是发展中国家，中国提出这个战略到底想干什么？合作能带来什么好处？目前不少国家害怕中国威胁论，中亚国家觉得我们是掠夺资源的，其实我们是平等互利，共赢发展。通过这样宣传，使这些国家认识到，这对每个国家都是有利的。沿线国家都要达成一种共识后，才能促成的事。

我们国内在丝绸之路发展过程中，现在还只是准备阶段，要积极谋划，更多的准备是产业和人才的准备。国内还没做到从统筹国内方面

来做些规划，有功能区的分工，有优势互补的产业布局。在顶层设计方面，统筹各方面，形成互补结构，形成合力走出去，同时还要体现各方的利益。

比如新疆，有地缘优势，但是经济又是比较落后的，急需来改善民生。国家如何实现效率与公平的兼顾，东部获益后，西部若只是一个通道作用，西部没得到任何好处就不会有太高积极性，最主要是让老百姓享受到改革发展的成果。

焦念志：在国家层面上统筹规划、合理布局、避免重复

建设丝绸之路，对内要全国一盘棋，对外要取得邻国的共识。不少省市主要是在交通运输、经贸方面称自己的条件优越以及未来的发展规划，有很多重复，并不能形成最大的优势。

21世纪"海上丝绸之路"，首先是对外的，也是对国内的，其理念应该是和平、友好、协作、发展。

当前要做的是应该在国家层面上建立一个领导机制，组织、协调涉及"21世纪丝绸之路"方面的有关省市，领导、职能部门、科学家、社会各阶层都参与到研讨当中，通过充分认证，形成共识，然后在国家层面上进行统筹规划、合理布局、避免重复。

科技在丝绸之路中的作用不容忽视。21世纪"海上丝绸之路"不同于古丝绸之路，"21世纪"的内涵应该更加广泛、更加深刻、更加有科技含量。相对于南海周边国家，我国的科技含量或科技水平优势是比较明显的。如福建的优势商品瓷器、茶叶，的确可以做成一个品牌，但要达到21世纪"海上丝绸之路"新的制高点，这些产品还需要科技支撑、引导。

我国在海洋科技方面，应该充分发挥这一优势，让海洋科技充实21世纪"海上丝绸之路"的内涵。

迟福林：打造10+1升级版形成全方位开放新格局

"一带一路"建设是对外开放新的战略，建议打造中国—东盟自由贸易区升级版（以下简称10+1升级版），把打造10+1升级版作为形成全方位开放新格局的重点，在10+1的良好基础上，利用我国与东盟携手共建21世纪"海上丝绸之路"等合作新机遇，3年左右明显突破，5年左右形成10+1经济一体化的新格局。

（人民网2014年3月13日，记者赵晶、李叶、贾玥、贺迎春、李阔、吴声婧、王千原雪、钟巧花、常红）

"一带一路"新观察：
"一带一路"钱从哪儿来？

亚洲基础设施投资银行57个意向创始成员国在2015年4月15日正式亮相。亚投行覆盖五大洲，囊括发达国家、发展中国家、新兴经济体，从亚投行启动筹建到各国扎堆申请搭乘"东方快车"，在短短半年时间里，亚投行受到了广泛的追捧，这和它肩负的"一带一路"责任密不可分。"一带一路"贯穿欧亚大陆，东边连接亚太经济圈，西边进入欧洲经济圈，是我国同中亚、东南亚、南亚、西亚、东非、欧洲经贸和文化交流的大通道,"一带一路"是篇巨幅画卷,是发展的宏大乐章。画家绘宏图需要好颜料,音乐家奏名曲要用名琴。"一带一路"也需要资金的支持,那么钱从哪来?

合作建立亚洲基础设施投资银行是要为"一带一路"有关沿线国家的基础设施建设提供资金支持,促进经济合作。而设立丝路基金是要利用我国资金实力直接支持"一带一路"建设。商务部国际贸易经济合作研究院副院长李光辉认为,这两大机构双双为"一带一路"保驾护航,推动"一带一路"建设。"一带一路"是一项宏大工程,亚投行和丝路基金虽然是提供资金的两项利器,但还远远不够。李光辉说,亚投行和丝路基金起到杠杆的作用,它们会撬动更多的社会资金加入建设的洪流中。

复旦新丝路研究所所长王健说,"一带一路"和亚投行是相辅相成的。"一带一路"是纲,举一纲而万目张,促进沿线国家和地区的贸易、投资、文化等方方面面的合作与交流,推动该战略实施首先需要考虑构建互联互通的物质基础;而亚投行是一个开放、包容的多边机构,主要集中于亚洲基建,它不仅是对地区和世界多边开发体系的有益补充,也是实施"一带一路+基础设施建设"的必由途径。亚投行与"一带一路"的有机融合将直接关系到"一带一路"战略的顺利实施,二者也将拉开中国对外投资的新时代。

中国国际工程咨询公司研究中心主任李开孟表示,解决交通建设融资能力,除了资金以外,是体制机制,中国在走出去方面正在建设亚投行、丝路基金、金砖银行,光靠银行贷款不可持续,重要的是找到财政可持续的替代方案,因此推动公私合营模式就势在必行。

关于此话题,经济之声特约评论员、国家发改委对外经济研究所国际合作室主任张建平对此解读。

经济之声:整个"一带一路"涉及的大量互联互通项目,资金的支持非

常重要,亚投行和丝路基金,对于支持"一带一路"互联互通项目的建设发挥了什么作用?

张建平:实际上"一带一路"是一个非常复杂的系统工程,这个系统工程当中涉及的很多"一带一路"的企业都是属于穷国或者发展中国家,应该说2/3的经济体他们的收入水平都是在中等收入水平以下。老话叫要想富先修路,但是要想改善基础设施的话必须要有大量新的资金注入,世界银行和亚洲开发银行不能满足这种需求的情况下亚投行和丝路基金就发挥了非常重要的融资的支持的作用。但是这种融资支持也不是亚投行和丝路基金大包大揽,我打个比方它就像一个旱井,就是注入的第一桶水然后来把后续社会的资金来引上来,引入更多的活水资金来推动基础设施的建设,亚投行和丝路基金就发挥了非常重要的一个引领的作用。而且基础设施的改善将来就会推进贸易投资的这种效率,然后推动所有的经济体在经济合作能够达到更高的水平。

经济之声:有人认为,光靠银行贷款不可持续,重要的是找到财政可持续的替代方案,因此推动公私合营模式势在必行。这种模式是不是未来解决资金问题的主要方式?

张建平:我认为是,因为现在看起来所有的大型的基础设施的建设紧紧依靠开发性金融的这种资金,靠亚投行丝路的基金,加上未来假设世行和亚行也能够合作进来,但是这些资金仍然是不够的。另外从现在全球基础设施的建设的这种经验来看,仅靠政府部门和金融机构的资金的效率也不够高,如果我们能够把私人部门引进来就能够弥补效率不足的问题,这样等于把政府和国际金融机构这样一个信誉和私人部门的效率能够有机结合起来,基础设施建设的这个效率就会非常的高。从这个意义上来讲不仅是"一带一路"而且像APEC这个平台上,现在PPP的这个模式都已经得到了高度的重视,但是PPP对规则的依赖是非常厉害的,也就是说无论是中国也好,还是"一带一路"其他的经济体也好我们在PPP的规则制定方面如何能够保证基础设施项目保本微利而不是暴利也不是亏损，这是一个全新的考验。

经济之声：对咱们来说是一个全新的挑战，有没有可以学习借鉴的经验呢？

张建平：当然有，现在其实中国的多省份都在设立这个PPP的中心。然后有关政策法规也在不断的完善，发达经济体还有其他的一些新兴经济体在这个PPP模式上都做了大量的探索，很多的项目都是用PPP模式来完成的。比如北京的地铁4号线就是PPP的模式，将来随着经验的积累还有规则的不断完善，"一带一路"的国家应该探索出更加适合于"一带一路"建设特点的PPP模式。

经济之声：这是一种特殊的模式，民间和这种银行贷款相互来组合，有一个观点做过测算。从2010年到2020年的十年间，仅亚洲的基础设施投资需求就达8万亿美元。对资金和金融服务的需求非常巨大。在金融服务方面，我们能不能跟上？

张建平：我觉得这就取决于我们努力的结果，在这个方面有两个很重要的工作要做。一个工作就是这个亚投行和丝路基金作为引导和龙头，我们可以与世界银行、亚洲开发银行、欧洲复兴银行还有中美洲的开发银行这些国际性的开发性金融机构以及像比如说很多国家都有开发性金融，就像中国的国家开发银行，俄罗斯的国家开发银行，还有很多国家都有进出口银行，所有这些金融机构合作起来就能够提供更多的资金，这是一个条件，因为他们是可以保证银行的这种银团贷款的。但是另一方面商业银行的作用也是非常重要的，商业银行它提供，特别是在如果有私人伙伴参与进来的过程当中，很多私人企业它的资金来源可能很大程度上要依赖商业银行，这就要求中国金融机构要加快国际化，加快"一带一路"去投资布点。最后一个就是在公私合营的模式之下商业性的金融机构和开发性的金融机构也能够有一个合作的平台，在这种机制之下就会解决资金的问题。（央广网2015年4月16日）

丝路基金的"五个W和一个H"

国家主席习近平出访巴基斯坦期间，4月20日，丝路基金、三峡集团与巴基斯坦私营电力和基础设施委员会在伊斯兰堡共同签署了《关于联合开发巴基斯坦水电项目的谅解合作备忘录》。引人注目的是，这是丝路基金首个对外投资项目。

"丝路基金"究竟是个什么样的机构？与"朋友圈"遍全球的亚洲基础设施投资银行（亚投行）是什么关系？新华社记者借用新闻学"五个W和一个H"的概念，勾勒丝路基金的来龙去脉。

When：何时提出？

2014年11月4日，习近平主持召开中央财经领导小组第八次会议，研究丝绸之路经济带和21世纪海上丝绸之路（即"一带一路"）规划、发起建立亚洲基础设施投资银行和设立丝路基金。这是"丝路基金"首次出现在公众视野。

4天后，在北京举行的"加强互联互通伙伴关系"东道主伙伴对话会上，习近平宣布，中国将出资400亿美元成立丝路基金，为"一带一路"沿线国家基础设施、资源开发、产业合作和金融合作等与互联互通有关的项目提供投融资支持。

紧接着，在亚太经合组织工商领导人峰会上，习近平发出邀请：丝路基金是开放的，可以根据地区、行业或者项目类型设立子基金，欢迎亚洲域内外的投资者积极参与。

Why：为何成立？

为什么要成立丝路基金？在首提丝路基金的中央财经领导小组第八次会议上，习近平指出，设立丝路基金是要利用我国资金实力直接支持"一带一路"建设。

而在"加强互联互通伙伴关系"东道主伙伴对话会上，他进一步阐释了设立丝路基金的初衷：以建设融资平台为抓手，打破亚洲互联互通的瓶颈。亚洲各国多是发展中国家，普遍缺乏建设资金，关键是盘活存量、用好增量，将宝贵资金用在刀刃上。

在"首单"20日签订之后，丝路基金负责人表示，基金定位为中长期的开发投资基金，重点是在"一带一路"发展进程中寻找投资机会并提供相应的投融资服务，以促进中国与相关国家的经贸合作以及互联互通。

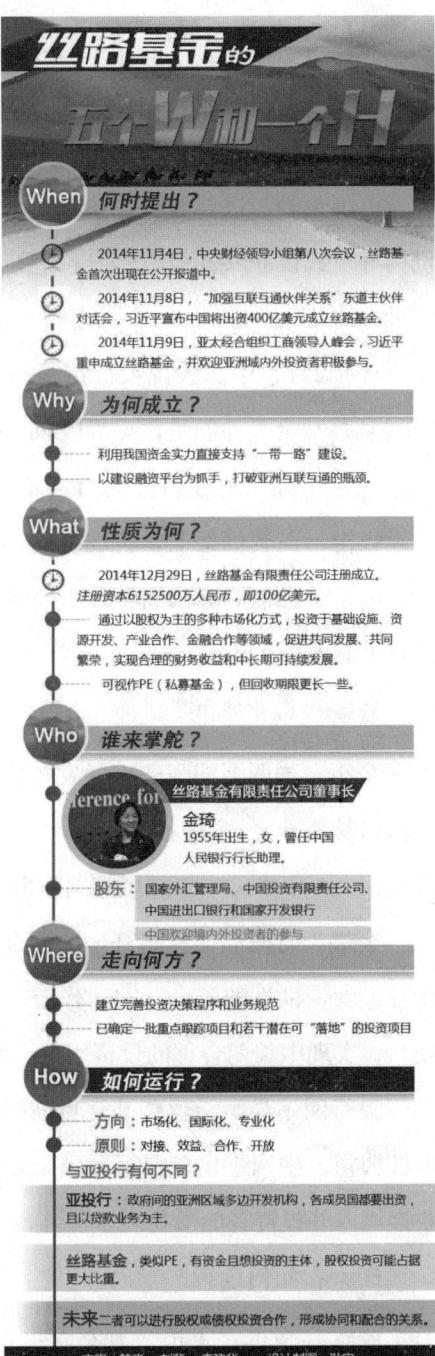

What：性质为何？

2014年12月29日，丝路基金有限责任公司注册成立。在全国企业信用信息公示系统查询可见，其注册资本6152500万元人民币，即100亿美元，企业经营范围包括：进行股权、债权、基金贷款等投资；与国际开发机构、金融机构等发起设立共同投资基金；进行资产受托管理、对外委托投资等；国务院批准的其他业务。

今年2月，中国人民银行行长周小川在受访时说，可以将丝路基金看作PE（私募基金），但是比一般PE回收期限要放得更长一些。

丝路基金与亚投行之间有何不同呢？亚投行是政府间的亚洲区域多边开发机构，在其框架下，各成员国都要出资，且以贷款业务为主。而丝路基金，由于其类似ＰＥ的属性，主要针对有资金且想投资的主体加入，且股权投资可能占更大比重。

Who：谁来掌舵？

今年全国两会期间的一场发布会上，丝路基金有限责任公司董事长金琦首次以丝路基金"掌门人"身份亮相。1955年出生的金琦，自上世纪80年代开始在央行工作，主要领域为国际事务，曾任中国人民银行行长助理。

金琦当时提到，丝路基金的资金都有相对应的人民币负债，所以不是援助性或者捐助性的资金，在运作上，必须坚持市场化原则，投资于有效益的项目，实现中长期合理的投资回报，维护好股东的权益。

央行网站显示，丝路基金目前的股东为国家外汇管理局、中国投资有限责任公司、中国进出口银行和国家开发银行。央行发布的新闻稿同时表示，欢迎境内外投资者的参与。

How：如何运行？

丝路基金负责人说，基金在运行中一贯强调"市场化、国际化、专业化"方向以及"对接、效益、合作、开放"原则。

此次在巴基斯坦的"首单"将丝路基金的投资模式具象化。基金负责人说，本次投资是采取股权加债权的方式，一方面直接投资承建项目的三峡南亚公司的部分股权，另一方面，参与中国进出口银行牵头的银团，为项目提供贷款。

透过此一项目，未来丝路基金可能会继续使用的模式可见一斑：在对外投资运作中，借力中国企业的人才、行业和技术优势和海外投资经验，实现风险管控。同时，帮助企业提高融资能力，加强企业对项目的经营管控能力，支持企业更好、更高质量地"走出去"。

Where：走向何方？

在敲定"首单"之后，丝路基金下一步将如何运作？基金负责人透露，丝路基金一方面加强战略规划和布局研究，建立完善投资决策程序和业务规范；另一方面，积极拓展业务联系，主动走访和联系有关部门和企业，加强项目评估和遴选，已确定一批重点跟踪项目和若干潜在可"落地"的投资项目。

谈及丝路基金的投资运作策略，基金负责人提到了16个字："夯实基础"——强化项目驱动、扎实推进，避免概念驱动和投资冲动。"增进信任"——在项目合作过程中增进各方了解和互信，促进政策沟通和民心相通。"统筹兼顾"——尊重投资所在国的法律，遵循国际标准，照顾各方"舒适度"，兼顾经济效益和社会效益。"探索创新"——加强相关领域的研究，探索互利共赢、可复制可推广的合作模式。（新华网北京2015年4月21日电，记者韩淼）

亚投行助力"一带一路"

一、亚投行成长记之"前传"

2015年3月31日,是亚洲基础设施投资银行(以下简称亚投行)创始成员国申请的最后期限,过了这一天,亚投行离它真正的"诞生"越来越近了。

3月,世界各国密集申请搭乘这列"东方快车",使得人们真切感觉到这个可能填补空白的新事物所蕴含的巨大生机。为什么亚投行有这样大的吸引力?要解答这个问题,也许应该花点时间,看看它的来龙去脉。

首次提出

与跟它关联度很高的"一带一路"相似,亚投行也是中国新一届领导人在出访时提出的。

2013年10月,习近平在雅加达同印度尼西亚总统会谈时倡议筹建亚洲基础设施投资银行,愿向包括东盟国家在内的本地区发展中国家基础设施建设提供资金支持。

这是亚投行第一次出现在公开报道中。几天后,亚投行便在国际多边场合"首秀",依然是在印尼。2013年10月7日,巴厘岛,亚太经合组织工商领导人峰会,习近平在题为《深化改革开放 共创美好亚太》的演讲中,再次提及筹建亚投行的倡议。

紧接着,国务院总理李克强也在国际场合重申此一倡议。中国领导人的密集表态向世界传递了一个清晰信号:亚投行,是动真格的。

第二章 互通是关键:"一带一路"怎么建?

生逢其时

这个动议背后有多个因素。一方面,亚洲各国对基础设施建设的需求与现有投资间有巨大的缺口。据亚洲开发银行估计,2010年至2020年间,亚洲各经济体的基础设施要达到世界平均水平,内部投资需要8万亿美元,融资存在巨大缺口。

另一方面,中国提出这个倡议,既有充足"家底"——外汇储备近4万亿美元,也有切身体会——改革开放30多年,基础设施建设对支撑中国的迅速发展作用巨大。

一年后,筹建亚投行备忘录签署仪式在北京举行时,习近平主席用两句简洁有力的话说明倡建亚投行背后的哲学:"要想富,先修路";"人心齐,泰山移"。

凌波微步

亚投行筹建至今,谋势布局稳扎稳打,如同凌波微步,越走

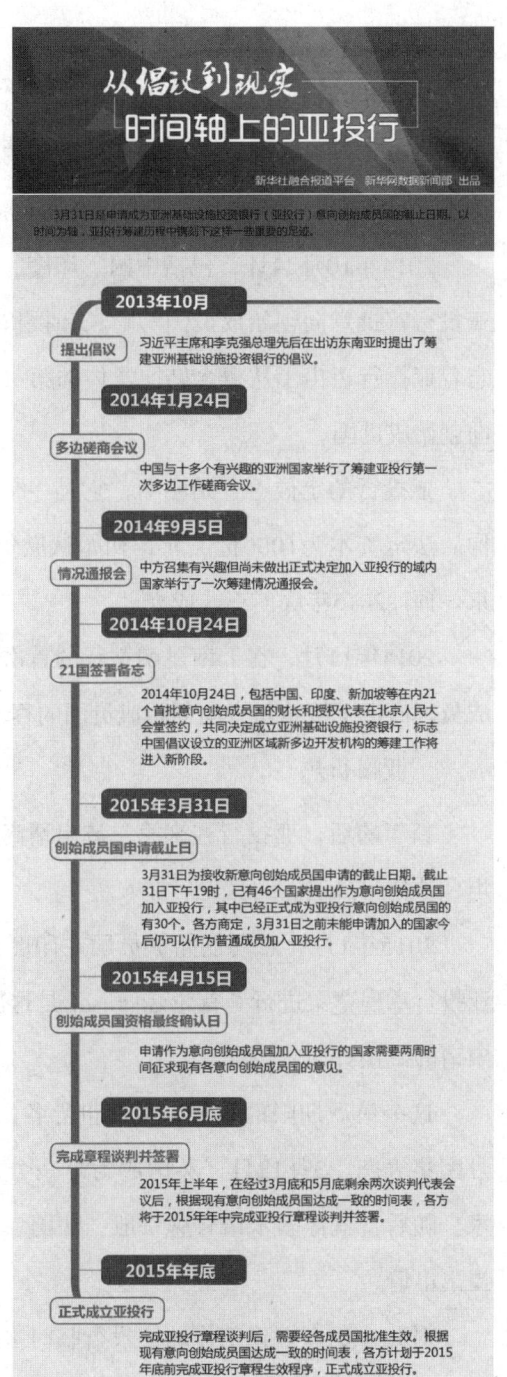

越有进益。

2014年1月到9月期间，共举行多次筹建亚投行的多边工作磋商会议及一次部长级工作晚餐会。参与者也从最初的10多个增加到21个。各方就亚投行的宗旨、治理、总部选址、股权结构等问题进行了充分沟通。

2014年10月24日，包括中国、印度、新加坡、卡塔尔、泰国在内的21个亚投行首批意向创始成员国的财长和授权代表在北京签署《备忘录》。这标志着亚投行迈出了从概念转向实体的第一步。一个月后，印尼成为第22个意向创始成员国。

亚投行的定位也开始明晰，它是一个政府间性质的亚洲区域多边开发机构。法定资本为1000亿美元，初始认缴资本为500亿美元左右。总部选址北京，预计2015年底前正式成立。

2014年11月，在云南昆明举行的首次谈判代表会议上，亚投行意向创始成员国商定了接纳新意向创始成员国的程序和规则。

"亚投行热"

新年前后，亚投行迎来第一波申请高峰。马尔代夫、新西兰、塔吉克斯坦、沙特阿拉伯、约旦先后加入。

2015年1月，意向创始成员国在印度孟买举行第二次谈判代表会议，就亚投行章程草案进行了首轮磋商。正是这次会议，确定3月31日为创始成员国申请的截止日期。

这个最后期限的划定，促使世界各国，特别是一度观望的西方国家在3月密集表态。3月12日，英国成为第一个宣布申请加入亚投行的主要西方国家。随后，就像多米诺骨牌一般，法国、德国、意大利、卢森堡、瑞士先后提出申请。

对此，负责筹建工作的亚投行临时多边秘书处秘书长金立群指出，亚洲地区的经济发展将为域外国家带来很好的发展机遇，给他们提供广阔市场，扩大投资需求，拉动这些国家经济的复苏。

这个春天，亚投行成为炙手可热的全球话题，许多人在猜测谁将成为下一个提出申请的国家。

覆盖五洲

3月26至29日的博鳌亚洲论坛期间，又一波亚投行申请热出现。

26日，土耳其宣布申请加入；27日，韩国、奥地利申请加入。

28日，在博鳌论坛开幕式上，习近平主席在主旨演讲中再次提及亚投行；俄罗斯第一副总理舒瓦洛夫宣布，俄罗斯将申请加入亚投行。同一天，荷兰、巴西、格鲁吉亚、丹麦提出正式申请。

29至30日，澳大利亚、埃及、芬兰。31日，吉尔吉斯斯坦、瑞典来赶"末班车"。根据规程，意向创始成员国的最终数量要到4月15日才能完全确定。

美国与日本未在截止日期内提出申请。但微妙的是，美国财政部长雅各布·卢作为总统奥巴马特别代表，在30至31日期间访华。

在李克强总理同雅各布·卢的会见结束后，财政部副部长朱光耀透露，雅各布·卢代表总统奥巴马表示，美方期待在促进基础设施发展方面同亚投行合作，包括通过中美战略与经济对话机制，或者通过世界银行与亚投行的合作，或者任何双方都可以认可支持的措施。

日本则似乎要将"纠结"进行到底。31日，英国《金融时报》报道称，日本驻华大使木寺昌人表示预计日本将会在几个月内加入亚投行；但是，随后日本多位高官对此予以否认。

不过，3月31日之前未提出申请成为创始成员国的国家，今后仍可作为普通成员加入亚投行。

大任当之

截止日之后的亚投行将走向何方？首先可以确定的是，各方在今年6月底前完成章程谈判并签署，年底前完成章程生效程序，正式成立亚投行。

此外，亚投行与现有多边开发银行是互补而非竞争关系。财政部部长楼继伟20日接受采访时说，亚投行侧重于基础设施建设，而世界银行、亚洲开发银行等则强调以减贫为主要宗旨。

有专家指出，亚投行应成为基础设施投融资平台，推动融资机制改革，并能够撬动私营部门的资本投入，以公私合作伙伴关系模式（PPP）合理分担风险和回报。

按金立群的描述，亚投行的核心理念是精干、廉洁、绿色。机构高度精简，专业人员全球招聘，配备精兵良将，坚决杜绝机构臃肿，并将对腐败实行"零容忍"。

中国角色

至于中国在亚投行中扮演的角色，金立群说，中国在亚投行作为第一大股东，是根据亚洲地区中经济的体量确定的。中国将提供必要资金，第一大股东的地位不是特权，而是责任，是担当。

据介绍，在美国、日本等一些大国没有参与之前，为了保证股本金达到一定的规模，中国提出出资额可以最高达到50%，以便使亚投行能够如期开张运行。今后，随着更多国家的参与，中国将会单方面稀释自己的股份。

3月25日，筹建亚投行首席谈判代表会议主席、财政部副部长史耀斌表示，亚投行将按域内和域外划分其成员，随着成员国数量的逐步增加，每一个成员的股份比例都会相应下降，"所谓中方寻求或放弃一票否决权是一个不成立的命题。"

一个属于世界的亚投行的诞生，将成为2015年值得记录的全球事件。

二、亚投行和"一带一路"助力打造亚洲"命运共同体"

以"亚洲新未来：迈向命运共同体"为主题的博鳌亚洲论坛2015年年会于3月26日至29日在海南博鳌举行。中国倡议的亚洲基础设施投资银行（亚投行）和"一带一路"构想毫无悬念地成为年会最火爆议题。

澳大利亚29日正式宣布，申请成为亚投行创始成员国。就在一天前，俄罗斯、巴西、荷兰、格鲁吉亚也宣布申请加入亚投行，"亚投行朋友圈"持续扩容。

"亚投行的成立将帮助亚洲成为紧密联系的经济发电站，"英国华威大学华威商学院教授卡迈勒·迈拉赫在接受新华社记者采访时，对亚投行和亚洲经济的未来感到乐观。

亚投行是由中国倡导的亚洲区域多边开发机构，重点支持亚洲地区基础设施建设。亚投行立足世界经济最有潜力的地区——亚洲，聚焦区域内投资需求最迫切的领域——基础设施建设。正是对这两大热点的准确把握，造就了亚投行的巨大磁吸力。

据亚洲开发银行估计，2010年至2020年，亚洲各经济体的基础设施如果要达到世界平均水平，至少需要8万亿美元基建投资，而现有国际金融体系难以满足上述需求。

因此，亚投行的设立无疑为本地区提供了一个新的资金来源，将弥补现有世界金融体系在亚洲基础设施建设投资上的缺口。"不管是在亚洲还是放眼全球，基础设施建设都十分重要，而这为建立亚投行提供了机遇，"纽约大学商学院经济学教授保罗·瓦赫特尔说。

建立亚投行对于发展中国家、发达国家、域内域外国家都是共赢选择。"亚投行是一项双赢合作战略。亚投行将促进亚洲国家和地区的紧密联系，中国无疑将从中受益；同时，这些国家和地区也能从中国充足的资金和强大的基础设施建设能力中获益，"迈拉赫说。

近期，亚洲区域外的多个西方发达国家之所以对亚投行投出信任票，重要原因就是它们看好亚洲基础设施建设的巨大商机，也显示出其对中国经济的信心。泰国正大管理学院中国东盟研究中心主任汤之敏认为，欧洲各国参与亚投行，是因为它们觉得通过参与亚洲基础设施建设，可以更好地发挥自身装备和技术优势。加入亚投行符合其国家利益，也是对中国经济实力的认可。

除了亚投行之外，在"一带一路"构想提出一年半之后，"丝路"行动方案也终于在今年的博鳌论坛期间出炉。28日，《推动共建丝绸之路经济带和21世纪海上丝绸之路的愿景与行动》正式发布。

"构想提出一年多了，很多市场人士急切期盼具体的落实步骤，今天方案的推出实际上对这种期盼做出了明确解答，也向世界表明，这不仅是一个概念上的想法，更有机制上的设计和具体的落实，"高盛集团（亚太）投资管理部首席策略师哈继铭说。

加德满都管理学院执行院长比什努·拉杰·阿迪卡里说，随着"一带一路"构想的落实，亚洲国家将进一步融合在一起，这意味着以后大家能共同发展。尼泊尔位于印度和中国之间，将会从中受益。

"一带一路"构想由中国国家主席习近平在2013年提出，即建设丝绸之路经济带和21世纪海上丝绸之路。习近平28日在博鳌论坛年会开幕式上的主旨演讲中表示，已经有60多个沿线国家和国际组织对参与"一带一路"建设表达了积极态度。

习近平主席28日还全面系统阐述了中国的"命运共同体"观，以符合时代潮流的大视野审视世界、亚洲和中国，呼吁各国携手迈向命运共同体、开创亚洲新未来，进而推动建设人类命运共同体。

分析人士普遍认为，随着亚投行的建立以及"一带一路"构想的落实，

筑巢引凤　　　　　　　　　　　　新华社发　徐骏　作

亚洲打造"命运共同体"已找到更为清晰的实现路径。

三、亚投行"大写"互利共赢

亚洲基础设施投资银行（亚投行）"人气"一路攀升，"朋友圈"扩容消息接连不断。2015年3月31日是亚投行接收意向创始成员国申请的截止日。截至31日18时，共有来自五大洲的46个国家提出申请，包括联合国安理会5个常任理事国中的4个，二十国集团中的13个。

除亚洲国家，这么多域外国家纷纷加入亚投行，是对倡议国中国投出的一张信任票，更是互利共赢的典范。

经济总量占全球三分之一的亚洲，是当今世界最具经济活力和增长潜力的地区，基础设施的大发展必将打造区域互联互通新格局，并有望带动亚洲实现新一次经济腾飞。这样的发展机遇，很多国家都不想错过。此外，作为积累了丰富金融经验的欧洲大国，拥有亚投行创始成员国的身份，不仅可以参与亚投行的规则制定和机构管理，还可以参与未来亚投行融资业务。

对于很多亚洲国家而言，亚投行将为基础设施改造升级提供金融支持，从而增强自我发展能力，为经济增长注入持久动力。据专业机构预测，到2020年，亚洲地区基础设施市场的资金需求规模将达8万亿美元。在本国资金供给不足，世界银行、亚洲开发银行等现有多边金融机构资金限制过多等情况下，亚投行提供了全新的融资选择。

对于一些资金富裕国而言，亚投行意味着一个全新的投资平台。一些石油出口国和部分贸易顺差国，长期拥有较多外汇储备。在没有亚投行之前，这些外汇储备主要通过主权财富基金、对外直接投资以及在既有国际金融体系内流动的方式使用，受到较多规则约束。亚投行开辟了新的投资渠道，能够部分容纳资金富裕国的外汇储备。

诚然，亚投行是中国倡议发起的银行，但不是一家"中国的银行"，而是一个"世界的银行"，更是互利共赢的银行。从设立初衷和定位上，亚投行是一个以发展中国家为主导的多边开发机构，未来肯定会更多考虑发展中国家的诉求。

亚投行是对现有国际金融秩序的补充和完善，而不是颠覆，其实质是对多边开发金融机制进行的"增量"改革。所有参与国家均可从亚投行这块"新蛋糕"中获益。从这个角度上说，亚投行堪称新时期各国合作共赢的新典范。

四、亚投行的超46国"朋友圈"

2015年3月31日是亚投行接收新意向创始成员国申请的截止日期。截至31日下午18时，提出申请以意向创始成员国身份加入亚投行的国家总数已达46个，其中30个国家已成为正式的意向创始成员国，亚投行筹建迈出实质性步伐。

作为中国倡议设立的亚洲区域新多边开发机构，亚投行去年10月启动筹建时，首批签约的意向创始成员国，包括中国、印度、新加坡等21个国家。不到半年，绝大多数成员是亚洲国家的亚投行，突然"火"了起来：

3月12日开始，七国集团中的英、德、法、意四国先后提交申请，希望以意向创始成员国身份加入亚投行。随后，申请的名单越来越长，韩国、澳大利亚、丹麦、荷兰、巴西、埃及、芬兰、俄罗斯……

亚投行究竟会有多少个意向创始成员国，最终会在4月15日见分晓。但仔细分析目前46个提出申请的国家，其强大阵容足见亚投行的魅力所在。

联合国安理会五大常任理事国已占四席：中国、英国、法国、俄罗斯。

G20国家中已占13席：中国、印度、印度尼西亚、沙特阿拉伯、法国、德国、意大利、英

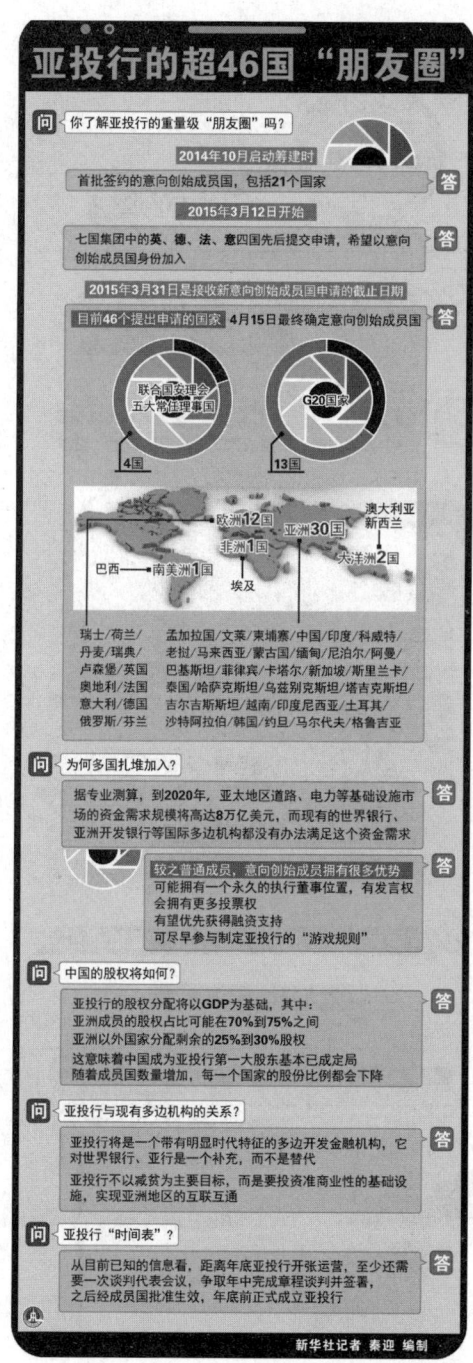

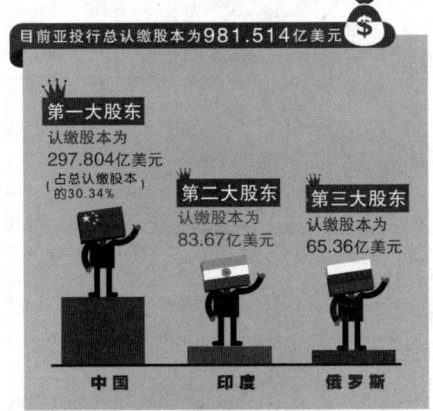

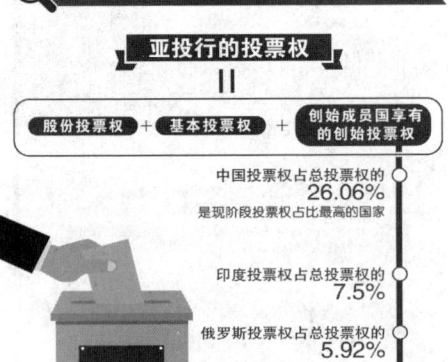

国、澳大利亚、土耳其、韩国、巴西、俄罗斯。

按大洲分，亚洲30国，欧洲12国，大洋洲2国，南美洲1国，非洲1国。

多国扎堆加入：分享亚洲机遇 争抢"话语权"

亚投行的朋友圈中，既有新兴市场国家，又有发达国家；既有区域内国家，也有区域外的国家；既有世界主要经济体，也有中小经济体。近期一波又一波国家扎堆加入亚投行，究竟为什么？

"全球经济的重心正在东移，亚洲经济的发展带动了对基础设施的强大需求，而亚洲基础设施投资需求很大，形成了一个很大的市场，大家都想参与这个市场。"中国社科院世界政治与经济研究所副所长姚枝仲说。

据专业测算，到2020年，亚太地区道路、电力等基础设施市场的资金需求规模将高达8万亿美元，而现有的世界银行、亚洲开发银行等国际多边机构都没有办法满足这个资金需求。

对于申请国而言，3月31日是一个分水岭。只有截止日期之前提出申请的国家，才能成为亚投行的意向创始成员国。

"较之普通成员，意向创始成员拥有很多优势。"中国人民大学国际关系学院院长金灿荣介绍说，创始成员可能拥有一个永久的执行董事位置，执行董事就有发言权。创始成员国还会拥有更多投票权，并有望优先获得融资支持。

多国扎堆加入还有一个现实考虑，即尽早参与制定亚投行的"游戏规则"。财政部消息，3月30日至31日，对章程制定至关重要的亚投行第三次谈判代表会议在哈萨克斯坦举行。很多国家赶早加入亚投行，就是为了能以创始成员国身份与会，参与章程制定等实质性问题。

"富国"加入的"双刃剑"：降低融资成本　考验运营水平

随着英、德、法、意等发达国家齐刷刷宣布加入亚投行，随之而来的一个现实问题是：它们会给亚投行带来什么？

"这些富国加入，有助于提高亚投行信用评级，降低成本。"姚枝仲说，西方大国的信用评级较高，不少是AAA资质，它们的加入会提升亚投行的资信水平，降低融资成本。

成员多了，如何兼顾公平和效率，如何确保透明，是亚投行必须解决的问题。要避免国家之间因利益分配等产生矛盾，就需要在贷款资金分配方面力求透明公正。

中国国际问题研究院副院长阮宗泽说，发达经济体加入亚投行，可能吸引到更多优秀人才，他们会带来一些先进的理念，确保打造一个高标准、有效率、透明的亚投行。

中国社科院世界经济与政治研究所所长张宇燕指出，加入亚投行的这些国家处于不同的经济和金融市场发展水平,其国际合作理念和文化传统有差异,且每个国家的利益诉求也不尽相同,这些分歧可能体现在章程制定、管理运营等多个环节,考验着亚投行和中国政府。

比如,在制定章程阶段,亚投行区域总部花落哪里?高管名额怎么分配?这些问题都会引起成员国的激烈竞争。

中国股权:不以老大自居 利益共分享

关于亚投行的诸多悬念中,有一个已有答案,即根据去年10月签署的筹建亚投行备忘录,亚投行总部将设在北京。但股权分配、中国是否行使一票否决权等问题依然是热点。

官方消息明确,亚投行的股权分配将以GDP为基础,其中亚洲成员的股权占比可能在70%到75%之间,亚洲以外国家分配剩余的25%到30%股权。这意味着中国成为亚投行第一大股东基本已成定局。当然,随着成员国数量增加,每一个国家的

关键词"行长":"怎么选?域内任命"
- 由亚投行的理事会任命
- 任期5年
- 从域内成员产生
- 可连选连任一次

亚投行将设行长1名

亚投行将在正式成立后召开部长级理事会任命首任行长,中方将推荐强有力的候选人参与首任行长竞争

关键词"未来":确保年底开门营业,十年8万亿美元

各方将共同推动亚投行于**今年年底前正式成立并尽早投入运营**
各意向创始成员国完成《亚投行协定》国内批准程序确保在年底前达成生效条件后,亚投行将如期成立

据测算,在2010—2020年期间
亚洲发展中国家基础设施投资总需求高达8万亿美元,年平均投资约需7300亿美元

而世界银行、亚洲开发银行等现有多边开发银行在亚洲基础设施领域的年度投资规模仅约为100亿-200亿美元

新华社发(郭翔 魏骅 大巢制图)

股份比例都会下降，中国也不例外。

"中国作为第一大股东将为亚投行提供必要的资金，第一大股东的地位不是特权，而是责任，是担当。"亚投行多边临时秘书处秘书长金立群的这番话，实质向外界表明，中国作为一个负责任的大国，将会遵循国际通行准则，不会以老大自居，而是平等待人，有事好商量。

正是中国秉承的这种有钱不任性、有事好商量、规则大家定、利益共分享的正确义利观赢得了越来越多国家的信任。

尽管有一些阻力，中国一直表示亚投行是个开放、包容的平台，并与美国、日本等国家保持沟通。正是这种务实而真诚的态度，打消了很多国家觉得加入亚投行就是在中美之间选边站队的疑虑，才出现过去十多天西方抢搭亚投行"末班车"场面。

与现有多边机构的关系：补充完善　而非颠覆

在不少西方国家宣布申请加入亚投行后，有些声音质疑，中国是在现有多边国际机构之外"另起炉灶"，在挑战现有国际金融秩序。

"亚投行将是一个带有明显时代特征的多边开发金融机构，它对世界银行、亚行是一个补充，而不是替代，是对现有国际金融秩序的完善和推进，而不是颠覆。"金立群说。

亚投行不以减贫为主要目标，而是要投资准商业性的基础设施，实现亚洲地区的互联互通。这一定位也得到了国际货币基金组织（IMF）、世行、亚行等机构的支持，他们一致认为与亚投行之间合作的空间很大。目前，世行已与亚投行在新机构的标准、框架制定等方面展开合作。

30日，来华访问的美国总统特别代表、财政部长雅各布·卢也表示，美方期待在促进基础设施发展方面同亚投行合作。

而对于美国等西方大国质疑的亚投行运营标准和保障政策问题，中国财政部部长楼继伟已多次表示,亚投行会借鉴吸收现有多边国际机构的好做法,但也会摒弃一些官僚主义和过于繁琐的做法,不走弯路。"亚投行是一个发展中国家为主导的多边开发机构,未来会更多考虑发展中国家的诉求。"

亚投行"时间表":年中签署章程　年底正式运营

从目前已知的信息看,距离年底亚投行开张运营,至少还需要一次谈判代表会议,争取年中完成章程谈判并签署,之后经成员国批准生效,年底前正式成立亚投行。这是财政部给出的亚投行筹建"时间表"。

从架构上说,目前,中方作为亚投行发起方和东道国担任谈判代表会议的常设主席,承办会议的成员国担任当次会议的联合主席。秘书处从专业角度为章程谈判提供技术支持,金立群为秘书长。

"治理结构将是亚投行章程中最重要的部分,目前各方正在进行磋商。"楼继伟介绍,亚投行将设立理事会、董事会和管理层三层管理架构,并将建立有效的监督机制,确保决策的高效、公开和透明。

成立后的亚投行将以何种理念运营?金立群透露,亚投行的核心理念是精干、廉洁、绿色。亚投行将是高度精简的机构,专业人员全球招聘,坚决杜绝机构拥堵;将对腐败实行零容忍度;将促进绿色经济和低碳经济的发展,实现人类和自然和谐共处。(综合新华网3月29—31日电,记者韩洁、熊争艳、杜静、韩淼、郭信峰、方栋、罗羽、涂超华、申铖)

加强国际合作　共建"一带一路"　实现共赢发展
——杨洁篪谈"一带一路"国际合作高峰论坛筹备工作

"一带一路"国际合作高峰论坛将于今年5月14日至15日在北京举行。习近平主席日前在达沃斯论坛上宣布办会决定后,国内和国际社会对高峰论坛十分关注。在举办高峰论坛倒计时100天之际，负责高峰论坛筹备工作的杨洁篪国务委员接受了本报和中国日报采访，全面介绍了筹备工作有关情况。

问：今年5月中国将主办"一带一路"国际合作高峰论坛，请问你们主办高峰论坛的考虑是什么？希望实现什么样的目标？

答：习近平主席在1月17日举行的达沃斯世界经济论坛年会上宣布，今年5月中国将在北京主办"一带一路"国际合作高峰论坛，共商合作大计，共建合作平台，共享合作成果，为解决当前世界和区域经济面临的问题寻找方案，为实现联动式发展注入新能量，让"一带一路"建设更好造福各国人民。习主席关于主办高峰论坛的这段讲话勾勒出我们办会的总体设想，指明了办会方向。

习近平主席在2013年秋天提出共建"一带一路"的合作倡议，旨在通过加强国际合作，对接彼此发展战略，实现优势互补，促进共同发展。3年多来，"一带一路"相关合作稳步推进，受到各方普遍欢迎和积极参与。现在，"一带一路"建设处在全面推进的关键节点，我们主办高峰论坛就是要总结过去、规划未来。

高峰论坛是"一带一路"提出3年多来最高规格的论坛活动，是今年我国重要的主场外交活动，对推动国际和地区合作具有重要意义。在以习近平同志为核心的党中央领导下，我们希望通过主办高峰论坛，主要实现以下目标：一是全面总结"一带一路"建设的积极进展，展现重要早期收获成果，进一步凝聚合作共识，巩固良好的合作态势。二是共商下一阶段重要合作举措，进一步推动各方加强发展战略对接，深化伙伴关系，实现联动发展。三是在推进中国经济社会发展和结构调整的同时，推动国际合作，实现合作共赢。求木之长者，必固其根本，欲流之远者，必浚其泉源。我们期待同各方一道，通过主办高峰论坛，推进"一带一路"建设，为促进世界经济增长、深化地区合作打造更坚实的发展基础，创造更便利的联通条件，更好造福各国和各国人民。

问:"一带一路"倡议提出已有3年多时间,请问3年多来"一带一路"建设取得了哪些成就?国际上的认可度怎么样?给各国老百姓带来了哪些实惠?

答:"一带一路"是中国首倡,但不是中国一家的"独奏曲",而是各国共同参与的"交响乐",是各国共同受益的重要国际公共产品。"一带一路"不是一个空洞的口号,而是看得见、摸得着的具体举措。它抓住互联互通这个关键环节,聚焦经济合作特别是基础设施建设,契合沿线国家和本地区发展的需要。我们坚持共商、共建、共享的原则,突出务实合作、互利共赢,一步一个脚印,把中国发展同相关国家发展紧密结合,把各自发展战略和合作规划有机对接,扩大地区投资和内需,增加就业,减少贫困,从而带动提升地区整体发展水平。

3年多来,"一带一路"建设从无到有、由点及面,进度和成果超出预期。全球100多个国家和国际组织共同参与,40多个国家和国际组织与中国签署合作协议,形成广泛国际合作共识。联合国大会、安理会、联合国亚太经社会、亚太经合组织、亚欧会议、大湄公河次区域合作等有关决议或文件都纳入或体现了"一带一路"建设内容。经济走廊建设稳步推进,互联互通网络逐步成型,贸易投资大幅增长,重要项目合作稳步实施,取得一批重要早期收获。亚投行、丝路基金的成立为金融合作提供了坚实支撑。中欧班列驰骋在广袤的亚欧大陆,运载的是琳琅满目的货物,联通的是亚欧国家的市场需求,架起的是沿线国家人民的友谊桥梁,成为"一带一路"上一道亮丽的风景线。共建"一带一路"是加强国际合作的重要途径,已经成为各方积极参与推进的重要事业,为增进各国民众福祉提供了新的发展机遇。可以说,"一带一路"倡议来自中国,成果正在惠及世界。

问:当前世界经济增长乏力,投资和贸易低迷,"逆全球化"思潮涌动,不确定因素增多。你们希望高峰论坛对世界经济和国际合作作出什么贡献?设计了什么主题和议题?

答:确实,今天世界经济仍未走出国际金融危机的深层次影响,复苏脆弱乏力,增长基础不稳。保护主义上升,"逆全球化"思潮抬头,开放与保守、变革与守旧、经济一体化和"碎片化"的矛盾凸显。但另一方面,在基础设施、互联互通和可持续发展等领域,双边和多边、区域和全球的合作势头渐起,各国更加重视发展实体经济,重视发展制造业,推进工业化、经济多元化。我们要抓住新的发展机遇,找到打破困境、解决问题的有效途径。

鉴古知今。我们可以从历史中寻找解决问题的智慧。两千多年前,丝绸之路上驼铃声声、舟楫相望,各国打破藩篱,互通有无,友好交往,书写了人类历史的辉煌篇章。历史和现实都证明,搞封闭、排他的安排没有前途,只有开门搞合作、大家都受益,才是光明大道。正如习近平主席前不久在世界经济论坛年会上所讲,"让世界经济的大海退回到一个一个孤立的小湖泊、小河流,是不可能的,也是不符合历史潮流的"。"一带一路"倡议植根于和平合作、开放包容、互学互鉴、互利共赢的丝路精神,秉持共商、共建、共享的合作理念,开放包容、互利共赢是其最鲜明的特色,也是其强大生命力所在。我们希望高峰论坛有助于冲散经济低迷的阴霾,为世界经济增长注入更多正能量。

为了更好凝聚共识,推进合作,中国将高峰论坛主题设定为"加强国际合作,共建'一带一路',实现共赢发展",议题总体以"五通"即政策沟通、设施联通、贸易畅通、资金融通、民心相通为主线,围绕基础设施互联互通、经贸合作、产业投资、能源资源、金融支撑、人文交流、生态环保和海洋合作等重要领域进行讨论。各国领导人参加的圆桌峰会是高峰论坛的重点,主要讨论两个议题:一是加强政策和发展战略对接,深化伙伴关系;二是推进互联互通务实合作,实现联动发展。

我们认为，上述主题和议题针对当下形势和挑战，突出国际合作，突出联通，突出对接，与各方普遍关注的议程高度契合。在此，我想提一点，近年来，国别、区域规划和全球议程层出不穷，区域倡议包括欧亚经济联盟合作、东盟互联互通总体规划、欧洲投资计划、非洲基础设施建设计划、亚太经合组织互联互通蓝图，全球协议包括联合国气候变化巴黎协定、联合国2030年可持续发展议程等。国际社会应该抓住机遇，推动各倡议协同增效，实现合作共赢发展。

问：据了解，一些国家的领导人将出席高峰论坛，国际社会高度关注。大家都很关心，目前论坛筹备工作进展如何？有哪些国家参与？高峰论坛最后将取得什么成果，你们对此有何期待？

答：我们高度重视高峰论坛筹备工作，专门成立了筹备委员会，统筹协调各项筹备工作。在相关部门和地方共同努力下，目前筹备工作进展顺利。外方有关领导人参会意愿积极，政治准备稳步推进，主要活动安排、场地准备、会务组织、安全保障等方案都在加紧落实。下一步，我们将秉持开门办会、公开透明理念，适时通报高峰论坛筹备工作的阶段性进展。

目前，已有近20位各国领导人确认与会，亚洲、欧洲、非洲、拉美等地区均有代表，体现了国际社会对高峰论坛和"一带一路"建设的重视和支持。此外，我们还将邀请一些国家的部长级代表团、国际组织负责人、外国前政要、知名企业家、专家学者等代表参会，共商合作大计。

会议成果是办会成功的重要体现。高峰论坛有关成果设计正在积极推进当中，我们主要期待围绕3个方面达成重要成果：

一是扩大国际合作共识。推动各方恪守联合国宪章的宗旨和原则，坚持和平合作、开放包容、互学互鉴、互利共赢、联动发展，把发展经济、扩大就业、消除贫困、改善民生、保护环境放在开展国际合作的优先位置，积极对接国别、区域发展战略和全球发展议程，为打造共同发展、共同繁荣的人类命运共同体作贡献。

二是推进重点领域务实合作。巩固"一带一路"各领域务实合作良好态势，围绕涉及全局性、长期性的重点领域和方向，深化基础设施互联互通、贸易投资、金融支撑、人文交流等领域务实合作，推进一批重大项目和合作协议，研究提出一些中长期重大举措。

三是规划长远合作愿景。我们愿与有关国家一道，以共建"一带一路"为契机，平等协商，兼顾各方利益，探讨建立长效合作机制。加强沟通与协调，增进互信，构建紧密务实的伙伴关系网络。加大实际投入，深化利益融合，规划符合各方共同利益的发展蓝图。

问：听了您的介绍，感到高峰论坛将推进国际合作，深化"一带一路"与各方发展战略对接，加强中国对外经济合作。如何看待高峰论坛与国内落实"十三五"规划、全面深化改革及扩大对外开放、实现"两个一百年"奋斗目标的关系？

答："一带一路"的理念是共同发展，目标是合作共赢。它不是中国一家分蛋糕或拿蛋糕的大头，而是沿线各国共同把蛋糕做大，一起分蛋糕。在这一过程中，既要通过加强各方合作为国际社会作贡献，也要通过扩大对外合作，促进国内改革，服务国内发展。我们要把中国自身发展需要同国际合作需要相结合，尤其是要充分反映国际社会的合作共识。

中国经济发展进入新常态，机遇和挑战并存，挑战之一就是地区发展不平衡。"一带一路"建设通过扩大向西开放，以开放促发展，有助于加快西部发展步伐，助推东中西部梯次联动并进。同时，"一带一路"涵盖了中国中西部和沿海省区市，紧扣中国区域发展战略、新型城镇化战略、对外开放战略，将助推中国形成全方位开放新格局。

"一带一路"建设有利于我们把对外经济合作和深化国内改革、扩大开放紧密融合，同各国一道勾画创新发展、协调发展、绿色发展、开放发展、共享发展的新愿景，也将有助于中国落实"十三五"规划、全面深化改革及扩大对外开放、实现"两个一百年"奋斗目标的伟大历史进程。对此，我们满怀期待，也满怀信心。

问：中国2014年在北京主办亚太经合组织领导人非正式会议、2016年在杭州主办二十国集团领导人峰会，两场重大活动都很成功，请问高峰论坛与这两场活动相比有什么不同，有哪些特点？

答：北京亚太经合组织领导人非正式会议、二十国集团领导人杭州峰会和"一带一路"国际合作高峰论坛都是重要国际会议。这3场活动的理念是一脉相承的，都强调开放包容、合作共赢，都强调互联互通、联动发展，都强调创新发展，挖掘动能，为各国民众福祉贡献力量。

与前面两场会议相比，高峰论坛有自身特点。一是"一带一路"是中国首倡的国际合作倡议，高峰论坛是首次主办。当然，一张白纸更容易画出最美的图画。二是"一带一路"地域和国别范围是开放的，源于但不限于古丝绸之路，我们欢迎各国、国际组织、跨国公司、金融机构和非政府组织参与具体合作，共襄盛举。三是同亚太经合组织、二十国集团等已运作多年的成熟机制相比，高峰论坛在讨论议题、合作领域、推进方式等方面更具灵活性，将充分兼顾各方舒适度和参与性。

我们认为，高峰论坛可以成为加强协调、深化对接、推进国际合作的有益平台。我们希望同有关各方一道，通过共建"一带一路"，为推进利长远、惠民众的合作打好基础，共创美好未来。（《人民日报》2017年2月3日）

国家发改委等13部门建立"一带一路"PPP工作机制

　　为贯彻落实党中央推进"一带一路"建设的重大战略决策部署，更好地运用PPP模式促进基础设施互联互通，近日，国家发展改革委会同外交部、环境保护部、交通运输部、水利部、农业部、人民银行、国资委、林业局、银监会、能源局、外汇局以及全国工商联、中国铁路总公司等13个部门和单位，共同建立"一带一路"PPP工作机制，与沿线国家在基础设施等领域加强合作，积极推广PPP模式，鼓励和帮助中国企业走出去，推动相关基础设施项目尽快落地。

　　自2013年以来，"一带一路"建设从无到有、由点及面，进度和成果超出预期。一是完成了一套顶层设计。2015年3月28日，对外公布了《推动共建丝绸之路经济带和21世纪海上丝绸之路的愿景与行动》，阐述了我国对"一带一路"倡议的具体思路和设想，做出了我国推进"一带一路"建设的总体安排。二是形成了一系列国际共识。目前，已有100多个国家和国际组织表达了对"一带一路"建设的支持和参与意愿。我国同沿线国家和国际组织签署了40多份共建"一带一路"合作备忘录或协议，与其中部分国家积极推进编制双边合作规划纲要。三是建立了一套支撑保障体系。成立了推进"一带一路"建设工作领导小组，领导小组办公室设在国家发展改革委。有关部门普遍建立了工作领导机制，一批专项规划编制工作已经启动。四是采取了一系列重大举措。成立了亚洲基础设施投资银行，设立了专门支持"一带一路"

建设的丝路基金,扩大了外经贸发展专项资金和优惠性质贷款规模,积极做好面向企业的政策指导、信息服务工作。五是取得了一批重要的早期收获。中巴经济走廊建设成效初显,合作签约金额近460亿美元。互联互通全面加速,印尼雅万高铁启动了先导段建设,中老铁路开工建设,中泰铁路、匈塞铁路举行启动仪式。国际产能合作进展明显,中哈产能合作协议投资超230亿美元,中白工业园全面动工。

除建立"一带一路"PPP工作机制外,发展改革委还通过多种方式在"一带一路"建设中推广PPP模式。2016年12月12日,国家发展改革委投资司会同西部司、外资司等有关司局,与联合国欧洲经济委员会PPP中心在北京召开"一带一路"PPP工作机制洽谈会。双方一致表示,中国提出的共建"一带一路"的历史性倡议,与联合国推动落实2030年可持续发展议程不谋而合,"一带一路"所确定的五大重点合作领域,即政策沟通、设施联通、贸易畅通、资金融通和民心相通,将会有力推动实现2030年可持续发展议程的17项可持续发展目标。双方一致认为,在"一带一路"建设中推进PPP模式,可以更好地提供公共产品和公共服务,助推沿线各国实现可持续发展目标。(国家发改委网站2017年1月9日)

丝路"钢铁驼队"从这里驶往欧亚
串起互联互通贸易纽带

历史上,横跨亚欧大陆的古商道,因为中国盛产的丝绸在丝路上长期占有主要位置而称为"丝绸之路",驼队则是活跃在丝路上的主要运输工具。如今,列车飞驰的轰鸣声,替代了响彻千年的声声驼铃。新疆维吾尔自治区改革办常务副主任刘建新说，西部大开发和"一带一路"倡议使得长期以来偏居一隅的新疆，转而成为我国向西开放的最前沿，奔驰在西出铁轨上的多个中欧班列，都选择途经新疆经由阿拉山口口岸前往欧洲市场，这也为中欧班列中国境内"最后一站"新疆带来发展机遇。中欧班列的开行，被视为铁轨上的"丝绸之路"。在"一带一路"实施和构建开放型经济新体制背景下，这些丝路上的钢铁驼队，开始跨越上万公里的征程。

年出境班列超 1200 列

新疆是国家"一带一路"愿景与规划中重要的节点地区，阿拉山口便是新亚欧大陆桥上我国向西开放的重要节点城市。"阿拉"在突厥语中是"花色"的意思，如今，昔日茫茫戈壁已经多点开花，成为以进出口贸易、加工业、中转货物为主的口岸新城，有35种中欧班列都会途经此处进行编组。阿拉山口口岸也因此成为一个集铁路、公路、航空、输油管道四种运输方式为一体的国家重点建设和优先发展的一类口岸，也是我国最大的陆路口岸和我国向西开放的第一门户。

班列的开行为我国内地与欧洲的贸易往来打开了便捷通道。来自新疆经信委的信息显示，自2011年国际货运班列开行至今，新疆阿拉山口口岸助力国际货运班列突破千列大关，由此带来的物流、商品流等流通信息是其他省份所不具备的。随着"一带一路"倡议进程的不断推进，我国中欧、中亚班列开行范围及密度迅速增加，仅去年一年，途经新疆阿拉山口口岸出境的中欧、中亚班列就超过1200列，实现了中欧、中亚国际货运班列的常态化运作。

"中欧班列"是指按照固定车次、线路、班期和全程运行时刻开行，往来于中国与欧洲以及"一带一路"沿线国家的集装箱国际铁路联运班列。其主要特点是运距短、速度快、安全性高，具有安全快捷、绿色环保、受自然环境影响小等综合优势，已成为国际物流陆路运输的骨干方式之一。

阿拉山口市口岸管理办公室表示，出境班列的增加，还带动了口岸集装箱出口量的稳定增长。去年阿拉山口铁路口岸出口集装箱138万吨，同比增长25.8%。其中，12月铁路口岸出口集装箱13.7万吨，同比增长七成多。

跻身国际物流运输体系

去年7月，在盛夏的炎阳中，满载着1750吨货物的"丝绸之路号"货运专列平稳地驶出阿拉山口综合保税区，向目的地开去。由30节车皮组成的这趟货运列车，是综保区内新疆中泰进出口公司的专列，7天后到达乌兹别克斯坦的塔什干市。

这是由阿拉山口综保区开往中亚地区的第一趟货运专列，标志着阿拉山口市不满足于仅仅成为中欧班列运行的西出大通道，积极跻身国际物流运输体系，由通道型经济向综合型、区域型经济的转型。

新疆中泰进出口公司地边贸总经理张齐海告诉记者，中泰公司以前都是从乌鲁木齐装铁路车皮发往中亚，运输时间大致是15—22天。现在用专列从阿拉山口综保区内发货到塔什干只用7天时间，每吨节约成本近百元。

与此同时，阿拉山口市的消息表明，新疆首个综保区——阿拉山口综合保税区还与武汉汉欧国际物流有限公司签订战略合作协议，双方将联手共同发展国际物流运输。

阿拉山口市委书记狄永江透露说，双方将充分利用阿拉山口综保区资源优势和汉欧物流运输特点，结合武汉市和阿拉山口市贸易、物流等相关情况，推进开通武汉—阿拉山口铁路货运班列和汉欧—中亚五国班列，共同发展"汉新欧"国际物流运输。双方还将积极拓展阿拉山口综合保税区货物搭乘汉欧西行、东归班列合作内容。

武汉汉欧国际物流有限公司是武汉至欧洲国际货运班列的运营商。阿拉山口综保区管委会常务副主任王勇说，在加强双方贸易合作上，"汉新欧"

国际货运班列将充分利用阿拉山口口岸地缘优势和阿拉山口综合保税区功能优势,提升"汉新欧"国际铁路货运班列的运行质量和效率,促进"汉新欧"沿线现代商贸物流业和开放型经济的跨越式发展;阿拉山口综合保税区将积极推荐、引导、协助"汉新欧"与区内企业在贸易、代理、物流等方面的合作。

口岸通关环境不断优化

今年1月29日,正值新春佳节,一趟由"渝新欧"班列搭载的国际邮包驶入阿拉山口口岸,这是"渝新欧"班列自去年10月顺利搭载测试邮包后,首次搭载国际邮包出境。这批邮包由集装箱装载,共计400件3900公斤,目的地为德国。

阿拉山口海关为这趟国际邮包开辟了绿色通道,优先办理其审核及放行手续,不到半小时所有手续就全部办理完成,国际邮包当日就顺利出境。据了解,这趟"渝新欧"国际邮包班列的顺利出境,不仅使得中国邮政国际网络更广更富有竞争力,也促使中欧班列发展更为多样化。

为了助力"渝新欧"铁路运邮业务常态化发展,扩大中欧班列辐射效应,阿拉山口海关设立了绿色通道,实现"预约通关"和"随到随放"机制结合,确保搭载国际邮包的中欧班列通关24小时不断档、365天不停歇。与此同时,乌鲁木齐海关还与重庆海关签订了《重庆海关与乌鲁木齐海关关于渝新欧铁路运邮测试工作监管联系配合办法》《区域通关协议》和《转关业务合作备忘录》,建立了与重庆等内地海关长效联络配合机制,实现铁路运邮业务无障碍通关。阿拉山口海关负责人说,中欧班列的迅猛发展,使得一些新兴业务也选择搭载班列,海关将为铁路运邮业务常态化发展提供更多的通关便利。

近年来,阿拉山口市不断加强口岸跨区域合作,积极做好中欧、中亚班列的服务保障工作,各联检单位、铁路车站有效加强合作,开辟绿色通道,助推中欧、中亚国际班列在阿拉山口口岸快速通关。今年以来,阿拉山口口岸更是不断创新业务,实现铁路国际邮包运邮业务常态化,打通中哈粮食过境大通道,致力于打造我国向西开放的第一门户和"一带一路"的支点。

此前,中国首批统一品牌标识的"中欧班列"就率先从阿拉山口口岸出境,一路向西开往欧洲国家。为了让"中欧班列"快速出境,驻守在"亚欧大陆桥"桥头堡阿拉山口口岸的新疆公安边防总队阿拉山口边检站倾力为"中欧班列"护航。阿拉山口边检站政委范文华告诉记者,边检站启动了应急预案,开通了绿色通道,连续不间断地对货物进行查验,最大限度地缩短了班列货物在口岸的停留时间,确保了班列高效、顺畅通关。

阿拉山口市市长阿力木·肉孜说,近年来,口岸通关环境不断优化,通关效率不断提高,"大通关"协调机制、关检合作"三个一"、24小时预约通关等便利化措施,使得阿拉山口口岸在功能不断丰富拓展的基础上,通关环境不断优化,受到各国客商和班列公司的赞誉,展示了"一带一路"最前沿中国口岸的形象。(《经济参考报》2017年4月5日)

第三批自贸区列近千项创新清单　　金融探索再获突破

备受瞩目的我国第三批自贸试验区挂牌在即,七个自贸区的创新清单也已经浮出水面。围绕投资贸易便利化、金融体制创新等几个方面,第三批自贸试验区的创新清单上的创新事项达到千项。其中,跨境人民币创新试点等金融探索有望迎来新的突破。

有业内人士指出,我国的自贸试验区制度,从上海获批开始,瞄准的就不是政策红利,而是制度创新的高地,经验要可以复制推广,开放红利要能在全国分享,这也是自贸试验区的使命。上海、天津、福建、广东四个自贸试验区已经率先探索,复制推广了先进经验和创新案例。第三批自贸试验区的改革试点任务,一部分是将前两批自贸试验区的经验推广复制到内陆地区;另一部分,就是结合当地特色推出新的创新清单。

据了解,创新成为第三批自贸试验区最为突出的特点之一,多地都把体制机制的创新摆在重要位置。例如,重庆自贸试验区方面,提出六大改革任务,20个改革事项,142条改革举措。其中,复制推广的改革经验仅占约三分之一比重。

其中,重庆海关出台"互联网+电子海关"便利化改革等20余项政策。重庆检验检疫局出台了动植物检疫审批负面清单等15项政策。

银监局推出创新银行业务监管7条措施,证监局推出深化资本市场改革43项举措。此外,重庆自贸试验区将进行6项金融改革试点,3项跨境人民币创新业务试点,以及开展外债规模切块管理改革试点。

湖北作为另一家内陆自贸试验区,重点是围绕争取建立自由贸易账户(FT账户)管理体系,深化外汇管理改革,推进人民币跨境使用,提升金融对外开放水平,推动区域金融发展。

其中,武汉片区在深化金融领域改革创新方面,将逐步推进宽松、自由、开放的金融制度改革,扩大资本账户开放,推动利率市场化改革,大力发展离岸金融,不断创新金融服务功能,促进金融国际化。宜昌片区致力于创新投资融资制度,解决"资金"问题。具体包括创新推广政府和社会资本合作(PPP)模式,制定出台PPP实施意见等。

河南自贸试验区共涉及160项改革试点任务,其中112项为创新性举措,有近60部法规规章需要调整。"我们将大胆试、大胆闯、自主改,扩大开放领域,破解改革难题,加速释放红利",河南省自贸办主任、商务厅厅长焦锦淼指出,要用三年时间完成各项改革。

另据媒体报道，中国（辽宁）自贸试验区工作领导小组日前召开第一次会议，安排部署扎实推进自贸试验区建设工作。省委书记、省人大常委会主任李希指出，全力打造辽宁对外开放新平台。充分发挥辽宁作为东北亚区域开放重要节点的优势，在更大范围、更宽领域参与国际竞争。沈阳、大连、营口三个片区，要按照区域布局和功能划分，着力打造具有国际竞争力的先进装备制造业基地、面向东北亚开放合作的战略高地、国际海铁联运大通道的重要枢纽。积极推进自贸试验区与"一带一路"沿线国家的国际产能和装备制造合作，加快构建双向投资促进合作新机制。

中国服务外包研究中心副主任邢厚媛表示，第三批自贸试验区挂牌之后，我国将形成11个自贸试验区梯度发展的新格局。第三批自贸试验区找准各自定位、错位探索成为试验成功的关键。

重庆两江新区管委会常务副主任汤宗伟在今年两会上表示，内陆自贸区建设没有可直接借鉴的经验，只能先行先试，大胆改革，不断补齐短板。他建议走自主创新之路，推动对外开放重点领域和关键环节的大胆尝试和突破。

商务部研究院国际市场研究所副所长白明表示，相比前两批自贸区，第三批自贸区既有内容传承、推广复制的"规定动作"，又有结合当地特色的"自选动作"。

就"自选动作"而言，白明认为，要结合当地产业的发展特点，符合扩大优势产业发展空间的发展方向。还要结合地理区位优势等要素。

"未来随着第三批自贸试验区的落地，在更大范围内的复制推广，将开放红利更大范围释放，将成为自贸试验区侧重的内容。"白明说。（《经济参考报》2017年3月31日）

·资料链接·

第三批自贸区简要情况

自贸区名称	主要任务
辽宁自贸区，包括沈阳、大连、营口三个片区。	打造具有国际竞争力的先进装备制造业基地、面向东北亚开放合作的战略高地、国际海铁联运大通道的重要枢纽；与"一带一路"沿线国家的国际产能和装备制造合作，加快构建双向投资促进合作新机制。
浙江自贸区，包括舟山和宁波片区。	重点围绕油品全产业链的投资便利化、贸易自由化，力争在企业准入资质、金融政策配套、口岸监管便利、税收政策创新等关键领域取得突破。
河南自贸区，包括郑州、开封、洛阳三个片区。	郑州片区重点发展先进制造业、跨境电商、现代金融、服务贸易等；开封片区重点发展医疗旅游、文化金融、创意设计等现代服务业；洛阳片区重点发展装备制造等高端制造业，以及文化旅游、文化贸易等现代服务业。
湖北自贸区，包括武汉、宜昌、襄阳片区。	有序承接产业转移、建设一批战略性新兴产业和高技术产业基地，发挥在实施中部崛起战略和推进长江经济带建设中的示范作用。武汉片区主体区为东湖高新区，东湖高新区将补齐在对外开放和国际化能力提升上的短板，并设定了"双自（自主创新示范区和自贸区联动）"驱动的核心。
陕西自贸区，包括中心片区、西安国际港务区片区和杨凌片区。	中心片区重点发展战略性新兴产业和高新技术产业。西安国际港务区片区重点发展国际贸易、现代物流、金融服务、旅游会展、电子商务等产业。杨凌示范区片区以农业科技创新、示范推广为重点。
四川自贸区，包括成都片区、泸州川南临港片区。	加大西部地区门户城市开放力度以及建设内陆开放战略支撑带的要求，打造内陆开放型经济高地，实现内陆与沿海沿边沿江协同开放。成都片区是四川自贸区主体。
重庆自贸区，包括两江新区片区、西永片区和果园港片区。	发挥战略支点和连接点重要作用、加大西部地区门户城市开放力度的要求，带动西部大开发战略深入实施。

亚投行加速"一带一路"项目落地

在于26日闭幕的博鳌亚洲论坛2017年年会上,"一带一路"成为国内外参会人士讨论的焦点,亚洲基础设施投资银行(亚投行)行长金立群在博鳌论坛上透露,今年预计还有15个国家将会加入亚投行,成员总数将达到85到90个。

博鳌与会政商领袖指出,以亚投行为核心的跨国金融机构将加速"一带一路"沿线项目落地,各方期待"一带一路"倡议为全球经济注入新的动力,成为打开包容性经济全球化新局面的新钥匙。

预期 共同开发前景广阔

"今年预计还有15个国家将会加入亚投行,成员总数将达到85到90个。"亚投行行长金立群在博鳌论坛上表示。就在3月23日,亚投行宣布正式批准13个新成员的申请,这是2016年1月正式开业运营的亚投行在57个创始成员基础上首次扩容,成员总规模达到70个。目前,从成员规模上来看,亚投行已经成为仅次于世界银行的全球第二大多边开发机构,超过了欧洲复兴开发银行和亚洲开发银行的规模。

亚洲开发银行副行长史蒂芬·格罗夫接受新华社专访时表示,目前亚洲地区的基础设施融资方面存在巨大的缺口,亚投行的成立与扩张可以有效弥补这一投资需求,只有更多的成员加入,双方才能更好地开展投资工作,解决亚洲地区长期发展的问题。

格罗夫认为,"一带一路"倡议已经对亚洲地区的经济发展产生了非常积极的影响，亚开行非常欢迎"一带一路"倡议。全球经济未来依旧依赖于亚洲提供增长的动力，亚开行希望借助"一带一路"将其投融资经验推广到沿线国家，进一步支持亚洲地区的一体化发展。

欧洲投资银行副行长乔纳森·泰勒在博鳌论坛上透露，欧盟3150亿欧元战略投资计划目前进行到第一阶段，虽然项目都在欧盟境内，现在欧盟正在考虑下一阶段投向欧盟以外的项目，这意味着直接与亚投行合作的可能性极大。

乔纳森·泰勒表示，该行有很多与多边金融机构合作的经验，与亚投行运作初始阶段就接洽合作，现在已经有了一些具体的合作意向，希望在亚洲包括中国的一些项目开展联合融资、联合投资。

进展　合作意向大幅提升

中国推动一批重大"一带一路"合作标志性工程相继落地。亚的斯亚贝巴—吉布提铁路正式通车，从投融资、技术标准到运营管理维护，全部采用中国标准。印尼雅万高铁、中老铁路、中泰

铁路、马来西亚南部铁路、匈塞铁路、瓜达尔港等重大项目有序推进。已取得双赢效果的国家给出了积极评价,预计将在不远未来会有更多成功案例。

巴基斯坦前总理阿齐兹在论坛上接受采访时表示,"一带一路"通过加强互联互通使中巴人民更接近。"除了公路、铁路、航运等交通上的互联互通,还包括数字上的互联互通。一旦两国人民有了这种相互的联接,就可以创造出一种相互依存的关系,通过相互依存则能建立更深刻的关系。"

香港财政司司长陈茂波在博鳌亚洲论坛上说,香港在"一带一路"倡议中可以发挥自己的独特优势。一方面,在"设施联通"方面,香港有专业人才,在基础设施建设、运营和管理方面具有优势。另一方面,根据亚洲开发银行测算,从现在到2020年,每年亚洲国家需要投入约8000亿美元进行基建投资。"这不可能都是来自政府的钱,香港作为一个国际金融中心,肯定可以发挥作用。"陈茂波说。据他介绍,香港在金融管理局下成立了基建融资办公室。

另外,"一带一路"倡议对欧洲的影响也在加大,并可能成为亚欧合作的一大抓手。

"'一带一路'将中国与欧洲联接起来,受到欧洲国家的欢迎。"约翰霍普金斯大学东亚研究中心主任肯特·凯尔德教授在博鳌论坛上关注"一带一路"中国和欧洲的关系。

目前中欧班列实现了统一品牌,累计开行近3000列,已逐步形成连接亚洲各区域以及亚非欧之间的交通基础设施网络。

葡萄牙经济部部长曼努埃尔·卡布拉在论坛上表示,他认为亚投行能够帮助打造欧洲和亚洲国家之间的纽带,而且可以帮助欧洲和亚洲联合进军到非洲和拉美市场,通过加入亚投行,通过促成中葡公司之间的合作,我们也能利用这样一个新的机制来找到新的投融资项目,这也是一个很好

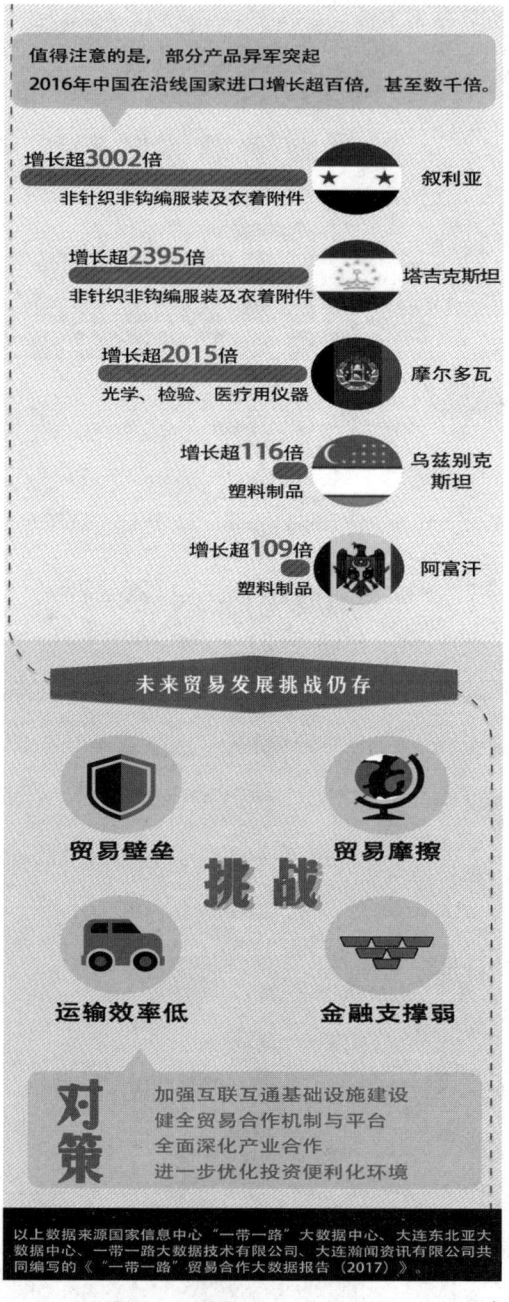

的工具，来拓展亚洲和世界其它地区新的合作领域。

机遇 各路企业争享发展红利

无论是贸易还是投资的广阔发展前景，都给走向国际市场的中国企业带来了新的机遇，"一带一路"令他们国际化的脚步走得更加扎实，而且拓展了商业合作可能性。

天合光能董事长兼首席执行官高纪凡表示，太阳能在东南亚、中东、非洲等地区有巨大的发展空间，所以会进一步扩大新兴市场，进一步扩大全球化市场布局。

晶科能源副总裁钱晶表示，"'一带一路'沿线国家多数为发展中国家，电力基础设施比较差，天然能源少，火电价格高，同时很多地区光照资源丰富，是发展光伏的理想地区，但他们缺乏人才、产品、经验、资本，这给了有实力和能力的民营企业走出去的绝佳机会。"钱晶说。据介绍，晶科能源马来西亚的工厂已经成为光伏行业"走出去"最大规模的投资，1.5GW电池产能和1.3GW组件产能，约占公司产值的15%。

除了传统制造企业和贸易商，创新型公司也正在通过"一带一路"拓展海外市场。共享单车企业oFo创始人戴威对记者表示，该公司旗下的共享单车服务已进入东南亚市场，先登陆了新加坡。一带一路倡议下，公司业务在沿线国家充满机遇，通过创新商业模式带动中国自行车产品在海外地区落地，满足当地需求。

中国（海南）改革发展研究院课题组认为，"一带一路"倡议来自中国，但成效惠及世界。"一带一路"秉承共商、共建、共享原则，践行开放、包容、平等、互利的务实行动，成为反对贸易保护主义、推动全球经济治理变革的新引擎，成为打开包容性经济全球化新局面的新钥匙。

该课题组认为，2013年以来，以"五通"为主要内容的"一带一路"建设，之所以能够赢得国际社会的广泛共识和积极参与，就在于其为区域和全球经济增长注入新动力，为世界经济走出阴霾带来新希望。此外，国际金融危机以来，以发达国家为主导的全球经济治理机制作用在减弱，随着G20、金砖机制、上合组织、亚投行、丝路基金、新开发银行等新型国际机制和制度的发展，"一带一路"倡议不仅是对现有全球经济治理规则的补充与完善，增强了新兴国家和发展中国家的话语权，更为重塑全球经济治理新格局注入动力。（《经济参考报》2017年3月27日，作者闫磊、孙韶华等）

"一带一路"简明知识读本
YIDAIYI LU JIANMING ZHISHI DUBEN

 一图看懂

中国"一带一路"战略推动亚欧经济融合创新

2013年9月和10月,习近平总书记在出访中亚和东南亚国家期间,先后提出共建"丝绸之路经济带"和"21世纪海上丝绸之路"

"丝绸之路经济带" 建设运行的初始阶段将主要涉及中国和中亚各国,未来将会逐步涵盖和辐射中东欧、西欧以及西亚、北非地区等更广泛的地域

- "一带一路"贯穿欧亚大陆,东边连接亚太经济圈,西边进入欧洲经济圈
- "一带一路"倡议是对古丝绸之路的传承和提升
- 许多沿线国家同中国有着共同利益

新"海上丝绸之路" 目前的合作主体将是中国和东南亚国家,今后还可延伸至印度洋、中东、非洲和地中海地区国家

构建"丝绸之路经济带"要创新合作模式 **加强"五通"**

 加强政策沟通 各国就经济发展战略进行交流,协商制定区域合作规划和措施

 加强道路联通 打通从太平洋到波罗的海的运输大通道,逐步形成连接东亚、西亚、南亚的交通运输网络

 **加强贸易畅通** 各方应该就推动贸易和投资便利化问题进行探讨并作出适当安排

 加强货币流通 推动实现本币兑换和结算,增强抵御金融风险能力,提高本地区经济国际竞争力

 加强民心相通 加强人民友好往来,增进相互了解和传统友谊

新华社记者 施鳗珂 编制

Chapter 3 第三章　古路焕新颜：中国各地方如何发挥优势？

"一带一路"战略构想的宏伟蓝图已经绘就，中国正充分发挥国内各地区比较优势，加强东中西互动合作，促进全面释放内陆开放潜力、提升内陆经济开放水平，构建全方位开放新格局，促进经济持续健康发展。

"一带一路"的战略构想由国家主席习近平于2013年首次提出。这一涉及60多个国家、惠及全球半数人口的国家战略将会与你的家乡产生怎样的联系？全国31个省、市和自治区在近年来的地方政府工作报告中均提及"一带一路"，并纷纷表态"积极参与""紧紧抓住""深度融入""主动服务"或"深入实施"，介入方式包括设立产业园区和保税区、支持出口和企业走出去、建立沿线国家联谊机制或加强文化交流等。

你的家乡将有怎样的务实之举，快来看看各地准备迈出的"丝路舞步"吧！

 **背景资料**

中国各地方如何在"一带一路"中发挥优势?

【西北和东北地区】

发挥新疆独特的区位优势和向西开放重要窗口作用,打造丝绸之路经济带核心区;打造西安内陆型改革开放新高地,加快兰州、西宁开发开放,推进宁夏内陆开放型经济试验区建设;发挥内蒙古联通俄蒙的区位优势,完善黑龙江对俄铁路通道和区域铁路网,以及黑龙江、吉林、辽宁与俄远东地区陆海联运合作,建设向北开放的重要窗口

【西南地区】

发挥广西与东盟国家陆海相邻的独特优势,形成21世纪海上丝绸之路与丝绸之路经济带有机衔接的重要门户;发挥云南区位优势,建设成为面向南亚、东南亚的辐射中心;推进西藏与尼泊尔等国家边境贸易和旅游文化合作

【沿海和港澳台地区】

支持福建建设21世纪海上丝绸之路核心区;打造粤港澳大湾区;发挥海外侨胞以及香港、澳门特别行政区独特优势作用,积极参与和助力"一带一路"建设;为台湾地区参与"一带一路"建设作出妥善安排

【内陆地区】

打造重庆西部开发开放重要支撑和成都、郑州、武汉、长沙、南昌、合肥等内陆开放型经济高地;打造"中欧班列"品牌,建设沟通境内外、连接东中西的运输通道

第三章 古路焕新颜：中国各地方如何发挥优势？

 深入解读

以钉钉子精神推进"一带一路"建设

积跬步而至千里，积小流而成江海。"以钉钉子精神抓下去，一步一步把'一带一路'建设推向前进，让'一带一路'建设造福沿线各国人民。"在推进"一带一路"建设工作座谈会上，习近平总书记回顾建设取得的丰硕成果，深刻阐明这一重大战略决策的重要意义，提出八项工作要求，为切实推进"一带一路"建设提供了重要遵循、指明了实践方向。

从倡议到实践，从布点到拓面，三年来，"一带一路"建设在探索中前进、在发展中完善、在合作中成长，进度和成果超出预期。目前，已经有100多个国家和国际组织参与其中，我国同30多个沿线国家签署了共建"一带一路"合作协议、同20多个国家开展国际产能合作，以亚投行、丝路基金为代表的金融合作不断深入，一批有影响力的标志性项目逐步落地。2015年，中国同"一带一路"参与国双边贸易额突破1万亿美元，中国企业对沿线国家的直接投资额近150亿美元。从连接亚欧大陆的中欧班列，到非洲大地不断兴起的新产业新项目，一条绿色丝绸之路、健康丝绸之路、智力丝绸之路、和平丝绸之路正在铺展，不断造福沿线国家和人民，得到沿线国家的广泛认同。

正如习近平总书记深刻指出的，一个国家强盛才能充满信心开放，而开放促进一个国家强盛。改革开放38年历程告诉我们，对外开放是推动我国经济社会发展的重要动力。中国开放的大门永远不会关上。在我国经济总量跃

居世界第二、经济发展进入新常态的新形势下,只有树立全球视野,更加自觉地统筹国内国际两个大局,全面谋划全方位对外开放大战略,扎实推进"一带一路"建设等发展战略,才能以更加积极主动的姿态走向世界、赢得未来。

切实推进"一带一路"建设,需要筑牢思想基础。抓住发展这个最大公约数,让共商、共建、共享的原则深入人心,才能推进思想统一。弘扬丝路精神,推进文明交流互鉴、人文合作,才能推进民心相通。做好舆论宣传,宣传实实在在成果,讲好"一带一路"故事,加强相关学术研究、理论支撑、话语体系建设,就能进一步凝聚各国共识和力量。

切实推进"一带一路"建设,需要加强统筹协调。"一带一路"建设涉及国内国外、方方面面,只有善于"弹钢琴",才能奏响"协奏曲"。坚持陆海统筹,坚持内外统筹,加强政企统筹,加强"一带一路"建设同京津冀协同发展、长江经济带发展等国家战略的对接,同西部开发、东北振兴、中部崛起、东部率先发展、沿边开发开放的结合,把"走出去"与"引进来"结合起来,才能形成全方位开放、东中西部联动发展的局面。

切实推进"一带一路"建设,需要完善保障体系。金融是现代经济的血液,安全是经济发展的前提。创新国际化的融资模式,深化金融领域合作,打造多层次金融平台,建立长期、稳定、可持续、风险可控的金融保障体系,才能为"一带一路"建设引来金融活水、筑牢风险防控堤坝。完善安全风险评估、监测预警、应急处置,建立健全工作机制,细化工作方案,确保安全保障举措落实到每个部门、每个项目执行单位和企业,才能防患于未然,为"一带一路"建设保驾护航。

切实推进"一带一路"建设,需要狠抓部署落实。实绩是最有效的推广,实效是最有力的吸引。进一步研究出台具体政策措施、重点支持战略性优先项目,以基础设施互联互通、产能合作、经贸产业合作区为抓手,让规划真正落实,让关键项目真正落地,多搞一点早期收获,才能让有关国家不断有实实在在的获得感,汇聚"一带一路"建设的合力。

计利当计天下利。"一带一路"建设既是我国深化改革、扩大开放的战略举措,也是通过提高有效供给催生新的需求、实现世界经济再平衡的中国方案。特别是在当前世界经济持续低迷的情况下,通过开展跨国互联互通、推动国际产能和装备制造合作,就能使顺周期下形成的巨大产能和建设能力走出去,支持沿线国家推进工业化、现代化和提高基础设施水平的迫切需要,为世界经济注入稳定剂和活力源。这无疑与即将召开的二十国集团杭州峰会主题深度契合。把握"一带一路"建设的时代契机,真抓实干、久久为功,让中国梦和沿线各国人民追求发展进步的梦想相互激荡,我们必将在共商共建共享中开创更加美好的未来。(新华社北京2016年8月17日电)

发改委:有序推进 "一带一路"地方实施方案

《推动共建丝绸之路经济带和21世纪海上丝绸之路的愿景与行动》发布以来,2015年11月20日,国家发展改革委会同外交部、商务部等积极指导、支持和配合地方有序有效开展相关工作,统筹做好地方实施方案衔接。目前,全国31个省区市和新疆生产建设兵团"一带一路"建设实施方案衔接工作已基本完成,正陆续出台。根据方案,各地将在多个领域推动重点工作和重大合作项目。

发改委对地方开展一带一路着重提出四点要求,即找准地方定位、统筹抓好地方重点任务、突出项目带动、制定系统举措。

一、找准地方定位,协同有序推进整体工作

各地结合自身比较优势,有针对性的提出本地区在参与推进"一带一

路"建设中的地方定位。福建加快建设21世纪海上丝绸之路核心区，打造海上丝绸之路互联互通的重要枢纽、经贸合作的前沿平台、体制机制创新的先行区域和人文交流的重要纽带。广东作为经济发展领先省份，在推进"一带一路"建设特别是21世纪海上丝绸之路建设中发挥重要引擎作用，江苏、浙江、山东、上海、海南等省市充分发挥自身优势，积极推进21世纪海上丝绸之路建设。新疆自治区和新疆兵团充分发挥丝绸之路经济带核心区优势，积极促进新亚欧大陆桥、中国—中亚—西亚和中巴经济走廊建设。内蒙古、黑龙江、吉林、辽宁、山西等省区重点围绕中蒙俄经济走廊建设，深化国内互动与国际交流合作，推动国家向北开放。云南借助连接南亚、东南亚的区位优势，着力打造面向南亚东南亚的辐射中心，广西、贵州、西藏等积极构建面向南亚、东南亚的合作平台，推进孟中印缅和中国—中南半岛经济走廊建设。北京、天津、河北、沿长江经济带各省市积极推进"一带一路"建设与京津冀协同发展、长江经济带建设有机结合。

二、谋划建设格局，统筹抓好地方重点任务

各地结合地方特色，统筹将各地经济、产业、人文等基础资源与推进"一带一路"建设工作相结合，以"政策沟通、设施联通、贸易畅通、资金融通、民心相通"为主要内容，谋划建设格局，明确重点任务。新疆围绕丝绸之路经济带核心区建设，提出以能源、交通、通信等三大通道为主线，以大型油气生产加工和储备、大型煤炭煤电煤化工、大型风电和光伏发电等三大基地为支撑，以交通枢纽、商贸物流、金融、文化科教、医疗服务五大中心为重点构建全方位对外开放新格局。山东依托21世纪海上丝绸之路促进沿海城市和港口紧密互联、沿六大国际经济合作走廊布局园区和项目，加快构建"一线串联、六廊展开，双核带动、多点支撑"的空间格局。湖南坚持扩大开放与区域协调发展相结合，以"长沙等五大增长极+长株潭等四大区域板块+重要交通干线放射状对接"的空间布局全面对接"一带一路"。青海紧紧围绕"一条纽带"（人文交流的桥梁纽带），贯通"三条通道"（通向俄罗斯—欧洲、中亚—西亚、南亚的开放通道），打造"三个节点"（西宁、海东、格尔木），建设装备制造业出口等"六个基地"，再创青海丝绸之路新辉煌。

三、突出项目带动，做好谋划储备与滚动落实

各地高度重视重大项目对"一带一路"建设的支撑带动作用，一批重大项目已经取得了早期收获。

基础设施建设方面，重点方向的互联通道初步建成，重大项目建设取得重要进展。福建扎实推进厦门东南国际航运中心建设，港区基础设施条件进一步改善。重庆、四川、新疆、内蒙古、河南、湖北、浙江等地有序推进中欧班列建设。江苏中哈物流合作基地项目一期工程已稳定运营，二期工程正在加快推进；连云港上海合作组织物流园项目建设加快。广东启动巴基斯坦瓜达尔港园区项目。辽宁积极与蒙古国合作提供便捷出海口。四川加快建设成都国家级国际航空枢纽，打造高效便捷的亚欧航空物流通道。河南着力做强郑州航空港经济综合实验区。陕西省全力打造"西安国际中转枢纽港"，将"西安港"纳入国际贸易与运输体系。广西、云南推进建设中国东盟信息交流中心建设。

产业投资方面，产能合作进程加快，跨境电子商务建设积极推进。辽宁优先推动先进轨道交通装备、新材料制造装备等十大重点装备和建设标准走出去发展。湖北、甘肃等推进省内产业龙头企业加快走出去步伐，积极开展国际产能合作，建立境外生产加工基地。新疆积极推动塔吉克斯坦棉纺产业一体化、巴基斯坦光伏发电项目今年开工。江西围绕产业创新升级，推进与意大利轻小型民用直升机合作生产项目。安徽海螺集团在东南亚印尼、缅

甸等国投资水泥项目已达11个，投资额超40亿美元。北京推动相关企业通过新设、增资、并购等方式加快境外重大投资项目建设。浙江省加快推进中国（杭州）跨境贸易电子商务综合试验区建设，积极推进宁波、金华等国家跨境电子商务试点。广西南宁跨境贸易电子商务综合服务平台建成运行，中国—东盟（南宁）电子商务监管仓库基本建成。

经贸合作方面，跨境经济合作区稳步发展，"一带一路"自贸区网络建设进程加快。广东、四川、陕西、宁夏、青海、新疆、内蒙古等借力广交会、高交会、西博会、中蒙博览会等展会活动平台扩展与沿线国家经贸合作。福建举办首届21世纪海上丝绸之路博览会，实现沿线主要国家和地区全覆盖。云南推进河口、磨憨跨境经济合作区以及老挝赛色塔综合开发区建设。陕西加强对外经贸合作，中俄丝绸之路高科技产业园项目正式落户西咸新区。安徽首个综合保税区正式封关运行。浙江已经在境外建立5个经贸合作园区，与白俄罗斯联合举办了3场中白工业园推介会。黑龙江引导国内相关企业赴俄建设境外经济贸易合作区。山东、吉林借助中韩自贸协定签署契机，推动中韩产业合作示范区等项目建设。

能源资源合作方面，一批重点能源资源合作项目启动建设。江苏积极推进塔尔煤田工业园等中巴经济走廊能源规划优先实施项目建设。吉林省长吉图集团进口俄罗斯战略能源储备中心进行一期施工。辽宁启动印尼镍矿、哈萨克斯坦铜矿开采冶炼加工等境外资源开发项目。天津因地制宜积极开发沿线国家资源，推进蒙古铁矿采选、哈萨克斯坦油气收购等能矿项目以及印尼农业合作产业区、非洲生产基地等农林生物质资源项目建设，建立大宗商品境外生产基地，提高资源就地加工转化能力。

金融合作方面，"一带一路"建设投融资服务体系初步建立，人民币跨境使用加快推进。广东推动在菲律宾、泰国、印尼等国开展跨境人民币贸易项目。江苏推进昆山试验区、苏州工业园区跨境人民币创新试点业务。上海将在沪金融市场交易系统的报价、成交、清算等功能拓展至"一带一路"沿线国家和地区。重庆举办系列境外投资促进活动，创立海外并购基金和海外矿权交易中心，促进跨境投融资汇兑便利化。吉林东北亚区域性金融中心项目累计完成投资210亿元。黑龙江实施卢布现钞使用试点、沿边开发开放外汇管理改革试点等先行先试措施。

人文合作方面，交流平台进一步完善，交流合作成果不断涌现。甘肃通过敦煌国际文化博览会等展会平台将国内外游客引进丝绸之路经济带旅游"黄金段"。山东加快孔子学院总部体验基地建设，推动沿线国家高校设立孔子学院。福建举办丝绸之路国际电影节，建设海上丝绸之路文化交流展示中心。湖南利用湖南卫视、中南传媒的平台优势和湖湘文化的国际影响力，加强对外文化中介机构和海外营销渠道建设。

生态环境方面，重点区域生态合作进展顺利，绿色丝绸之路共识逐步形成。新疆构建覆盖中亚的生态系统野外观测与研究网络，组织实施"中亚地区气候变化下的生态环境保护与资源管理联合调查与研究"重大国际科技合作项目。云南推动大湄公河次区域湿地保护与能力建设。贵州成功举办生态文明贵阳国际论坛2015年年会，来自50多个国家的代表就全球性、区域性重大生态问题开展前瞻性、趋势性、务实性探讨。

海上合作方面，远洋运输保障体系建设取得进展，海洋产业合作领域不断扩大。福建中国—东盟海产品交易所已经正式营业，印尼金马安渔业综合基地更新改造稳步推进，中国—东盟海洋合作中心启动筹建。广东在马来西亚、泰国、斯里兰卡等国建设远洋渔业合作项目。山东加快建设东亚海洋合作平台，推进建设印尼、斯里兰卡等海外综合渔业基地。江苏马来西亚远洋渔业合作项目启动建设。

四、制定系统举措，凝聚各方力量务实推进

各地充分认识到"一带一路"建设辐射地域广、涉及领域宽，是一项系统工程，需要制定系统举措，有力有序有效统筹推进。

加强政策支持。上海等省区市分别筹建企业走出去综合信息服务及宣传平台、企业海外联络平台，从信息引导、项目管理、风险防控、语言人才等方面加强服务，为企业赴境外投资牵线搭桥。江西等地有针对性的制定企业参与国际合作、做好对外投资的实施方案，提出支持企业参与国际合作的一揽子保障措施。新疆兵团制定了出口基地龙头企业评定办法，加大对自产品出口扶持力度。湖北等加强政府部门间协同，为企业境外投资项目的核准、备案和外汇审批提供一站式的审批服务。

完善金融服务。福建、江苏、江西等地分别筹建地方"一带一路"基金、海上丝绸之路产业投资基金、国际产能合作和装备制造走出去产业投资基金，广西制定了地方丝路基金设立和运营方案，发挥财政资金的引导和杠杆效应，对重点国际合作项目给予资金补助、贷款贴息、股权投资等扶持。部分省区市建立企业国际合作信用保险统保平台，对走出去企业的保费给予扶持。各地均积极推动银企合作，为企业走出去提供融资保障，新疆、浙江等联合国家开发银行、中信保等金融机构共同举办金融机构与企业对接会，为走出去企业量身定制多元化、个性化金融解决方案。

做好宣传引导。各省区市提出要多渠道、多途径、多层面加大对参与"一带一路"建设的宣传报道，营造良好氛围，鼓励带动企业走出去。注重通过论坛和学术交流等人文活动，加强与国内兄弟省份和沿线国家的交流沟通，增进了解、密切合作，实现互惠互利、共建共赢。（国家发改委网站 2015年11月20 ）

第三章 古路焕新颜：中国各地方如何发挥优势？

你的家乡在"一带一路"上吗？

"一带一路"的战略构想由国家主席习近平于2013年首次提出。这一涉及60多个国家、惠及全球半数人口的国家战略将会与你的家乡产生怎样的联系？

全国31个省、市和自治区在近年来的地方政府工作报告中均提及"一带一路"，并纷纷表态"积极参与""紧紧抓住""深度融入""主动服务"或"深入实施"，介入方式包括设立产业园区和保税区、支持出口和企业走出去、建立沿线国家联谊机制或加强文化交流等。

你的家乡将有怎样的务实之举，快来看看各地准备迈出的"丝路舞步"吧！

（一）丝绸之路经济带核心区域

1. 西北五省区：陕西、甘肃、青海、宁夏、新疆

「陕西」

关键词：合作园区、产能走出去、沟通机制

特色举措：

完善丝绸之路经济带城市圆桌会议机制

推动各国在陕设立领事机构

举办首届上合组织成员国商品交易会

开展西安—泉州"一带一路"起点对话

与丝绸之路沿线国家共同开展文物保护和考古研究

扩展阅读

陕西省以"三个创新"扩大与"一带一路"沿线国家合作

几度中断，几度复兴，饱经沧桑，又书新篇。随着"一带一路"战略的稳步推进，陕西对外开放格局正在悄然发生改变。

陕西自古以来就是我国重要的对外开放门户，早在3000多年前，长安就同许多国家开展政治经济等方面的交往。唐时长安是世界上第一个拥有百万人口和10多万常驻外国商人、留学生的国际化大都市。但随着时代发展，不靠海不沿边的陕西变得只能"望洋兴叹"。现在"一带一路"战略给陕西带来新的历史机遇，作为丝绸之路的起点和连接亚欧的区位优势，陕西站在内陆向西开放的战略高地。

陕西省以突出自贸试验区建设对西部大开发的带动作用为基点，探索构建与"一带一路"沿线国家经济、人文交流的新模式。在扩大与"一带一路"沿线国家的经济合作方面，做到"三个创新"，即创新互联互通合作机制，创新国际产能合作新模式，创新现代农业国家交流合作机制。

着力打造与"一带一路"沿线国家互联互通合作机制，主要措施包括健全政府对话、企业合作、民间互动的多层次、多领域合作机制；按照"共商、共建、共享"的原则，构筑全方位立体化开放大通道，建设"一带一路"交通、商贸、快递物流中心；创新航空港、陆港联动发展机制；完善运输体系，加密航线航班，增加国际货运航线航班；在自贸试验区内组建符合条件的本地货运航空公司，大力发展空港货运物流，打造国家航空运输枢纽；提升中欧班列（西安）辐射能力，推动中欧班列（西安）纳入中欧"安智贸"试点计划；深入发展多式联运，引进航运及国际船舶运输服务等经纪公司；加快西安领事馆区建设。

在国际产能合作中系统推进与"一带一路"沿线国家产能合作机制建设，积极探索"两国双园"模式，突出金融对"一带一路"经济合作的推动作用，引入社会资本推动设立"走出去"发展引导基金，引导企业集群式"走出去"，在沿线重点国家合作建设陕西产业园。鼓励区内龙头绿色低碳企业在境外建设国际产能合作绿色产业园区，使其成为国际产能合作的亮点。

打造农业领域国际合作交流创新平台，组建面向"一带一路"沿线国家的现代农业合作联盟和全球农业智库联盟，拓展在农业新技术、新品种、新业态以及节水农业、设施农业、农业装备制造等领域的国际合作；创立国家（杨凌）农业技术标准创新基地，承担农业技术标准的制定工作，提升"杨凌农科"品牌标准国际化水平；创新中外农业高等教育和职业教育联合办学模式，开展面向"一带一路"沿线国家援外农业技术培训；深化农业金融改革创新，允许引进符合条件的国外专业保险公司，开展涉农保险业务；支持建设"一带一路"现代农业国际合作中心。（《陕西日报》2017年4月8日，作者崔春华）

甘肃

关键词：互联互通、加大出口、文化走出去

特色举措：

开通兰州至俄罗斯、哈萨克斯坦等国家的国际航班，实现中欧货运班列"天马号"常态化运营

建立面向中西亚及中东欧市场的劳务输转培训基地

实施"甘肃文化精品翻译工程"等文化走出去项目

在丝绸之路沿线国家合作建立中医药文化传播推广和医疗服务机构

> **扩展阅读** 甘肃与"一带一路"沿线国家贸易额突破百亿元

冯义虎是甘肃兰州市七里河区西果园镇鹳子岭村贫困户，种了半辈子百合的他没想到自己家的百合现在都出口了。"种法不一样，品质和价格也就不一样了。我们现在与爽口源公司签订单，搞标准化种植，销路不用愁。"冯义虎说。

近几年，从事百合加工贸易的兰州爽口源科技公司在鹳子岭村等兰州周边地区建立了百合出口种植基地，通过提供技术指导搞标准化种植，将优质的兰州百合卖到了白俄罗斯、意大利等国际市场，2016年出口额达33.28万美元。

在国际市场受到青睐的甘肃产品不仅是兰州百合。甘肃省商务厅提供的数据显示，2016年，甘肃与"一带一路"沿线国家贸易额突破100亿元，同比增长10%，占全省进出口总额的23%。

昔日的内陆腹地甘肃，在"一带一路"建设推动下，逐步成为向西开放的前沿。甘肃省省长林铎表示，甘肃将立足国家赋予甘肃的"向西开放的重要门户和次区域合作战略基地"的定位，强化平台建设，创新合作机制，加快推进丝绸之路经济带甘肃黄金段建设，打造向西开放新高地。

政策落地 激发活力

两年前，一到苹果收购季节，甘肃天水市出口苹果重点企业嘉威商贸有限公司总经理闫刚就感到资金吃紧。

"我们的苹果出口抵达目的港要一个月，对方付账又得一个月左右。"闫刚说，收购季节企业资金周转困难，只能通过担保公司办贷款，"一笔贷款，要交15%的保证金，还要给担保公司交1.3%的担保费，大大影响了资金使用效率"。

2016年，闫刚的公司出口5000吨苹果到中东地区和东南亚，收入600万美元。"收苹果前，我们通过甘肃省小微外贸企业互助贷款风险补偿担保基金，申请了一年期流动资金贷款1400万元。"闫刚高兴地说，"政府出台的这个政策帮了大忙，光担保费就节约了近20万元。"

甘肃省商务厅消息称，甘肃省启动运行了风险补偿担保基金融资增信合作平台，设立小微外贸企业互助贷款风险补偿担保基金，建立政府、银行风险共担的专项基金，以"财政补助+企业互助"担保贷款的方式撬动金融机构加大信贷投放。两年来，先后为30多家企业投放贷款近4亿元。

"为促进外贸稳增长，我们报请省委、省政府出台了支持外贸稳增长的14个配套文件，建立完善了促进外贸发展的政策体系。"甘肃省商务厅厅长张应华介绍，甘肃近几年对外贸支持力度前所未有。"商务厅定期召开外贸联席会议，不断加强政策协同，让政策要素不断聚集，确保国家、省上决策部署落地生根。"今年，甘肃将进一步提升中小微外贸企业融资平台作用和效益，充分发挥中小微外贸企业风险补偿担保基金、出口信用保单融资增信作用。

此外，甘肃省国税局在2016年先后出台《甘肃省离境退税工作实施方案》《支持甘肃（武威）国际陆港发展36条政策措施》等政策。从2016年7月起，对符合条件的出口企业全面推行无纸化退（免）税管理试点，提高了税务机关退税审核审批的效率。2016年，甘肃国税部门办理出口退（免）税4.18亿元，其中，出口退（免）税无纸化申报企业86户，税额1.4亿元。

搭起平台　布局四海

"2016年，甘肃企业又有3家清真餐厅在马来西亚吉隆坡开张运营。"甘肃外贸协会驻马来西亚商务代表处首席代表马玉田介绍，近几年，通过驻

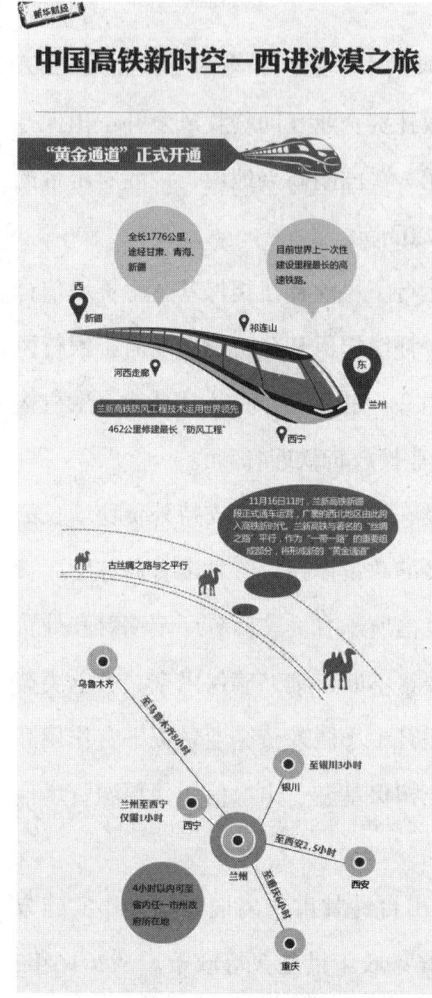

马来西亚商务代表处的牵线搭桥，在吉隆坡已经有50余家甘肃人开的牛肉面餐厅，年营业额已达到1.2亿元。同时，还带动甘肃的马铃薯、莲花菜、生姜等农产品出口。

2014年以来，甘肃以省对外贸易协会的名义先后在8个"一带一路"沿线国家和国内的霍尔果斯口岸设立了驻外商务代表处。这些驻外代表处既承担着企业在驻在国或地区开拓市场的业务，同时又作为甘肃商务领域的派出窗口，帮助省内"走出去"企业搜集市场信息，抓贸易订单落实，寻求投资合作项目。

"在做好服务企业'走出去'的同时，积极开展'引进来'。"甘肃省商务厅副厅长张世恩表示，驻外商务代表处要找准两个市场，把外贸与合作项目融合做深做细，让其真正成为省内开放型经济"走出去"的助手。

除了驻外商务代表，中医药大省甘肃是近年来在国外建立中医中心和岐黄中医学院最多的省份。"把国外的政商人士请来吃牛肉面、看中医，坐下来谈产业发展。"甘肃省卫计委主任刘维忠说，"中医+牛肉面"的新模式已在吉尔吉斯斯坦、马达加斯加建成投运，甘肃的药材等产业已经通过这种模式慢慢地推向了国外。

据了解，甘肃是全国首批6个中医药服务贸易先行先试重点区域之一，这使甘肃这个内陆省份具备了发展中医药对外开放的独特优势。目前，甘肃有180个中医药产品在境外注册，当归、黄芪等优势大宗中药材出口量占全国的90%以上，出口额4000多万元。"以文促医、以医带药、以药兴商、以商扶贫"逐渐成为甘肃发展中医药服务贸易的成熟思路。

最近，甘肃省卫计委协调省商务厅审批了3个驻外中医药代表处，分别设在匈牙利、白俄罗斯和吉尔吉斯斯坦。刘维忠坦言，此举目的在于"把中医药打出去，通过中医药的影响再把其他产业也带出去"。

畅通通道　产业互动

在中央提出建设丝绸之路经济带之后，甘肃迅速找准了目标：建设甘肃黄金段。

无论作为省会城市，还是作为全国重要的物流枢纽，先天优势明显的兰州都是甘肃打造丝绸之路经济带黄金段的核心节点。"兰州是丝绸之路经济带上铁路、公路主要交通干线的汇集点。"兰州国际港务区管委会主任徐春花说，从交通地理位置看，兰州具有枢纽平台优势。按照规划，正在推进的兰州国际陆港总投资600亿元以上。到2020年，兰州国际港务区总产值将达到1000亿元以上，进出口贸易总额将达到150亿美元以上。

去年，"兰州号"南亚公铁联运货运班列在兰州国际港务区发车，目前

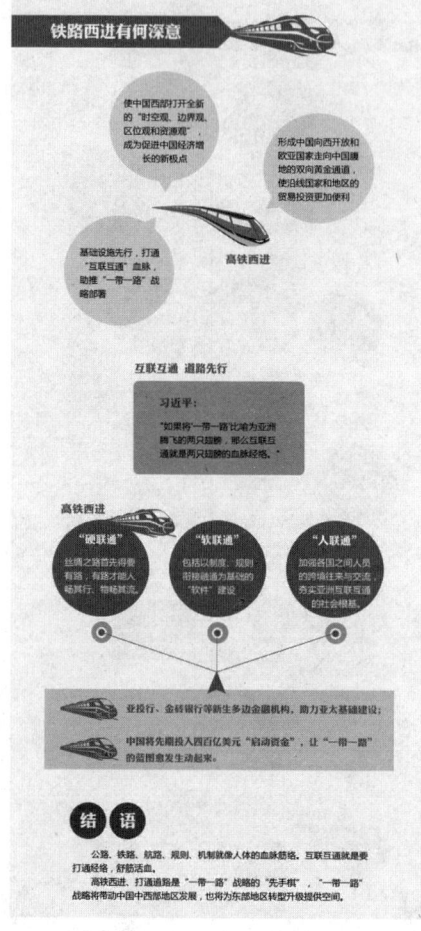

已实现常态化运行，出口货物1万余吨8850万美元，这趟班列也被列为全国16个多式联运示范工程。同时，兰州发出的首列中亚、中欧国际货运班列顺利返程，在国内率先基本实现双向常态化运营。

为提升互联互通水平，甘肃持续推进兰州、武威、天水三大国际陆港和兰州、敦煌、嘉峪关三大国际空港建设，打造丝绸之路经济带交通大通道和物流大枢纽。在开通国际货运班列的同时，甘肃还加快打通空中通道。2016年，兰州—迪拜、兰州—达卡国际货运包机出口、澳大利亚—兰州国际货运包机进口开始直航，并在旅游旺季先后开通多条旅游包机航线。

目前，甘肃向西开放的运输服务体系初步建立，那么如何实现产业与物流的互动？据了解，近几年，兰州新区积极对接马来西亚、德国、俄罗斯、韩国等企业，推动中国（兰州）马来西亚清真食品产业园、中俄文化交流中心等项目建设。兰州新区已开工建设国际合作产业园，引进项目10个，总投资15.6亿元，正在争取与中小企业国际合作协会共建"中小企业国际合作示范区"。

"以兰州新区综保区为依托，积极承接加工贸易梯度转移，引进外地加工贸易企业。"兰州市副市长段广平介绍，2016年，兰州市实现加工贸易进出口额39.61亿元，比上年同期增长5倍。

"十三五"期间,甘肃将引进境内外"两头在外"加工贸易企业,向海关特殊监管区域集中,结合国家重点产业布局,促进加工贸易向品牌、研发、分拨和结算中心等产业链高端延伸,形成外向型产业集群。

"利用甘肃能源电力资源和富余生产能力,开展进口铜精矿、镍精矿、粗金和集成电路封装等加工出口。"甘肃省副省长夏红民表示,同时,甘肃将培育机电高新技术产品、特色农产品出口优势,挖掘中医药、清真食品、民族工艺品等出口潜力,建设自主品牌出口和外贸转型升级示范基地。(《经济日报》2017年3月23日,作者陈发明、李琛奇)

青海

关键词:互联互通、加大出口

特色举措:

建成曹家堡保税物流中心

举办丝绸之路沿线国家经贸合作圆桌会议

扩展阅读 青海发挥独特优势融入丝绸之路经济带

推进"一带一路"建设,顺应世界多极化、经济全球化、文化多样化、社会信息化的潮流,体现了和平发展的时代主题,不仅已成为我国开创全方位开放新格局的重大方略,而且正日益成为沿线所有致力于和平、友好、发展的国家地区和人民的共识与行动。

青海地处被称为"世界屋脊"的青藏高原东北部,地域广阔,山川壮美。青海民风淳朴，人民勤劳，580万各族群众在高原上和睦相处、安居乐业。

青海是中国重要的生态安全屏障。这里山川汇集、河湖密布，拥有世界上独一无二的大面积高寒湿地、高寒草原，是全球高海拔地区生物多样性最集中的地区之一。青海是长江、黄河及东南亚重要河流湄公河上游澜沧江的发源地，三条江河每年向下游地区提供600多亿立方米安全洁净的水，是名副其实的"中华水塔"。青海独特的生态系统，不仅对中国，而且对东亚甚至对北半球的气候形成和演变都有非常重要的影响。

青海是中国重要的战略资源接续之地。广袤高原上蕴含着丰富的盐湖、石油、天然气等能源资源，矿产资源种类全、储量大、品质好、价值高。目前已探明储量的多种矿产资源中，50多种居全国前十位、20多种居全国前三位、10种居全国首位。青海的清洁能源独具优势，水能储量可以装机2000多万千瓦；青海日照时间长，荒漠化土地多，是全国乃至全球太阳能最为丰富的地区。

青海是中华文明的发祥地之一。青海有着悠久历史，是多民族聚居、多宗教并存的地方，全省少数民族人口占47%，藏族、回族、土族、撒拉族和蒙古族等民族在这里交流融合、繁衍生息，伊斯兰教文化、藏传佛教文化、道教文化和儒家文化，共同形成多文化共存的和谐画卷。青海历史上还是"唐蕃古道"途经之地，是中原文化与周边文化、农耕文明与游牧文明双向交流和传播的桥梁。正是基于以上独特的战略地位，我们在不断深化省情认识的基础上，提出并实施了建设国家循环经济发展先行区、生态文明先行示范区、民族团结进步先进区的"三区"战略。经过全省上下的共同努力，目前已取得阶段性成果。全省经济社会健康发展，各族人民团结和睦，社会大局和谐稳定。如今的青海，已站在了新的历史起点上。

青海是丝绸之路经济带的重要通道，是通向南亚次大陆和中亚国家的重要枢纽。青海把融入丝绸之路经济带建设，作为面向未来可持续发展的重大战略取向，充分发挥区位、生态、资源、人文等优势，完善顶层设计，推动重大项目，积极搭建平台，加强合作交流，正在努力把青海打造成丝绸之路经济带的重要支点。

青海在融入丝绸之路经济带建设进程中，拥有独特优势、潜力和空间。

——基础设施建设大有可为。青海正在加快铁路、公路、民航等基础设施建设，全力构建大交通格局，进一步打通各个方向的进出通道，打造省内交通网，为丝绸之路经济带互联互通作出青海的贡献。同时，还在大力推进能源基础设施、信息化和城镇化建设，真诚欢迎国内外企业家前来青海投资、创业、发展。

——绿色产业发展潜力巨大。围绕绿色、低碳、循环发展，青海正在着力打造世界有影响力的盐化工基地、全国乃至全球有重要影响力的锂电产业基地、有色金属深加工基地，大力发展光伏发电和光伏制造业，壮大提升特色生物产业和现代农牧业。希望以这些领域为重点，促进青海资源、能源等特色优势与沿线国家地区资金、技术、人才等要素有效对接，互惠互利、共赢发展。

——经济贸易合作前景广阔。青海正在加快培育清真绿色食品、特色农牧产品、生物医药等出口基地，建设面向沿线国家地区的国际营销网络，设立青海特色产品展示中心，大力推动藏毯、藏药、穆斯林民族服饰等特色产品走向沿线国家地区。支持盐湖化工、光伏等优势企业"走出去"，高层次参与区域产业分工协作。我们希望与沿线国家地区一道，构建青海开放型经济发展新格局。

——人文交流交融具有优势。青海多民族聚居、文化多元，与中亚和南亚等国家人民文化相通、习俗相近；高原风光独特、旅游文化资源丰富，我们将充分利用这些优势，与沿线国家和地区互办文化年、艺术节等活动，扩大互派留学生、教育培训、医学交流规模，积极与沿线国家地区共同举办国际性文化、体育、旅游活动，相互开发旅游市场，共同打造丝绸之路精品旅游线路。

青海作为一个具有后发优势的地区，我们的基础条件日趋完善，投资环境越来越好，特色优势更加凸显，发展后劲逐步增强。诚挚欢迎国内外各界人士到青海来，体验青海，了解青海，投资青海！青海省政府将竭诚为大家提供优质高效的服务。（《人民日报》2015年6月18日14版，郝鹏，青海省省长）

宁夏

关键词：中阿合作、网上丝路、综保区试验

特色举措：

第二届中阿博览会

全面启动中阿网上丝绸之路建设

试点国际贸易单一窗口管理模式

争设国际邮件交换站

创建中阿经贸合作示范区

宁夏打造丝绸之路经济带的战略支点与交通大枢纽

全国人大代表、宁夏回族自治区党委书记李建华表示，宁夏自古就是丝绸之路上的商埠重镇，在与丝路沿线地区的交流合作方面，有区位地缘、能源资源、内陆开放和人文等优势，这些年与阿拉伯国家和世界其他地区国家的交流合作已有很好的基础。

李建华说，我们将按照国家战略布局，抓住机遇，发挥优势，把宁夏建成丝绸之路经济带战略支点上的重要节点。要把宁夏的投资发展环境打造得在西部最优、比东部更优，使宁夏成为投资发展洼地、企业发展福地、干事创业基地。

全国人大代表、宁夏回族自治区发改委主任张八五认为，宁夏在陆上丝绸之路中，区位条件比较好，宁夏在国家制定丝绸之路经济带战略之前，就已经积极探索了开放的途径和办法。2012年，国务院批复了宁夏建立内陆开放型经济综合试验区，也制定了有关规划，得到了国家批复。

宁夏要成为大通道上的交通大枢纽，向西发展的大枢纽，发展国际大物流。主要建议有五：

一是要迅速提升宁夏对外交通基础设施承载能力，实现快速、便捷的对外联系。

二是要调整我们的产业结构，提升我们的产业竞争力。从现在过度依赖资源开发转化到具有国际竞争力的产品加工上，发展具有国际竞争力的产业、产品。

三是要急需大量能进行产业提升和对外贸易的人才。人才是重要保障，也是比较缺少的。近期，要推进人才引进战略和培育力度，调整大专院校的设置。

四是要建立适合国际化贸易的投资环境，改变我们现在的审批和投资制度。审批事项最少、审批时间最短，比东部更优，西部最优。

五是要利用现代技术发展新型业态。利用信息化推动新型产业发展，这是内陆地区迫切需要转型升级的事情。不但建立大物流，更要建立大数据，通过现代手段建立现代国际贸易。

> **新疆**
>
> **关键词**：中巴交流、互联互通、边境贸易
>
> **特色举措：**
>
> 推动中巴经济走廊及面向中西南亚和欧洲的物流通道、信息通道建设
>
> 加快外销工业品特别是机电产品、农产品展示采购市场建设
>
> 支持乌鲁木齐亚欧经贸合作试验区建设
>
> 加快中国—中亚科技合作中心建设

扩展阅读

"一带一路"引领新疆全方位开放上水平

在2016年的最后一个月，中国与塔吉克斯坦唯一的陆路口岸卡拉苏口岸传来好消息——经过12年的临时开放、筹建、发展，12月1日起卡拉苏口岸终于实现全年开放。

卡拉苏口岸全年开放是今年我区对外开放工作的一个缩影。回顾2016年，我区对外开放的高度、深度和广度不断提升，从顶层设计不断完善到合作范围不断拓宽，一项项具体措施在对外交流中得到落实，让当今的新疆以一个更加自信开放的姿态迎接"一带一路"的历史机遇。

顶层设计：高位推动开放举措不断出台

2015年下半年，自治区对外开放领导小组办公室（以下简称开放办）成立，我区负责对外开放工作的专门机构正式启动运行。

"对外开放领导小组的建立解决了以往跨部门协调力度弱的问题，对重大工作和项目统筹推进形成合力，提升和加快商务领域对外开放整体水

平。"自治区商务厅党组书记、厅长、自治区对外开放领导小组办公室主任和宜明说。

今年上半年，自治区对外开放领导小组召开第一次会议，涉及单位部门悉数到场，共同讨论我区对外开放相关重点工作。

短短一年间，自治区及各地相继出台了十几项对外开放工作规划和指导意见，为进一步扩大开放、加快发展提供了有力保障。

自治区发改委编制完成了核心区交通枢纽中心、商贸物流中心、文化科教中心、医疗服务中心等专项规划，完成了《中巴经济走廊国内段建设总体思路研究》，拟定了《新疆丝绸之路经济带核心区建设优先推进项目清单》；自治区经信委组织编制了《十大进出口产业集聚区规划》；自治区教育厅完成了《丝绸之路经济带核心区教育中心建设规划（2016—2020年）》文本编制和项目梳理工作，制定了《新疆孔子学院发展行动计划（2016—2020年）》……高位推动全区对外开放重点工作取得了丰硕的成果。自治区开放办牵头开展了南疆地区参与中巴经济走廊建设、中哈俄蒙环阿尔泰山次区域合作、乌鲁木齐陆路港建设等专题研究，起草了工作方案或行动计划。

"明年，我们还将加强政策沟通，加强规划体系建设，完善自治区对外开放顶层设计。"和宜明说。

高速推动：抢抓机遇提升开放水平

10月16日，自治区党委常委会议审议了《新疆建设丝绸之路经济带核心区的指导意见》。

"新疆丝绸之路经济带核心区的定位说明了新疆对外开放工作的重要性，通过抓牢共建丝绸之路经济带核心区的历史机遇，区域合作、全区整体对外开放水平得到进一步提升。"和宜明说。

"一带一路"已经成为引领我区对外开放的强力"引擎"，一项项区域合作重点工程传来捷报。中巴公路中断7年后再次开通，中方与哈萨克斯坦、吉尔吉斯斯坦、塔吉克斯坦、巴基斯坦等国建立了公路定期会商机制，中、巴、哈、吉四国过境运输正式运行。在航线上，开通到17个国家31条国际航线；与哈、吉、塔三国实现9条光缆直连，建设完成中巴跨境光缆新疆段。

今年，中国新疆参加与塔吉克斯坦、吉尔吉斯斯坦、阿塞拜疆、亚美尼亚国家地方政府间经贸合作工作组会议，与白俄罗斯戈梅利州、俄罗斯车州、哈萨克斯坦东哈萨克斯坦州地方间签署多领域合作协议，为开展经贸交流合作提供机制保障。

今年前十月，新疆对"一带一路"沿线国家进出口额达103.8亿美元，占全区外贸总额75.2%；对"一带一路"沿线国家实际投资1.1亿美元，实际利用"一带一路"沿线国家投资1.36亿美元；我区对哈萨克斯坦、吉尔吉斯斯坦、俄罗斯、巴基斯坦进出口分别增长4.9%、15.5%、50.4%和15.8%。

贸易结构："走出去请进来"深化合作

12月8日，由中国企业特变电工承建的塔吉克斯坦最大火电厂——杜尚别首都热电厂二期竣工投产。该发电厂装机总容量达到400兆瓦，年总发电量达22亿千瓦时，供暖430万平方米，可保障杜尚别地区70多万居民冬季大部分电力供应和取暖需求。

出席竣工点火仪式的塔国总统埃莫马利·拉赫蒙表示，该项目落成标志着塔中两国合作伙伴关系在能源领域上升到新的高度，推动塔国向实现能源独立战略目标又迈出坚实的一步。

"我们的高端产品持续进入美国、印度、俄罗斯、巴西等60余个国家和地区，截至2015年底，我们已成功把中国电力标准运用于'一带一路'沿线国家的电力建设。"特变电工股份有限公司执行总裁黄汉杰表示。

截至10月末，中国新疆与全球155个国家和地区开展经贸交往，有15个国家和地区来疆投资兴业，我区企业在20个国家和地区开展对外投资合作。目前，特变电工、新疆广汇、中兴能源等9家企业在哈萨克斯坦、巴基斯坦、乌兹别克斯坦、印度等国家建设产能合作重点项目14个。

"对外承包工程出口一直是自治区外贸的短板，但今年出现了一些亮点。在外贸形势依然不容乐观的情况下，前五月，我区对外承包工程货物出口2.4亿美元，同比增长56.9%。这表明国家和自治区出台的有关加大'走出去'力度，促贸易方式结构优化政策开始发挥作用。"自治区发展和改革委员会经济研究院区域经济研究所副研究员唐飞说。

企业"走出去"步伐不断加快，目前我区企业在周边国家已建成运营华凌国际经济特区、华凌自由工业园区、塔吉克农业产业园3个境外园区。除了"走出去"，我区"请进来"的表现同样亮眼。在外贸形势进入"深冬"时，前十月，我区实际利用外资3.87亿美元，增长1.6%。

"下一步，我们计划用好'综合保税区'和边境贸易优势，通过综保区+新业态、推进边民互市等措施深化经贸领域交流合作，努力促进自治区外贸回稳向好。"和宜明表示。（《新疆日报》2016年12月13日）

2. 西南四省区市：重庆、四川、云南、广西

重庆

关键词：互联互通、面向欧亚

特色举措：

组织周边地区货物搭载"渝新欧"班列

推动国际邮政专列正式运行

增加"渝新欧"开行班次和集装箱运量

> **扩展阅读** 重庆：打造"一带一路"西南枢纽

前不久，重庆、辽宁、四川等7省市被纳入我国第三批自贸试验区。这对于西部唯一的直辖市重庆来说，无异于"如虎添翼"。依托自贸试验区的系列政策配套，重庆地处"一带一路"和长江经济带两大国家战略"Y形"连接点的区位优势将更加明显，有助于进一步确立其西南枢纽的地位。

"渝新欧"带来内陆开放新格局

2011年，重庆开通国内首趟发往德国杜伊斯堡的渝新欧国际货运集装箱班列，揭开了国内陆续开通欧洲班列的序幕。短短5年时间，渝新欧已经成为连通欧亚大陆的重要物流通道。

渝新欧从重庆出发，经新疆阿拉山口出境，穿越哈萨克斯坦、俄罗斯、白俄罗斯、波兰，抵达德国杜伊斯堡。在这样一条线路上，列车每年约有4至5个月在寒冷的冬季运行，如何避免货物因气候原因损坏，事关班列的常态化运行。

"为解决这个问题，我们开发了保温箱，相当于给集装箱穿上衣服，使产品不受极端天气影响，进而实现班列的常态化运行。"渝新欧物流有限公司总经理漆丹说，渝新欧2015年去程156班，回程101班，实现双向常态化运行，每个集装箱每公里的运价从0.7美元下降至0.5美元。

"以往货源不足，回程更是空载。现在随着影响力不断提升以及常态化运行，选择走这条通道的货物越来越多。"漆丹说，一度对运营造成困扰的回程货源问题，也得到了一定程度的解决，如今回程与去程的货物比已经达到了60%以上。

调查发现，渝新欧之于重庆，不仅仅是一条物流通道，更是联动其他交通工具的动脉血管,通过深化多式联运,其辐射的触角不断向全国乃至亚洲部分地区延伸。

据重庆咖啡交易中心总经理彭德介绍,从去年7月开始,越南、云南的咖啡通过西南国际公路大通道运抵重庆,再通过渝新欧转运至欧洲。2015年全年,重庆共实现咖啡贸易额近10亿元。今年,通过渝新欧班列,有望实现出口3000个集装箱的咖啡产品,实现咖啡交易额20亿元至30亿元。

除了铁公联运,重庆也在不断发展铁空联运。今年5月,一批来自德国的健身器材通过渝新欧班列中转至重庆,再空运到新加坡。随着这条物流通道的常态化,重庆与航空4小时半径内的亚洲国家和地区,铁空联运的前景更加广阔。

重庆社会科学院区域经济研究中心主任李勇表示,以往我国对外开放主要集中在沿海地区,如今依托渝新欧,重庆作为内陆开放高地快速崛起,并带动了一批内陆开放地区。随着自贸区的设立,重庆将发挥独特的区位优势,在"一带一路"建设中发挥重要的纽带和桥梁作用。

长江上游航运中心地位日趋巩固

一直以来,长江都是重庆经济发展的引擎,一方面将大宗物资运入重庆,另一方面将重庆的汽车、西南地区的能源等运输出去。随着长江经济带战略的实施和重庆自贸区的设立,长江又承担起新的历史使命。

据了解,随着大通关体系的畅通以及运行常态化,渝新欧的运行时间和成本,都较开通之初下降了不少。现在从重庆到杜伊斯堡只需要12天,运输价格仅为航空的四分之一。因此,不少沿海货物通过长江黄金水道先到重庆,然后运抵欧洲。

长江肩负新的历史使命,进一步凸显其战略地位,与此同时,也暴露出长江沿线各港口在基础设施、服务水平等方面的不足,比如,重庆的港口中实现铁水无缝衔接的寥寥无几。

为进一步提升长江的服务能力，今年3月，重庆出台《关于加快长江上游航运中心建设的实施意见》，计划今后五年通过加大投入、整合资源等方式，进一步提升长江上游航运中心的集聚功能。

按照该实施意见，重庆将本着港口、物流、产业三结合的原则，建设"4+9"港口集群，其中4个为枢纽港，全部为铁公水联运港口，9个为专业化重点港口。

"以前的港口规模没有那么大，仅靠周边的物流就可以'吃饱'了。"重庆市交通委员会综合规划处副处长林奇东说，现在重庆的集装箱吞吐能力达到300万标箱，需要更多货物的支撑。铁水联运是趋势，铁路和水路结合后，能更好地组织货源。今后重庆还将大力开展通道建设，推进进港铁路、进港公路建设，提升长江黄金水道的辐射力。

"2020年，重庆将基本建成'4+9'的规模化、专业化港口群，货物吞吐能力达到2.2亿吨，集装箱吞吐能力达到500万标箱。"重庆市交委港建处处长廖劲松介绍，目前重庆货物吞吐量为1.8亿吨，集装箱吞吐量为100万标箱，周边地区经重庆港中转的货物比重已超过50%，基本建成"4+9"港口群后，周边货物经重庆港中转的比重将进一步提升，届时重庆作为长江上游航运中心的地位将更为稳固。

航空构建日益畅通的空中桥梁

去年4月27日，重庆直飞意大利罗马的航线正式开通。这条航线的开通，填补了重庆乃至西南地区直飞西欧的空白。

重庆—罗马航线的开通只是重庆机场围绕"Y形"大通道战略布局的一个缩影。近年来，重庆机场不断拓展及加密国际、国内航线，让致力于打造内陆开放高地的重庆与"一带一路"及长江经济带重要城市之间的联系更加紧密。

"截至目前，重庆机场开通的国际（地区）航线达到了58条。其中，客运航线46条，航点覆盖罗马、赫尔辛基、旧金山、多哈、悉尼、马累、首尔、大阪、吉隆坡、曼谷等城市；货运航线12条，航点覆盖阿姆斯特丹、列日、首尔、曼谷、法兰克福、阿拉木图等城市，已逐步构建起覆盖欧洲、美洲、亚洲的客货运网络，下一步将重点围绕丝绸之路经济带以及21世纪海上丝绸之路进行布局。"重庆机场集团规划发展部总经理周旭表示。

至于国内航线，一方面，重庆机场不断强化与长江经济带、海上丝绸之路重要城市之间的联系，新开或加密了重庆飞往上海、南京、泉州、福州、广州、海口等地的航班；另一方面，不断强化作为中西部地区进出西藏及云贵高原的通道作用，开通了拉萨、林芝、昌都、丽江、大理、香格里拉等17个航点，每天近60架次航班飞往高原地区。

重庆机场集团总经理谭平川说，与沿海地区相比，重庆打造开放高地并不具有地理优势，但依托航空创新通关体系，使得物流更加便利，大大增强了重庆作为"Y形"大通道连接点的聚合力和辐射力。

为了满足日益增长的人流和物流需求，目前重庆机场正加紧建设东航站区及第三跑道，该工程按满足年旅客吞吐量4500万人次、货邮吞吐量110万吨、飞机起降37.3万架次进行设计，完工后，将进一步提升重庆机场的承载力。

更令人欣喜的是，重庆航空与水陆之间的关系也越来越"来电"。随着物流通道的拓展和综合作用的发挥，重庆有望成为全国乃至全亚洲的物流枢纽。（半月谈网2016年10月26日，记者韩振）

四川

关键词：互联互通、企业合作

特色举措：

推进蓉欧快铁、中亚货运班列等国际物流骨干网络和成兰铁路建设

办好"中外知名企业四川行""川欧经济合作交流暨投资项目洽谈会"

扩展阅读

"一带一路"成都迎来更大机遇

人物名片>>>

李向阳，中国社科院亚太与全球战略研究院院长，长期致力于国际经济学研究，先后著有《世界经济研究前沿问题》《经济全球化与世界经济》《全球经济重心东移的前景》等学术作品，主持"亚洲区域经济合作的理论与实践""亚洲经济增长与区域经济合作的发展趋势""WTO与世界经济新秩序"等重大课题的研究。

机遇

成都作为"一带一路"的交汇点和支撑点，将直接受惠于这一重大战略，大幅缩短连接世界的时空距离，深刻改写自身交通区位和经济区位，进一步从西部内陆城市转变为向西向南开放的支点城市，有力拓展经济发展的空间和腹地。成都若能根据"一带一路"的走向，依托国际大通道，以沿线中心城市为支撑，打造重点经贸产业园区作为合作平台，也将是抢抓"一带

一路"机遇，实现经济发展、产业提升的可为之处。

产业

成都作为国家区域中心城市，是南方丝绸之路的起点，在国家向西、向南开放的地缘政治战略中占据着重要地位。以轨道交通产业为重点打造成都经济转型品牌，打造成都经济"升级版"，充分发挥"首位城市""中西部城市群核心极"的引领、示范、辐射作用，正当其时。

支撑

以西南交大为代表的研究和人才培养高校，以中铁二院为代表的设计单位，以中铁二局、中铁八局为代表的施工建设单位，和以中国南车为代表的机车车辆制造单位——从科技创新到人才培养到规划设计，再到施工建设和制造，这样一个完整的轨道交通全产业链使得成都轨道交通产业发展具备了强大竞争力，加之成都大力实施的"交通先行"兴市战略以及对广大西部地区的强大辐射带动效应，都为轨道交通产业加速发展提供了有力支撑。

成都优势　西部地区正面临改革开放以来最佳机遇

所谓"一带一路"是指"丝绸之路经济带"和"21世纪海上丝绸之路"，它不仅跨区域，而且跨国别，体量十分巨大，是世界上跨度最长的两条经济大走廊。它发端于中国，贯通中亚、东南亚、南亚、西亚乃至欧洲部分区域，东牵亚太经济圈，西系欧洲经济圈，是世界上最具发展潜力的经济带。

"到目前为止，中国新时期对外开放大概经历了小平同志南方谈话前、南方谈话到中国加入WTO，以及入世后三个阶段，其间中国经济取得了举世瞩目的伟大成就，但从区域发展看，作为开放前沿的沿海地区受益更为明显，西部地区发展则相对落后，"李向阳说，但在新一轮对外开放中，"一带一路"战略将开放重点延伸到中西部广大内陆地区，尤其是丝绸之路经济带打破了长期以来我国主要以海洋运输为依托发展对外贸易、拓展与世界各国经贸关系的模式,而以陆路为纽带,解决了对外开放的通道问题,这为西部地区缩小在前面30多年改革开放中的差距提供了前所未有的机遇,"如果大家有心的话,可以发现今年总理在政府工作报告中就指出2014年中国中西部经济增速是快于东部地区的,这表明'一带一路'给这一区域所带来的红利已经开始有所显现。"

成都机遇　道路联通是优先产业发展要互补

"一带一路"是以运输通道为纽带,以互联互通为基础,以多元合作机制为特征,以打造命运共同体为目标的新型区域合作安排。"一带一路"的主要内容是"五通",即政策沟通、道路联通、贸易畅通、货币流通、民心相通。其中,道路联通是优先,铁路通是优先中的优先。

"从国外来看,虽然现在东亚、东南亚不少国家与我国都有铁路相连,但铁路级别较低,而现在沿线的大部分国家都还没有高铁,哈萨克斯坦、巴基斯坦等国建高铁的积极性非常高。"李向阳说,从长远来看,丝绸之路经济带尤其应以高铁来联通,它不仅可以从基础设施领域为"互联互通"创造更好的条件,也为西部城市的全方位开放和经济社会发展产生更大推动作用,实现在全球更大范围内的"走出去"。除此以外,"一带一路"贯穿亚欧非大陆,一头是活跃的东亚经济圈,一头是发达的欧洲经济圈,中间广大腹地国家发展潜力巨大,成都若能根据"一带一路"的走向,依托国际大通道,以沿线中心城市为支撑,打造重点经贸产业园区作为合作平台,也将是抢抓"一带一路"机遇,实现经济发展、产业提升的可为之处,"不过这种园区不能只简单把它理解为一个投资项目,而应注重双方的经济互补性,从全球范围,以命运共同体的视角来进行建设。"(《成都日报》2015年3月9日,记者尹婷婷)

云南

关键词：互联互通、南亚东南亚

特色举措：

积极参与孟中印缅经济走廊、大湄公河次区域经济合作，完善滇印滇缅合作以及云南同越北、老北合作机制

积极参与打造中国—东盟自贸区升级版

> **扩展阅读**

昆明：辐射西南正当时

昆明，四季如春，气候宜人，"东连黔桂通沿海，北经川渝进中原，南下越老达泰柬，西接缅甸连印孟"，是亚洲5小时航空圈的中心，因而是南方丝绸之路上的重要枢纽。昆明，是我国开发较早的内陆边疆城市，中原文化、少数民族文化与东南亚文化、南亚文化在这里交融。

秉承共建共享、互联互通的理念，昆明将积极融入"一带一路"、长江经济带和孟中印缅经济走廊建设，形成融入国内、联通周边、接轨国际的大开放格局，加快建设面向东南亚、南亚开放的区域性国际城市。

"希望云南主动服务和融入国家发展战略，闯出一条跨越式发展的路子来，努力成为民族团结进步示范区、生态文明建设排头兵、面向南亚东南亚辐射中心，谱写好中国梦的云南篇章。"今年年初，中共中央总书记、国家主席、中央军委主席习近平在云南考察时定义了云南未来发展的新坐标。殷殷嘱托，吹皱了一池春水。

作为省会城市，昆明在云南建设面向南亚东南亚辐射中心过程中，当如何定位？昆明市相关负责人明确表示："我们是南亚东南亚辐射中心的

'中央处理器'，这就是我们的定位。"他介绍，在云南，昆明的城市化程度高，泛亚铁路、公路的起点都在昆明，互联互通的中心也在昆明，昆明是"中心互联门户"。

"一带一路"战略的谋划和实施，更为昆明辐射西南注入了"强心针"，"春城"昆明服务和融入国家发展战略正当其时！

优美环境：筑生态之基

春城昆明，有3万多年的人类生活史、1240多年的建城史，是国务院首批公布的24个历史文化名城之一。这里历史悠久、文化灿烂、名人辈出、大事连连、遗迹众多。战国至东汉初，滇池周围的"滇人"建立滇国，创造了独具特色的滇文化。

春城昆明，曾经活跃过庄蹻、郑和、杨慎、吴三桂、蔡锷、朱德、叶剑英、龙云、卢汉、聂耳、闻一多等历史名人；曾经发生过兴办云南陆军讲武堂、奋起"重九起义"、首义护国倒袁、出兵中原抗日、支援滇西反攻和"一二·一"争民主、反内战等历史大事。

春城昆明，与东南亚国家的贸易往来源远流长——晚唐时期，昆明就开始与东南亚、南亚开始贸易……

而如今，提起春城昆明，夺人耳目的是这里无与伦比的生态优势。"满城山色半城湖，一年花开四季春"。目前，昆明正在打造"中国春城"、历史文化名城、高原湖滨生态城市和西南开放城市四大品牌。

被誉为"滇中之肺"的滇池，一日之内，随着天际日色、云彩的变化而变幻无穷。滇池的水质逐步好转，赋予了昆明无可比拟的优越环境、舒适气候和高原湖光山色，提供了旅游观光及休闲度假的天然场所。每年冬季，翠湖和滇池海埂公园总会聚集成千上万只来此过冬的红嘴鸥，在湖面上飞翔的红嘴鸥是城市冬季的一大美景。

为了更好地保护生态，昆明市大力实施城乡清洁工程，扎实推进环湖截污、入湖河道整治、生态修复与建设等滇池治理"六大工程",城乡园林绿化、天然林保护、退耕还林、"五采区"植被修复等工作扎实开展,节能减排工作深入推进。"昆明正努力营造宜居宜业宜学宜游的良好发展环境,为服务和融入'一带一路'战略筑好生态根基",昆明市发改委有关负责人告这样说。

建设枢纽:修联通之路

1月20日,习近平总书记在云南调研期间,来到正在建设中的昆明火车南站,考察"八出省、四出境"铁路通道重要枢纽建设情况。修好联通之路,才能当好辐射中心。

其实,"秦开五尺道、汉通西南夷"后,昆明就有了驿道运输。经过历代的开辟和拓展,昆明以其独特的区位优势,已成为全国性综合交通枢纽节点城市和区域性国际交通枢纽城市。

国家"一带一路"的宏大战略构想提出后,昆明综合交通运输建设快速推进,加快构建国际门户,加快构筑以大容量城际铁路和高速公路为主体,其他交通方式为补充的城际复合客运走廊,进一步强化瑞丽至昆明至上海的通道,推动昆明至河内、昆明至曼谷、昆明至仰光、昆明至加尔各答四条经济走廊建设,构建第三亚欧大陆桥西南通道桥头堡城。

近年来,昆明市推进公路、航空、铁路、水路、管道"五通互联"的综合交通运输体系建设,北出昭通至水富港融入成渝经济带、长江经济带;东进桂粤、南下东盟,强化与北部湾经济区,尤其是防城港的物流通道对接,通过南宁防城港进入太平洋;西经腾冲、瑞丽边境口岸和缅甸密支那、那戎,横向联系缅甸中心城市曼德勒、孟加拉国首都达卡和印度加尔各答港、孟加拉吉大港等重要港口,并通过印度西孟加拉邦首府加尔各答向西通往印度腹地,通过缅甸进入印度洋。

如今，位于呈贡新区的昆明火车南站已现雏形，沪昆高铁、云桂铁路等快速客运通道也有望2016年底前建成通车，届时，昆明至上海的铁路旅行时间将从现在的40小时缩短至10小时左右，昆明至北京的铁路旅行时间将从现在的34小时缩短至10至12小时，昆明至广州6小时可到。

"预计到2020年，云南将逐步形成以昆明铁路枢纽为中心的'八出滇、四出境'铁路网布局。"昆明铁路局局长说。

云南机场集团发挥航空运输国家化的便捷优势，开通了连接东南亚、南亚、东亚以及西亚地区共计22个通航点的54条航线和云南省内第一条洲际航线，促成了昆明72小时过境免签政策正式落地。目前，昆明长水国际机场是继北京、广州、上海之后全国第四个国家门户枢纽机场。

云南机场集团有限责任公司董事长说："经过多年发展，昆明机场已逐步成为中国连接东南亚、南亚城市最多的机场之一，中国面向东南亚、南亚开放的门户枢纽机场也已初步成型。"

产业升级：谋集聚之地

"受益于互联互通的基建、铁路、公路、电力电网、通信等基础性建设，昆明的产业发展迎来巨大机遇和开拓空间"，云南财经大学证券投资系主任陈晓丹说。

在国家"一带一路"建设的背景下，昆明市积极抢抓国际产业转移的机遇，发挥昆明独特的区位优势，承接发达国家和发达地区的产业转移，主动地融入国际产业分工体系中，努力建设成为我国面向东南亚、南亚的重要的先进制造业基地。

坚持工业打头阵、产业为核心、投资为拉动、园区为载体，昆明市实施产业培育提升计划，打好县域经济、园区经济、民营经济"三大战役"。

资源的聚集是昆明产业转型升级的保障。昆明集中了全省75%以上的高新技术企业，90%以上的科研院所和高等院校，70%以上的科研人员……昆明不论在发展首位度、产业支撑度、经济集中度以及文化多维度、社会聚集度等方面，都处于绝对领先地位。

分工配合，百舸争流，昆明所辖各县区定位鲜明，错位竞争。官渡区、五华区等主城五区和晋宁作为第一板块，重点发展现代服务业、高新技术产业、文化创意产业、都市工业和都市农业；富民、宜良、石林和阳宗海风景名胜区作为第二板块，重点发展现代农业、新型工业和旅游文化产业，努力成为全市经济增长的新支撑；东川、禄劝、寻甸和倘甸"两区"作为第三板块，重点发展资源深加工、清洁能源、特色农业、旅游文化产业，努力成为全市经济增长的新亮点。高新区、经开区、度假区作为国家级开发区，力争成为全市经济发展的增长极、对外开放的新高地、创新驱动的领头羊、绿色发展的示范区。

金融是现代经济的核心。目前，以昆明区域性国际金融中心为龙头，以沿边金融综合改革试验区建设为主线，以昆明泛亚金融产业中心为载体的"一心两区"金融联动发展格局初步形成。昆明市金融办副主任陈晓说，"在与周边地区的互联互通中，金融最直接的作用就是影响贸易畅通和经济运行，并能为基础设施的互联互通提供支持。"

昆明市还将以提升旅游业国际化水平为突破口，以旅游文化融合发展为抓手，创新旅游业发展模式，将旅游业建设成为昆明市重要的战略性支柱产业，成为最有幸福感、归属感、自豪感和安全感的宜居宜业新都市，成为现代化的世界知名旅游城市。

互惠共享：乘开放之翼

"晋宁腾俊国际陆港"，位于昆明市晋宁县，距主城区约40公里，是云南省最大规模贸易形成的物流商贸综合体。该陆港拥有联通全国、辐射东南亚的泛亚大通道优势，是泛亚铁路中、东、西线核心节点，通过西绕城高速公路连接滇缅、滇越、昆曼国际大通道及全省全部公路干线；24小时内可达云南各地州市及贵阳、重庆、成都、南宁、长沙；48小时内可达河内、万象、曼谷、仰光等东南亚、南亚各国枢纽城市。

"腾俊陆港将成为云南国际大通道中输出中国商品、品牌、资本的平台，推动区域经济乃至中国经济的互动发展"，云南腾俊投资集团董事长汤恒说。

企业在"走出去"过程中实现华丽转身。中缅原油管道、老挝亚欧峰会配套设施、柬埔寨陆军学院、赤道几内亚马拉博新机场大道……在这些项目的背后，都有云南建工建设者们忙碌的身影。近3年来，云南建工海外项目已累计中标49个，2013年经营额达60亿元，竣工面积13万平方米，目前在建工程合同额约75亿元人民币，国际业务比例大幅上升。不管是在东南亚还是西亚非洲，云南建工与欧美一流建筑企业比肩而立。

无独有偶，云南路桥股份有限公司先后承建昆曼公路老挝境内部分路段、老挝北部乡村道路南塔段收费站、昆曼公路老挝段养护工程等项目，为助推老挝经济发展、提高当地经济水平做出了"中国贡献"。

"昆明应该抓住'一带一路'发展机遇，充分利用好区位优势，以及南博会、昆交会等平台的作用，为基建、旅游、农业、商贸产业寻找新的投资和发展契机，实实在在提升沿边开放型城市的经济水平。"陈晓丹说。

300年前，产自云南的山茶花、兰花等香料，漂洋过海来到法国，加工提炼成为贵族妇女首饰盒里的化妆品。2014年12月，云南怡美实业集团利用本土资源优势，和法国百年品牌婕珞芙合作推出的"怡美天香"化妆品品牌面世。在昆明市盘龙区的"花之城"旅游综合体里，工作人员向记者展示了这个来自彩云之南、志在国际市场的产品。

"这个项目离长水国际机场只有15分钟车程，'一带一路'战略将给我

第三章 古路焕新颜：中国各地方如何发挥优势？

们带来巨大商机，像是插上了腾飞的翅膀"，"花之城"项目负责人何健说。（《人民日报》2015年2月12日13版，记者张帆、徐元锋、杨文明、朱家顺）

广 西

关键词：合作机制、重点项目

特色举措：

办好第12届中国—东盟博览会、中国—东盟商务与投资峰会和中国—东盟自贸区升级版论坛

加快南宁—新加坡经济走廊建设

筹划建设中国—东盟信息港，办好中国—东盟电子商务峰会

抓好中马"两国双园"招商引资和重点项目建设

加快推进中国—东盟港口城市合作网络和东兴国家重点开发开放试验区、中越跨境经济合作区东兴、凭祥园区基础设施建设。

着力做好中国（北部湾）自由贸易试验区、凭祥国家重点开发开放试验区申报工作

北部湾港口群成衔接"一带一路"重要门户

伴随汽笛的长鸣声，在广西钦州港外贸码头，载满集装箱的大型货轮缓缓驶出，集装箱里装着国内生产的电子设备、皮革制品等货物，大约一周时间后，这艘货轮将抵达马来西亚和新加坡。

钦州港是广西北部湾三港之一，2007年钦州港与防城港、北海港"三港合一"整合成为广西北部湾港，成为西南、中南地区最便捷的出海口。2016年，在航运业持续低迷、全国规模以上港口增速趋缓的情况下，广西北部湾港吞吐量稳步增长，三港区累计完成吞吐量1.396亿吨，同比增长9.02%；集装箱吞吐量增速达26.85%。

广西北部湾港是中国距离东盟最近的港口群，在21世纪海上丝绸之路建设中扮演对接东盟的重要角色，已建立与7个东盟国家的47个港口海上运输往来，29条外贸航线实现东盟主要港口全覆盖。

广西北部湾国际港务集团董事长周小溪说，广西正进一步明晰港口群内各港口发展定位，通过整合内外资源寻求合作突破，积极服务"一带一路"建设。

日前公布的北部湾城市群发展规划将港口建设摆在突出位置。规划提出，强化北部湾港口群国内国外交通连接作用，推动21世纪海上丝绸之路与丝绸之路经济带的交汇对接、衔接互动。

在北部湾港口群建设方面，规划明确要求优化沿海港口布局和分工协作，避免恶性竞争和重复建设，突出海口港和北海港的客运功能，突出湛江港、钦防港群的货运枢纽港功能，突出茂名港和洋浦港的货运功能。增强港口辐射能力，打造中国—东盟港口城市合作网络。

中国—东盟港口城市合作网络于2013年成立，秘书处设在广西钦州。按照合作办法，中国与东盟各成员国将在增开班轮航线、搭建本区域港口公共物流信息平台、促进港口相互投资与建设、深化临港产业合作等诸多领域开展合作。目前，中国—东盟港口城市合作网络已列入首批中国—东盟海上合作基金资助项目。

"北部湾城市群与东盟海陆相邻，在中国—东盟合作发展中的作用尤其重要。"中国发展改革委规划司城镇化处处长相伟说，北部湾城市群要以深度参与中国—东盟合作为基点,主动融入"一带一路"建设和全球经济体系,拓展海上开放通道,建设陆路南向、北向开放通道。

形成"一带一路"相互衔接的重要门户,产业对接、产能合作至关重要。中马"两国双园"是中国与东盟携手共建的重要产业合作项目,通过创新联合招商,关丹产业园年产350万吨联合钢铁项目顺利签约,主体工程也已全面开工,投产后将成为马来西亚最大的钢厂和东盟首家生产H型钢的钢铁厂。过去一年内,中马钦州产业园已入园和即将入园项目达到66个,签约项目总投资超295亿元,一批项目将于今年陆续投产。

目前,广西正积极推动中国·印尼经贸合作区、文莱—广西经济走廊等合作项目,与沿线国家共建更多合作园区,建设北部湾石化产业、北部湾大型船舶修造等一批产能合作重点基地,推进企业"走出去引进来",促进产业互融。

按照北部湾城市群发展规划要求,北部湾城市群将以北部湾区域性航运中心为依托,面向东盟及21世纪海上丝绸之路沿线国家,建设海上开放通道。推进通往粤港澳地区的铁路、高速公路、西江干支流航道建设,打造对接粤港澳、通达太平洋的出海新通道。

广西北部湾经济区和东盟开放合作办公室常务副主任魏然说,广西将实施互联互通攻坚战,大力推进北部湾区域性国际航运中心等重大对外开放合作平台建设,加快构建功能配套、智能高效、安全便捷的现代基础设施体系,使北部湾城市群的战略支点功能和门户作用更加凸显,辐射带动作用更加强劲。(《经济参考报》2017年2月28日)

(二)21世纪海上丝绸之路核心区域

东部五省江苏、浙江、福建、广东、海南

江苏

关键词:"一带一路"交汇点

特色举措:

加快"一带一路"交汇点、连云港东中西区域合作示范区及中哈物流中转基地建设,打造战略出海口

扩展阅读

江苏省融入"一带一路"当好先行先导
沿东陇海线经济带崛起

今年5月,我国将举行"一带一路"国际合作高峰论坛。地处"一带一路"交汇点上的江苏,如何抓住机遇,进一步拓展内外开放空间,在"一带一路"建设大局中发挥先行先导作用?近日,相关部门和部分设区市专家进行了深入研讨。

江苏资本覆盖沿线54国

5日,一列来自哈萨克斯坦装载有720吨小麦的火车,顺利抵达中哈(连云港)物流中转基地,随后换装海运发往越南。这是中哈物流基地首次将过境哈国小麦发往东南亚,中哈粮食过境安全大通道由此正式打通。连云港港口有关人士介绍,今年哈国将有约50万吨小麦过境连云港口岸运往东南亚市场。

以新亚欧大陆桥为主轴的物流通道正加快构建。苏满欧、连新欧、南京至中亚、徐州至中亚班列实现常态化运营。连云港至中亚班列实现每周7.5列,整体运行效率和效益居国内同类班列之首,中欧班列开行密度由初期每

月1班增至2班，并形成到土耳其等黑海沿线国家以及到俄罗斯、波兰、德国等国家的两条通道。

省商务厅统计，2016年，江苏省赴"一带一路"沿线国家投资项目222个，覆盖沿线64个国家中的54个，协议投资额30.9亿美元，同比增长18.7%和13.1%。国际产能和装备制造合作成为重要看点，去年完成制造业投资15.4亿美元、增长22.2%，其中电子设备制造业投资2.4亿美元、增长18.7倍。去年，江苏省与"一带一路"沿线国家贸易额达1097.5亿美元，占同期外贸总额的21.5%。来自"一带一路"沿线国家的实际使用外资13.3亿美元、增长2.4%。

沿东陇海线经济带加速崛起

利用徐州、连云港等"一带一路"重要节点城市，加快互联互通综合交通枢纽体系建设，打造沿东陇海线经济带，是江苏省"一带一路"建设的重要任务，也是一大亮点。

省交通厅厅长游庆仲说，去年，郑徐客专建成通车，徐连客专开工建设。沿海综合交通走廊加快构筑，青连铁路、连盐铁路、沪通铁路建设加快推进，海安至启东高速公路全面开工建设。中哈物流基地二期项目有序推进，其中散粮筒仓项目年底已经建成，铁路装卸场站、大宗散货交易中心、保税仓项目完成工可编制。连云港港30万吨级航道二期工程及码头科研报告获国家发改委批复。

按照全省"一带一路"交汇点建设核心区、先导区的发展定位，连云港加快港口建设，构建完善陆海联运体系。连云港市副市长王加培表示，目前连云港一体两翼组合大港已基本形成，新开地中海美西、韩国蔚山、东南亚等7条航线，全年靠泊30万吨级以上船舶29艘，创下8条开普船同时在泊作业纪录。中哈合作基地一期场站累计进出货物超过300万吨，完成集装箱运量14万标箱。

徐州市副市长周宝纯说，徐州积极创建沿东陇海线经济带"双向开放试验区"，累计引进5亿元以上内资和3000万美元以上外资项目81个，与"一带一路"沿线63个国家和地区实现进出口贸易63亿美元。徐工巴西工程机械产业园、徐州—新加坡合作共建产业园等20个年度合作项目完成投资10亿美元，盛泉伊朗煤矿开采等7个项目建成投产。

补短板力求更大作为

融入"一带一路"，江苏大有可为。但现实短板也不少，比如，国际经贸合作表现为"一带强一路弱"，与沿线国家产业对接程度不够高，服务企业特别是民营企业"走出去"投资合作的平台载体和法律、会计等中介机构不够多，企业跨国经营人才较为缺乏，对外投资风险防范能力不足，金融保障跟不上等。

省发改委主任朱晓明表示，江苏省要努力在国家"一带一路"建设大局中发挥先行先导作用。下一步，要狠抓重大决策部署的落实，推进国际产能合作取得新突破，有序支持引导产能输出和开发园区管理经验、管理模式输出，推动境内外经贸合作平台载体建设，支持柬埔寨西港特区、埃塞俄比亚东方工业园和印尼东加里曼丹岛农工贸经济合作区、坦桑尼亚江苏—新阳嘎农工贸现代产业园开展招商活动，加快推进金昇乌兹别克斯坦棉纺工业园、东方恒信巴基斯坦塔尔煤田工业园等一批园区化项目。

省经信委通过梳理各地在"一带一路"沿线国家的计划投资项目，建立"一带一路"产业投资项目库，进行动态管理。副主任高清说，已筛选出两批142个重点项目，涉及基础设施、能源、产业投资等，投资额近千亿元。力争到"十三五"末，通过推进100个重点建设项目，形成200亿美元对外投资规模。（《新华日报》2017年2月28日，作者邵生余）

浙江

关键词：互联互通、友好结对

特色举措：

稳步推进"义新欧"中欧班列运行常态化

支持杭甬温等节点城市与沿线国家相关城市开展友好结对交流

扩展阅读

"一带一路"阿里巴巴：智慧"新丝路"的全球化理想

4月10日，阿里巴巴旗下跨境电商平台"全球速卖通"（AliExpress）宣布海外买家已突破1亿。

作为一个覆盖"一带一路"沿线国家和地区的跨境出口B2C新外贸零售平台，"全球速卖通"作了一份关于"'一带一路'上的电商经济"的大数据解读。数据显示，"一带一路"沿线国家和地区中25岁到34岁的年轻人已成为新零售平台上的购买主力军。在数以亿计的海量中国品牌商品中，美妆（如假发）、家具和黑科技分别成为了不同国家购物者的"心头好"。"一带一路"沿线国家消费者中，最爱买新衣服和化妆品的来自俄罗斯、乌克兰、波兰、白俄罗斯、以色列。

"一开始出海，我们心里也是打鼓的。进出口、运营，不同地区规则都不尽相同。有一年，'全球速卖通'在俄罗斯的网站做了一次活动，在我们看来活动不算大，但当时把当地整个快递行业搞瘫痪了。"阿里巴巴CEO助理颜乔介绍，此后他们开始优化中俄物流，通过大数据和物流环节的紧密协同,再也没有出现"爆仓"事件。在效率最高的时候,俄罗斯排名前20位的城市,中国发出的包裹有超过80%可以在15天内被消费者签收。

在阿里巴巴的全球版图中,把物美价优的"中国制造"产品卖出去只是第一步。阿里巴巴的雄心,是搭建一个各国中小企业自由贸易的平台。2016年,在阿里巴巴集团董事局主席马云的奔走呼吁下,构建eWTP(世界电子贸易平台)被写进了G20杭州峰会公报。

半年来,eWTP开始在"一带一路"沿线国家落地。就在上个月,境外首个服务于eWTP的国际超级物流枢纽落地马来西亚。

在阿里巴巴集团总监、eWTP项目总负责人宋君涛看来,国家实施"一带一路"战略,推进海外港口建设、高铁"出海",搭建的是一条物理之路。阿里巴巴的优势在于互联网、大数据。"我们希望在eWTP这个理念之下,能够去探索一条中小企业参与国际贸易的数字之路。"

宋君涛说,这条数字之路,一定会由若干个E—Hub数字中枢组成。E—Hub就像过去的驿站,不只是航空货物仓库和配送中心,而是一个综合的eWTP园区,包括物流、通关、贸易、金融等一系列供应链设施和商业服务。按照规划,2019年底前,马来西亚的这个超级物流枢纽将正式投入使用,首先会和杭州跨境电商综试区实现数据互换和贸易便利化。

一条自由贸易的数字丝绸之路浮出水面。马云认为,古丝绸之路的开辟是中国最早的全球化构思,"一带一路"则是中国作为世界第二大经济体的担当。如果"一带一路"沿线国家和地区的中小企业、年轻人能够毫无障碍地自由贸易,那将给世界经济带来翻天覆地的变化。(浙江在线2017年4月11日,记者章卉)

福建

关键词："海丝"核心区

特色举措：

推进中国—东盟海上合作基金项目、远洋渔业基地建设

办好第二届丝绸之路国际电影节等活动

扩展阅读

福建：发力"海丝" 行稳致远

首条中欧班列"安智贸"正式出发，古泉州（刺桐）申遗已经提上议程，中国—东盟海产品交易所成绩斐然……又是一年春来早，在"海上丝绸之路"起点的福建省，一张全新的"海丝蓝图"正徐徐展开。

互联互通 "无远弗届"

"我们班列去年满载率超过90%，今年开年来保持100%，已经成为福建企业出口欧洲的重要经贸通道。"厦蓉欧（厦门）快铁班列有限公司常务副总经理邢屹说。

3月2日，首条中欧班列"安智贸"（安全智能贸易航线试点计划）专列满载着38标箱货物从厦门正式发出。在半个月后，这趟班列即将跨越万里欧亚大陆，抵达波兰罗兹，带去福建最新的电子产品。

据统计，截至今年2月底，由厦门自贸片区开往波兰罗兹的中欧班列已累计发运120列，共计3178大柜，累计货值17.14亿元人民币。"预计今年运力可以再提升50%。"邢屹表示，该班列线路受到了沿线企业的热捧，对贸

易的带动效应正逐渐显现。

自2015年11月《福建省21世纪海上丝绸之路核心区建设方案》发布以来,福建不断加快推进"一带一路"互联互通的重要枢纽平台建设,在交通对接、经贸互通、产业融通等领域不断深化对外合作,取得累累硕果。

"今后几年,我们将在东盟十国各设一个分支机构,推动中国和东南亚各国的海洋经贸往来与产业合作。"中国—东盟海产品交易所主席江雄表示,截至2016年底,该交易所已发展了境内外渔企会员358家、交易商2187个,实现现货成交额7.66亿元。

作为远洋渔业大省,福建逐渐发挥海洋优势,在"一带一路"沿线的印尼、缅甸、毛里塔尼亚等国建立了9个远洋渔业综合基地,境外渔业养殖面积超10万亩,数量与规模继续保持全国第一。

"通过平台建设和产业合作,我们将建立起新的海洋产业合作链条,让各国企业实现互惠共赢。"江雄说。

企业出海 "旧貌换新颜"

2月底,由福建省政府与企业合作举办的"闽茶海丝行"正式走入英国、法国、西班牙。首批15家福建茶企与英国合作伙伴签署了4.86亿元销售合同,并于伦敦设立了闽茶文化推广中心。

"福建的'海丝',是带着浓浓茶香味的丝绸之路。"作为此次参与企业家之一,福建三和茶业董事长吴荣山说,随着政府和茶企大力推广,中国茶品牌正借着"海丝"的"东风"重新进入西方视野。

2014年,三和茶业为法国外交部定制了中法建交50周年活动纪念茶"莫逆之交",吴荣山的茶叶一下子在业界声名鹊起。"我们每到一处都能看到,欧洲人对于茶文化一直充满着好奇和喜爱,不仅仅因为茶叶品质好,更在于其背后蕴涵的文化价值。"吴荣山说。

以"海"为媒,借"海"远航。近年来,许多福建企业正沿着"海丝"走出国门,在沿线留下了福建人"爱拼才会赢"的身影。

联合国海陆丝绸之路城市联盟工商理事会秘书处主任陈苍松介绍,该理事会在福建泉州开了首次会议,并与中非基金、国开行、兴业银行等机构合作设立了多支百亿级投资基金,旨在引导国内企业"走出去"。

"以海陆丝绸之路工商企业发展基金为例,首期30亿元规模基金已启动筹备,将推动福建鞋纺、食品、服装、建材等产业与东南亚开展经贸合作。"陈苍松说,"有了平台的支撑,企业在海外正走得越来越扎实。"

"海丝气质"重焕光彩

福建是古代海上丝绸之路起点,也是"21世纪海上丝绸之路"核心区。继承着千年"海丝"精神遗产,福建正面向世界展现着独特的文化魅力。

1月26日,作为古代海上丝绸之路代表性港口城市,古泉州(刺桐)史迹获中国联合国教科文组织推荐申报2018年世界文化遗产。同时,在国家文物局近日印发的《国家文物事业发展"十三五"规划》中,古泉州(刺桐)史迹的保护与申遗工作也被纳入国家规划。

"泉州是丝路历史上的代表性古城,对古泉州的发现与保护将成为未来'海丝'建设的一大亮色。"泉州市海丝办副主任李冀平表示,泉州拥有伊斯兰圣墓、开元寺、天后宫、老君岩等多种代表性文化地标,是"一带一路"多元文化融合的结晶,如今也正逐渐被世人所关注。

以古泉州申遗为线索,越来越多的福建元素在"海丝"建设过程中重焕光彩。2016年以来,第二届"海上丝绸之路"国际旅游节、第十八届中国·湄洲妈祖文化旅游节、"一带一路"文化遗产国际学术研讨会陆续在福建举办,发源于福建武夷山的中蒙俄"万里茶道"列入《建设中蒙俄经济走廊规划纲要》项目清单……

"建设'海丝核心区'将成为福建对外开放的重要历史机遇，而福建独特的侨乡文化、闽南文化、客家文化和妈祖文化等也将为'海丝'建设添色增彩。"福建省侨办副主任刘良辉说。（新华社福州2017年3月4日电，记者郭奔胜、黄鹏飞）

广东

关键词：海洋经济、经贸合作

特色举措：

办好第二届广东21世纪海上丝绸之路国际博览会和做好下一届中国海洋经济博览会筹办工作

探索建立沿线港口城市联盟

推动驻境外经贸代表处布局建设和发挥作用，重点推进与欧美等发达国家和新兴市场国家的经贸合作

扩展阅读 深圳：当好"一带一路"文化排头兵

"一带一路"倡议自2013年提出至今，已经有100多个国家和国际组织参与其中，成果越来越丰硕，"朋友圈"也在不断扩大。该倡议通过加强传统陆海丝绸之路沿线国家互联互通，以促进欧亚地区的共同发展，共同构建安全共同体、责任共同体和命运共同体。这为中国各地发挥自身优势、推动对外商贸合作、加强对外人文交流提供了难得的契机。

深圳作为中国改革开放的重要窗口，如何在宝贵的历史机遇面前，当好"一带一路"建设排头兵，书写走向辉煌的新传奇，成为外界人们关注的焦点。

海陆双线连接欧亚

追溯"一带一路"的历史渊源,一方面,早在2000多年前,中国汉朝就派出船队远航南海和印度洋,打开了中国与世界各国海上往来的大门,标志着海上丝绸之路的发端。600多年前的明朝初年,郑和又七次下西洋,把中华文明带到东南亚、印度洋西岸和东非各地,通过海上丝绸之路把中国和沿线各国紧密地联系在一起。另一方面,还有西汉张骞出使西域,在海运尚不发达的年代打开陆上丝绸之路,开辟了从西安经中亚细亚连接地中海各国的通商之道。还有2000多年前的中国民间商人,沿着茶马古道,通过马帮把中国的商品送到亚欧各国,创造了人类交流交往、民间文化交流和文明互鉴的不朽传奇。

从中国延伸到欧洲的陆上和海上两条线路,在历史上就是东西方商贸、文化交流的大通道。丝绸之路既是贸易之路,更是不同文明交流的融合之路。千百年来,丝绸之路在民族文明交流互鉴史上写下了重要篇章,更承载了各国对和平合作、开放包容、互利共赢的期待。

当然,"一带一路"不只是一个空间概念和经济合作战略,它还以文化将历史、现实与未来连接在一起,是中国面向全球化的战略架构。它既需要经贸合作的"硬"支撑,更是历史文化传承与创新的纽带。可以说,这是一条友谊与共建之路,是不同文明沟通的交融之路。"一带一路"不仅是对古丝绸之路精神的继承与发扬,更重要的是通过文化交流传播促进各领域的合作共赢、互利共荣。

文化交流如火如荼

经过改革开放30多年迅猛发展的深圳,之所以能够成为如今举世公认的国际化大都市,特别是在文化发展中勇于担当、科技创新能力和创意设计能力在国际上崭露头角,很大程度上依托于这座城市敢为人先、勇于创新的精神特质和文化底蕴。深圳理应加强与世界各国文化产业的合作,更好地提高自身文化软实力,在"一带一路"的战略蓝图中发挥更大的辐射作用。

作为中国改革开放的窗口和试验田，多年来，深圳通过创办高交会、文博会等文化品牌，并借助大运会平台，把"走出去"和"引进来"相结合，有效促进了国际间文化交流与合作。2016年，深圳利用第十二届文博会重大论坛活动，邀请"一带一路"沿线国家代表、国家与地方政府相关负责人、企业家、专家学者、媒体记者等300余人，畅谈文化发展机遇和前景，促使多方达成共识，努力形成亲诚惠容、互利共赢的合作关系。

同时，深圳在境内外举办形式多样的文化和经贸洽谈会、中外企业家对口洽谈会、外国产品服务推介会、外国城市投资环境分析会等各类活动，对一些商家的项目和产品进行推介。例如，作为物联网行业的排头兵，深圳侨企壹城智慧创新体验馆2017年再次携手合作品牌大规模参展，展示智能制造和创客教育两大主题的内容。为了让侨界更多企业走在科技创新的最前沿，侨交会把握"以侨为桥、联通海内外"主题，抓住大多数参展商既是"展商"又是"买家"的特点，让侨界高科技企业更顺畅地"走出去"，也同样为愿意"引进来"的外埠商家提供平台，开拓市场。

2017年3月，深圳在全国率先举办以"一带一路"为主题的大型国际音乐节庆，以海陆丝绸之路为主线，让来自近30个国家和地区、12个艺术团体的700多位中外艺术家欢聚一堂，促进世界各地音乐界的沟通与交流，推动音乐艺术领域的共同进步与发展。在交流融通、多元共生、合作共赢、共创未来的原则下，国际音乐节庆活动展示和挖掘出"一带一路"沿线64个国家在音乐领域的特色和亮点，也为下一步世界其他国家和地区开展"丝绸之路"主题的音乐艺术创作创造了很好的条件。

国际巨头来深落户

深圳借"一带一路"战略，不断优化投资环境，构建全方位开放格局，吸引更多的国际产业巨头前来落户。

2016年，深圳深化外资审批制度改革，大大提升外资企业投资便利性，吸引合同外资超千万美元的大项目达1059个，增长126.3%；吸引合同外资超亿美元大项目75个，增长70.5%。同时落实内地与港澳签署的《关于建立更紧密经贸关系的安排》（CEPA）框架协议，扩大对港澳投资者的开放，备案16家香港投资企业，合同外资41亿元人民币。

同时，为了更好拓展国际合作，深圳成立了"走出去"的战略合作联盟，为企业提供信息和指引等综合服务，让更多企业借"一带一路"战略加快"走出去"。仅2016年，深圳就组团赴南太岛国、东盟等"一带一路"沿线30多个国家和地区开展经贸交流，签约金额超过76亿美元；支持企业参加境外展会59场，意向签约金额27亿美元。目前，深圳已在135个国家和地区投资，累计投资金额819亿美元，形成聚焦高端产业、投资形态多样、资源高效配置的对外投资合作全球布局。

"一带一路"大有可为

可以说，"一带一路"建设这一跨越时空的宏伟构想，承接古今、连接中外，赋予古老丝绸之路崭新的时代内涵，是一条和平发展的共赢之路。它不仅是实现中华民族伟大复兴的战略构想，更是沿途国家共同繁荣的有益路径，展现了中国推动各国共同发展的最大诚意，同时也诠释了合作共赢新型国际关系的中国担当。

"一带一路"战略推行共荣双赢政策，赢得了沿线国家的认可和支持。在全球贸易战暗流涌动的背景下，中国与"一带一路"沿线国家和地区的投资合作与贸易往来却风生水起、红红火火。而深圳作为中国改革开放的重要窗口，如何在宝贵的历史机遇面前，当好"一带一路"建设排头兵，书写走向辉煌的新传奇，成为外界人们关注的焦点。

从区域层面看，深圳地处粤港澳大湾区和"海上丝绸之路"战略要冲，地理位置优越，是内地唯一与香港接壤的城市，是香港与内地的重要通道。

可以说，深圳打造"一带一路"枢纽城市具有得天独厚的地理优势和坚实的基础，要想打响"特区牌"，必须按照专业化、市场化、菜单式、可持续的发展原则，实现与欧亚间的"运输网"更紧密地连接与联系，加强对外文化贸易等文化产业的重点工作改革创新，丰富文化产业发展方式，发挥体制优势、开放优势、产业优势、科技优势和引领作用。

中国为"一带一路"战略描绘了蓝图、制定了远景。深圳作为改革开放的前沿城市，积极研究出台推进"一带一路"建设的具体政策措施，步伐坚实、举措有力，发挥了引领和带动作用。这是深圳服务国家"一带一路"战略的主动担当，也是谋划更高质量发展的主动选择。（人民网2017年4月13日）

海南

关键词：南海资源

特色举措：

启动三亚临空经济区建设，依托美兰机场建设空港综合保税区

推进洋浦国际能源交易中心发展

办好共建21世纪海上丝绸之路分论坛暨中国东盟海洋合作年启动仪式

扩展阅读　海南企业加快海外布局　参与"一带一路"重大项目27个

去年以来，在海南省委海南省政府的支持下，海南省企业不断加快布局海外的步伐，海南华信、洲际油气等海南省内企业积极参与"一带一路"建

设和国际产能合作,收购并购了一批海外能源资源企业或项目。

海南省发改委有关负责人今天告诉记者,去年海南省大力推进"一带一路"重大项目申报工作,截至去年底,经国家发改委及海南省发改委备案的"一带一路"重大项目就有27个,投资金额再创新高。

推动油气国际产能合作

阿联酋九成以上的石油天然气资源和生产活动都在阿布扎比酋长国,这里是我国"一带一路"建设的重要枢纽。海南华信总经理张敬奎表示,此次将以入股阿布扎比最大的油气区块为发力点,利用华信在国内战略储备和炼化产能的优势,推动国际国内上游和下游的产能合作。

去年7月,投资30.5亿元、建设规模为280万立方米的华信洋浦石油储备基地项目(一期工程)正式投产运营。该项目将面向中东、非洲、东亚、东南亚及国内市场,积极开展原油、燃料油的保税仓储、国际中转、代储销售等经营业务。

近年来以海南华信为投资主体的海外项目还包括收购捷克J&T金融集团45%的股权等。

本土民企华丽转身

海南本土民营企业洲际油气也在"一带一路"建设中找到了商机。2014年之前,洲际油气还是一家房地产类上市公司,而在短短三年时间里,该公司通过一系列资本及项目运作成功收购海外油气资产,一跃成为国内最大民营石油生产商之一。

洲际油气董事长姜亮告诉记者,该公司正是借力"一带一路"建设成功实现企业转型。在丝绸之路经济带上的哈萨克斯坦共和国,洲际油气先后出资9亿美元完成了对哈萨克斯坦马腾公司和克山公司的收购,累计投资14亿美元用于油气勘探和开发,2016年两个油田年产原油达60余万吨。

继续推动重点企业走出去

"走出去"的步伐一旦迈开,海南企业的天地将更加开阔。

海南省发改委负责人表示,今年海南省将进一步落实国家"一带一路"倡议,积极参与"一带一路"建设,加强与沿线国家和地区贸易、投资、旅游、生态环保、人文合作交流,建设互联互通网络。

同时,推动海南省企业参与收购、兼并项目,支持本海南省企业与"一带一路"沿线国家和地区开展国际产能和装备制造合作,推动重点企业"走出去",拓展国际市场。(《海南日报》2017年2月27日,作者邵长春)

(三)除了"一带一路"覆盖的核心区域,其他省、市和自治区也对"一带一路"战略充满热情

北京:

关键词:国际交往中心

特色举措:推进天竺综保区、平谷国际陆港建设发展;支持"双自主"企业扩大出口,促进跨境电子商务发展,培育新的外贸增长点

河北:

关键词:产能走出去

特色举措:推动钢铁、水泥、玻璃等优势产业走出去,开展先进技术合作;鼓励企业加大矿产资源境外投资开发力度,更多获得能源资源供给提高投资便利化水平,完善政策措施,加强银企对接,搞好信息、培训等配套服务

天津:

关键词:协同发展

特色举措:突出天津特色,与上海自贸区形成互补试验、对比试验

山西：

关键词：产业转移

特色举措：加大承接长三角、珠三角等地区产业转移力度，主动融入环渤海经济圈和中原经济区；加快晋陕豫黄河金三角承接产业转移示范区建设

山东：

关键词：国际合作、互联互通

特色举措：抓住中韩、中澳达成自由贸易协议的机遇，不断提高参与国际竞争与合作的能力；加强与"一带一路"沿线国家和地区基础设施互联互通合作；加快建设东亚海洋合作平台

河南：

关键词：互联互通、合作交流

特色举措：拓展海铁联运、空铁联运业务，巩固郑欧班列领先地位；谋划建设亚欧大宗商品商贸物流中心、丝绸之路文化交流中心、能源储运交易中心

内蒙古：

关键词：中蒙合作

特色举措：编制推进丝绸之路经济带建设实施方案，争取将我区向北开放重大事项和项目纳入国家顶层设计；加快建设满洲里、二连浩特国家重点开发开放试验区和呼伦贝尔中俄蒙合作先导区；办好中蒙博览会

辽宁：

关键词：中蒙俄合作

特色举措：加快推进以大连、营口、丹东、锦州、盘锦和葫芦岛港为重要节点，以跨境物流为引领的中蒙俄经济走廊建设；积极推进巴新铁路

建设，鼓励企业开展境外投资、承揽国际工程，带动产品出口，促进产能合作

吉林：

关键词：产能走出去、中蒙俄合作

特色举措：深度开发俄罗斯等境外市场，建设中蒙、中俄等境外经贸合作区，对外投资额增长12%以上

黑龙江：

关键词：对俄全方位合作

特色举措：加快建设"中蒙俄经济走廊"黑龙江陆海丝绸之路经济带，加强对俄全方位交流合作；借助俄远东港口开展陆海联运；办好第二届中俄博览会；完善与俄远东毗邻地区省州长合作交流机制；与哈巴罗夫斯克边区互办"省州日"活动

上海：

关键词：贸易网络、企业走出去

特色举措：完善关检合作和区域通关合作机制；建设亚太示范电子口岸网络运营中心

安徽：

关键词：双向开放

特色举措：积极参与新亚欧大陆桥区域经济发展合作

江西：

关键词：互联互通、文化交流

特色举措：对接"汉新欧""渝新欧"等中欧国际铁路班列，扩大至宁波、厦门、深圳铁海联运；组织实施"一带一路"文化交流合作专项计划

湖北：

关键词：经贸投资、互联互通

特色举措：推进"武汉—东盟""武汉—日韩"航运通道建设，提升汉新欧班列国际运输功能；支持武汉外国领馆区建设；推动鄂东港口资源整合；推进中法武汉生态示范城项目建设

湖南：

关键词：互联互通

特色举措：积极对接长三角、珠三角、北部湾、港澳台，建设高铁沿线地区经济增长带，发展临港、临空经济，支持企业"走出去"；加快综合保税区项目入驻和配套，拓展国际国内航班航线；推动口岸通关便利化，推进区域通关一体化合作

贵州：

关键词：互联互通、交流合作

特色举措：争取开通黔渝新欧货运专列；重点加强与瑞士、韩国、台湾等区域交流合作；更加重视与东盟、中东欧国家的交流，扩大与港澳的合作

西藏：

关键词：合作带建设

特色举措：积极对接"一带一路"和孟中印缅经济走廊，推动环喜马拉雅经济合作带建设，力争进出口贸易总额增长10%

（新华社北京2015年3月10日新媒体专电，记者张钟凯、全晓书）

 新华丝路

班列竟"走西口"　郑州"牵手"欧洲

郑州国际陆港位于国家郑州经济技术开发区内,集铁路港、公路港、空港、海港"四港于一体",是郑州市打造丝绸之路经济带重要节点城市和中欧铁路物流中心的核心载体。陆港的郑欧国际货运班列吸引1680多家境内外客户搭乘,承运电子产品、服装、汽车配件等1000多种货物。图为消费者在郑欧班列进口商品展示中心购物。

3月,郑州再次传出好消息,国家发展改革委正式批复郑州市为中欧区域政策合作案例地区。中欧区域政策合作案例地区的成功批复,让身处内陆地区的郑州与欧洲经济体再度"牵手",共同迎接一个新的合作时代到来。

作为古丝绸之路的发源地之一,郑州历来在中欧经贸文化合作交流中扮演着重要角色。从2000多年前络绎不绝往来于中原和欧洲的商队使团,到如今空中丝路、中欧班列(郑州)等开放平台的发展壮大,无不见证着郑州与欧洲之间连绵不断的紧密联系。人在郑州,吃遍欧洲、购遍欧洲,不再是梦。中铁装备盾构机、风神轮胎等越来越多的"河南制造"也纷纷进军欧洲市场,郑州与欧洲之间的距离,正由"天涯"变"咫尺"。

对欧商贸往来渐入佳境

卢森堡至郑州货运航线自2014年开通以来,由开航时每周两班增加至目前每周15个定期全货机航班;货运量由2014年的1.5万吨发展到2017年前两个月的20.3万吨……从无到有,再到现在的"接踵而至",卢森堡货航常态化

开行是近年来郑州与欧洲国家间经贸往来日益频繁的一个缩影。

据统计,2016年郑州对欧洲地区完成进出口总值达98.43亿美元,郑州对欧洲出口500万美元以上的企业有25家,从欧洲进口500万美元以上的企业有20家,欧盟国家在郑州投资的企业达38家。

2013年11月份,中铁装备集团在郑州与德国维尔特公司正式签署硬岩掘进机及竖井钻机知识产权收购协议。2015年7月份,中铁工程装备集团和意大利CMC公司在郑州签订了两台岩石掘进机采购合同。这是中国自主品牌岩石掘进机首次出口欧洲,为中国装备与国际产能合作添上重要一笔。如今,欧洲企业不仅涉足郑州装备制造业,麦德龙超市、德国商品体验店等欧洲商场、超市的出现,也正改变着郑州普通百姓的日常生活。

除了商贸往来,近年来,郑州市民赴欧洲旅游人数也在逐年递增。去年7月18日,由意大利勒奥斯航空公司执飞的罗马至郑州航班平稳降落在郑州新郑国际机场,成为河南第一条直通欧洲的包机航线。此航线开通后,将大大缩短郑州至欧洲长线航程的飞行时间,方便中原游客游玩欧洲。

中欧班列再添新动力

具了解,郑州成功获批中欧区域政策合作案例地区,彰显了郑州参与国际经贸活动的积极性和国际知名度的再提升。这其中,郑州国际陆港外向业务发展以及中欧班列(郑州)国内领先的开行成效,发挥了重要的推动作用。

中欧班列(郑州)从郑州出发途经哈萨克斯坦、俄罗斯、白俄罗斯等地,最终到达德国汉堡。该趟班列自2013年开行以来,从当初的每月一班,提升到目前的每周八班。在境外枢纽方面,中欧班列(郑州)以汉堡为枢纽,业务覆盖整个欧洲、俄罗斯和中亚地区,合作伙伴分布于境外22个国家121个城市。

从内陆地区通过铁路直接发货至欧洲多国的运输模式,运输时间比海运短、运输费用比空运便宜,这让很多河南乃至周边省份出口企业受益匪浅。国桥远航郑州分公司周经理说,郑州有了直达欧洲的铁路货运班列后,公司发展多了一个新选择,合作的客户每年都在成倍增长,公司效益逐年提升。

据郑州国际陆港公司相关负责人介绍,前不久,匈牙利国家贸易署国会议员欧拉·劳约什一行到郑州国际陆港访问后,计划在郑州设立匈牙利贸易署驻中国(郑州)办事处。此外,德国、白俄罗斯等国的多家企业也纷纷与郑州国际陆港签署合作协议,合作双方将在贸易、物流等领域开展进一步合作。郑州国际陆港不断拓展欧洲业务,充分体现了郑州正在成为欧洲企业投资的热土。

今年,中欧班列(郑州)计划开行300班,这不仅将大批量引进欧洲机电产品、汽车整车及零部件等高附加值产品,也将大大提升郑州的出口能力,为整个中部地区对外经贸合作提供新动力。

合作共赢"蛋糕"越做越大

走进位于郑州国际陆港区域内的"郑欧班列进口商品展示体验中心"和河南保税物流中心内的"中大门保税直购中心",各种欧洲商品琳琅满目,大到宾利汽车、路虎汽车,小到德国比特堡啤酒、波兰CD蜂蜜、白俄罗斯萨乌什金牛奶……欧洲商场开到了郑州市民的家门口,市民购买进口汽车和保真、新鲜的欧洲食品变得更加快捷。

如今,郑州正在加快推进河南自由贸易试验区和郑州跨境电子商务综合试验区建设,郑州与欧洲各国实现贸易畅通的愿景和目标正在变成现实。

今年3月8日,哈萨克斯坦议员塔斯巴依先生一行来到郑州,探访郑州进境粮食口岸建设情况,希望未来郑州与哈萨克斯坦在农产品行业加快交流和合作;3月17日,欧盟委员会国际城镇合作项目组一行5人来到河南保税集团考察,旨在进一步推进深化中欧区域政策合作……不难看出,未来将会有更多的欧洲企业和项目布局郑州，实现互利共赢。

郑州市商务局负责人表示，郑州区位优势独特，陆空对接、多式联运、内捷外畅的现代综合交通体系日益完善，现代综合交通运输枢纽和物流中心地位持续提高。同时，郑州经济基础较好，消费能力强，市场潜力巨大。"此外，郑州在航空管理、创新海关监管制度、服务外包政策等方面作出了很多创新和尝试。"这位负责人认为，郑州的这些特点，将会给郑州与欧洲双方带来很多合作机会，"未来，郑州将会借助中欧区域政策合作案例地区这一良好发展契机，进一步与欧洲发展务实的合作伙伴关系，从而将中欧合作共赢的'蛋糕'越做越大"。（《经济日报》2017年4月6日，作者夏先清）

自贸区3.0：一颗澳大利亚的樱桃6小时过海关，新格局对接"一带一路"

120.72平方公里的上海自贸区能带来什么？

普通大众的答案千差万别，便捷、快速、高效却是企业最常见的回答。

去年9月7日清晨6:30，一架运载新款服饰的货机CK218航班降落在浦东国际机场，7:02地面代理向海关提出"先进区后报关"申请，3分钟后收到海关审核放行回执，7:19第一车货物进入自贸区海关卡口并入库理货，8:29向海关进行进境申报，9:53货物装车完成后申请货物出区，10:10货物顺利通关出区进入国内，此时距离飞机落地仅仅过去3小时40分钟，这就是上海自贸区的通关速度。

"快到不可思议！"上海中远空港保税物流有限公司副总经理孟路明兴奋地说。而在以往，这批货物进口如果在自贸区外操作，可能需要1—2天的时间。

让企业经营者纷纷点赞的"自贸区速度",得益于上海自贸区成立以来致力的制度创新。

2013年9月29日,中国(上海)自由贸易试验区正式挂牌,占地28.78平方公里,2014年12月28日扩展到120.72平方公里,耸立于浦东外高桥保税区醒目的"海鸥门"一步步飞向更广阔的天地。

3月31日,国务院印发《全面深化中国(上海)自由贸易试验区改革开放方案》(下称《方案》,对上海自贸试验区下一步改革作出部署。这是上海自贸区设立以来,国家出台的第三版方案,被誉为"上海自贸区改革的3.0版"。

制度创新形成引领性效应

《方案》分7大板块,23条内容。对比前两版改革方案,很多改革举措是在原来改革基础上的进一步深化。

上海财经大学自由贸易区研究院副院长孙元欣在接受时代周报记者采访时解读道,方案包含两层含义:一是国家支持上海自贸试验区更全面深入地开展制度创新,提出很多新任务;二是国家希望上海继续发挥领头雁的作用。

作为中国新一轮改革开放的试验田,上海自贸区成立三年多来,不仅给企业和普通消费者带来便利和实惠,更形成一批可复制可推广的政策创新经验,将制度红利释放到全国。

"上海自贸区三年改革试验总体成效显著,制度创新成效突出,在全国发挥了引领示范作用。"上海市人民政府发展研究中心主任、党组书记肖林如此评价道。

"在《方案》里,可以看到党中央、国务院对上海自贸区改革创新成绩的肯定和鼓励。" 华中科技大学教授、自贸区研究中心执行主任陈波在接受时代周报记者采访时表示。

全球移动通信行业巨擘美国高通,去年年底将旗下首个半导体测试企业放在了上海自贸区保税片区。今后,高通的系列手机芯片,都会在这家新公司进行测试,然后运往全球各地。

> 要努力把上海自由贸易试验区建设成为开放和创新融为一体的综合改革试验区,成为服务国家"一带一路"建设、推动市场主体走出去的桥头堡。
>
> ——2017年3月5日,习近平参加十二届全国人大五次会议上海代表团审议时讲话

高通只是一个缩影。三年多来,上海自贸区在金融、投资、贸易等领域推出的数百项改革举措,给投资者带来极大便利,促使越来越多的中外企业进驻自贸区。

陈波将上海自贸区三年多以来改革创新的经验总结为五个方面:更加良好的营商环境,比如企业注册从事前的审批制到事中、事后的报备制的转变,将原来平均三个月时间缩短到一个工作日。以"负面清单"为主的改革,比如"负面清单"第一版实施之前,外资企业进入中国平均需要大概八个月,现在只要五个工作日。贸易便利化,比如海关"先进区后报关"、检验检疫和海关的"单一窗口"等。金融开放创新,比如"内保外贷"、以人民币为计价单位的大宗商品国际交易平台的建设和发展、自由贸易账户的推出等。市场经济法制体系的建立,不仅在于法律条文的设计和建设,还在于执法的严格和规划。

以上海海关为例,上海自贸区内海关通关作业无纸化率从8.4%大幅提升至89%;一线实际进、出境平均通关时间较上海关区平均通关时间缩短78.5%和31.7%。上海自贸试验区海关推出的"23+8"项制度中已有21项在全国海关复制推广,占全国四地自贸区的84%,其中"先进区、后报关""自行运输""三自一重"等改革成果在全国复制推广。

"上海自贸试验区改革实践成效表明,制度创新可以激发生产力和创造

力，是个好方法。"孙元欣总结道。

首提自由贸易港区

业界普遍认为，首次明确上海自贸区要设立自由贸易港区是《方案》最大亮点。

根据《方案》，上海自贸区将在洋山保税港区和上海浦东机场综合保税区等海关特殊监管区域内，设立自由贸易港区，对标国际最高水平，实施更高标准的"一线放开""二线安全高效管住"贸易监管制度。

"上海口岸是为长三角、长江经济带和全国服务的，提高上海口岸效率符合区域利益和国家利益，这是建设自由贸易港区的出发点。"孙元欣表示，"将自由贸易园区与港口作业更好结合，有利于开展中转贸易、高端加工贸易，以及促进创新研发。"

在陈波看来，自由贸易港区的自由化程度和涵盖范围要远远大于保税区，是一个综合的、全方位开放的一国境内的关外自由体。自由贸易港区不仅能对货物贸易当中中间工业品进行保税、免税，还包括期货、离岸贸易的仓储、运输、物流；相关配套的金融平台、金融服务；贸易便利化，如远洋航运、维修等方面的减税、免税，甚至包含人员自由流动、涉及贸易和国际航运公司总部资金的自由划拨、离岸账户的设立等。

"国家不仅希望上海自贸区对标国际先进的贸易投资协定的开放要求，更希望通过上海自贸区的不断深化改革，利用自身积累的优势，对标世界最先进、最开放的自由港区和自由经济体，比如香港和新加坡，以它们为直接目标来提升自身的开放程度和水平。"陈波说道。

孙元欣认为，自由贸易港区方案还有可研究和探讨的空间，下一步有具体建设方案将有很多新功能、新模式、新制度和新税制等，需要进一步论证和获得中央批准。

自贸区再扩容挂钩"一带一路"

2015年4月,广东、天津和福建第二批3个自贸区挂牌成立;2017年4月1日,辽宁、浙江、河南、湖北、重庆、四川、陕西第三批7个自贸区正式挂牌。至此,中国11个自贸区基本形成"1+3+7"梯度发展、东中西协调、陆海统筹的对外开放新格局,迈入自贸区3.0时代。

"新挂牌的7个自贸区标志着我国自贸区改革进入一个新阶段,标志着我国自贸区引领的全国性改革进一步铺开。"在陈波看来,11个自贸区既涵盖了沿海绝大多数核心城市,也包含了中西部地区的核心城市,以这些城市为引领,以点带面的发展,容易使改革创新的政策复制推广到周边和全国其他地方。

自贸区新格局里,共同对接的战略主线是"一带一路"。陈波认为,从新设的7个自贸区选址,可以看出中央的战略意图:7家里只有2家位于沿海,重点在于内陆型的5个自贸区,同时是亚欧铁路的5个最重要的起点。由此可见,自贸区与"一带一路"战略挂钩。传统的自贸区都位于沿海,其促进的仅仅是"一路",即21世纪海上丝绸之路。但"一带一路"推动的最大挑战是"一带",在于路上丝绸之路,因为历史上这些地方结合程度很低。而5个内陆型自贸区不仅能完成地区辐射,还可以促进"一带"的发展,通过路上贸易和铁路运输的便利化,促进国际贸易的发展,连通欧亚大陆。此外,在以自贸区引领全国性改革的当下,5个内陆型自贸区的设立表明,改变以往从东南沿海开始的开放策略,将以前作为后卫的中西部地区推到改革的最前沿,使中西部地区的中心城市从被动学习适应改革创新政策,变成主动探索适合当地经济发展的改革新政,为中国经济转型贡献力量。

一颗来自澳大利亚塔斯马尼亚岛的樱桃,从靠泊洋山保税港区码头到查验后放行,最快需要多长时间?上海自贸区给出的答案是6个小时。

从上海自贸区的一枝独秀到11个自贸区的百花齐放，自贸区扩容带来新的机遇，也带来挑战。

"作为我国时间最长、经验最足、受到中央点赞最多的自贸区，上海自贸区有责任跟其他兄弟自贸区进行合作，使他们少走上海自贸区过去走过的弯路。"陈波说道。（《时代周报》2017年4月11日，记者谢江珊）

精彩论述

"一带一路"建设既要确立国家总体目标，也要发挥地方积极性。地方的规划和目标要符合国家总体目标，服从大局和全局。要把主要精力放在提高对外开放水平、增强参与国际竞争能力、倒逼转变经济发展方式和调整经济结构上来。要立足本地实际，找准位置，发挥优势，取得扎扎实实的成果，努力拓展改革发展新空间。

——2016年4月29日，习近平在中共中央政治局第三十一次集体学习上的讲话

政府要在宣传推介、加强协调、建立机制等方面发挥主导性作用，同时要注意构建以市场为基础、企业为主体的区域经济合作机制，广泛调动各类企业参与，引导更多社会力量投入"一带一路"建设，努力形成政府、市场、社会有机结合的合作模式，形成政府主导、企业参与、民间促进的立体格局。

——2016年4月29日，习近平在中共中央政治局第三十一次集体学习上的讲话

古丝绸之路上的故事

【"丝绸之路"——最有远见的君王是谁？】

汉武帝刘彻：公元前159年，汉武帝刘彻即位，此时，汉朝国内安定，经济繁荣，汉武帝便开始采取积极的对外政策。其一是计划击败匈奴，保持北部边疆的安定。其二是相与西方通商。汉武帝刘彻前后共两次派遣张骞出使西域，这也是中国历史以来第一次与外域国家进行沟通交流，取长补短。

【"丝绸之路"——最有智慧的外交家是谁？】

张骞：公元前138年，张骞带着百余名随从从长安西行，在途中被匈奴人捉住，扣留了11年。他不忘使命，设法逃脱，辗转到达大月氏。那时大月氏西迁已久，无意再与匈奴打仗。张骞返回长安，身边只有在西域娶的胡妻和一位随从，向汉武帝报告了西域的见闻，以及他们想和汉朝往来的愿望。公元前119年，汉武帝派张骞第二次出使西域。于是张骞率领使团，带着上万头牛羊和大量丝绸，访问西域的许多国家。西域各国也派使节回访长安。汉朝和西域的交往从此日趋频繁。

班超：公元73年，东汉派班超出使西域，他帮助西域各国摆脱了匈奴的控制，被东汉任命为西域都护，他在西域经营30年，加强了西域与内地的联系。班超曾派甘英出使大秦，甘英到达波斯湾。166年，大秦使臣来到洛阳，这是欧洲国家同我国的首次直接交往。

【"丝绸之路"——最有魄力的将军是谁？】

卫青：卫青的首次出征奇袭龙城，揭开汉匈战争反败为胜的序幕，曾七战七胜，收复河朔、河套地区，击破单于，为北部疆域的开拓做出重大贡献。卫青善于以战养战，用兵敢于深入，为将号令严明，对将士爱护有恩，对同僚大度有礼，位极人臣而不立私威。

霍去病：汉代名将卫青的外甥，善骑射。与卫青被称为帝国双璧。河西之战，他用兵灵活，注重方略，不拘古法，勇猛果断，善于长途奔袭、闪电战和大迁回、大穿插作战，每战皆胜，深得武帝信任。留下了"匈奴未灭，何以家为"的千古名句。

【"丝绸之路"——最有头脑的商人是谁？】

钱满柜、钱丰、钱万贯祖孙几代均为大唐著名丝路商人。钱万贯被唐玄宗赐封为丝路监护，为扫清丝路障碍，加强与各国的联系，开辟海上丝路作出了贡献。"安史之乱"期间，他成为著名唐将，是唐玄宗在民间的私生子，后被唐玄宗赐名为李光弼，曾与郭子仪、王维等结为兄弟。钱满柜——钱万贯的爷爷，著名丝路商人，富裕程度仅次于大唐首富王元宝，乃王元宝的亲家，死于腾格里沙漠官匪之手。钱丰——钱满柜之子，钱万贯之父，死于丝绸之路，其妻王淑娟、李春燕。

【"丝绸之路"——最有奉献精神的公主是谁？】

解忧公主（公元前120—前49年）出生皇族，祖父刘戊曾是霸居一方的楚王。景帝三年春，刘戊参与同姓诸王的"七国之乱"，兵败身亡。从此，解忧公主和她家人长期受猜忌和排斥，落入无法扭转的苦难之中。当罪臣江都王刘建之女因"和亲"远嫁乌孙昆莫（国王）而郁郁以终之后，汉武帝为了巩固与乌孙的联盟，于太初四年（公元前101年）又将年仅二十的解忧，嫁给乌孙昆莫。

文成公主是唐朝宗室女，唐贞观十五年（641）与吐蕃松赞干布联姻。文成公主一行从长安出发，途经西宁，翻日月山，长途跋涉到达拉萨。据传，玉树县的贝纳沟是文成公主进藏途中停留时间最长的一个地方。这里的藏族首领和群众曾为她举行隆重的欢迎仪式，文成公主深受感动，决定多住些日子，并教给当地群众耕作、纺织技术。

【"丝绸之路"——最有毅力的僧人是谁？】

法显：东晋时著名的僧人。公元 399 年，他为了弥补中国佛教经典中戒律部分的缺失，决定前往印度求取戒律经典。他与几位同道一起，从长安出发，经河西敦煌，度沙漠，越葱岭，历尽千辛万苦，有的旅伴甚至在途中死亡，最后终于到达印度。但即使在印度也不是到处都有他要寻求的戒律，于是辗转流徙印度各地，凡遇到所求佛经，就进行抄写。后来于 412 年从海路返回中国。法显前往印度取经时已年届六十。回国以后，把所得佛经进行翻译，共译得 6 部 63 卷。他还把自己的取经历程记录下来，这就是《佛国记》，又名《法显传》或《历游天竺国记传》。这是一部记录丝绸之路和中印之间关系的重要著作。

玄奘：玄奘（602 年—664 年）是唐代著名高僧，法相宗创始人，佛经翻译家、旅行家。俗姓陈，名袆。洛州缑氏（今河南偃师）人。也是我国历史上伟大的思想家、哲学家、翻译家、旅行家、外交家、中外文化交流的使者。他西行 5 万里，历时 17 年，到印度取真经，并穷一生译经 1335 卷。他的足迹遍布印度，影响远至日本、韩国以至全世界。他的思想与精神如今已是中国、亚洲乃至世界人民的共同财富。

【"丝绸之路"——最为友好的外国朋友是谁？】

马可波罗（Macor Polo）曾在中国任官 17 年，回国后成书《马可波罗东游记》，这是后来各国人士研究中国历史的主要著作，其东来中国恰恰是从克里米亚、沿古丝绸之路一路东行至上都的。

"一带一路"简明知识读本

一图看懂

第四章 你我共参与："一带一路"改变生活

"一带一路"看起来高大上，实际上看得见、摸得着。透过《推动共建丝绸之路经济带和21世纪海上丝绸之路的愿景与行动》，可以清晰地看到"一带一路"给中国各地、沿线国家和地区的百姓将带来实实在在的利益，不仅仅是就业增加、收入增长，还有生活品质的提升。

今天的丝绸之路，是立体的，已经有了丝路基金和部分陆海物理通道。如果我们再有一个统一的互联网"丝路平台"，就有了一个跨越时空的人人可以使用的抓手。再有教育、培训和交流的人才平台。我们期待中外人才交融产生的渐进性创新和突破性创新，福泽"路边"民众。在人与自然和谐的前提下，推动"一带一路"成为世界发展的新引擎。让古老的丝绸之路，再次焕发人类文明的荣光。

 **深入解读**

"一带一路"：福泽"路边"民众

2013年9月7日，习近平主席在哈萨克斯坦发表重要演讲，第一次提出了以创新模式共同建设"丝绸之路经济带"的倡议。《政府工作报告》提出"构建全方位对外开放新格局。推进丝绸之路经济带和21世纪海上丝绸之路合作建设。加快互联互通、大通关和国际物流大通道建设。构建中巴、孟中印缅等经济走廊。"

今天的丝绸之路，是立体的。已经有了丝路基金和部分陆海物理通道。如果我们再有一个统一的互联网"丝路平台"，就有了一个跨越时空的人人可以使用的抓手。再有教育、培训和交流的人才平台。我们期待中外人才交融产生的渐进性创新和突破性创新，福泽"路边"民众。在人与自然和谐的前提下，推动"一带一路"成为世界发展的新引擎。让古老的丝绸之路，再次焕发人类文明的荣光。

3月28日上午，在2015博鳌亚洲论坛的开幕式上，国家主席习近平做主旨演讲时宣布，经各方努力，"一带一路"建设愿景与行动文件已制定。

当天下午，国家发改委、外交部、商务部联合发布了《推动共建丝绸之路经济带和21世纪海上丝绸之路的愿景与行动》。

别觉得"一带一路"只是地图上的概念，其实它与你我息息相关。

一、交通

原文：

"优先打通缺失道路，畅通瓶颈路段，配套完善道路安全防护设施和交通管理设施设备，提升道路通达水平。"

"推进北京—莫斯科欧亚高速运输走廊，建设向北开放的重要窗口。"

"加强海上航线和班次。"

解读：

1.以后说不定能坐着高铁或者走高速公路去欧洲，饱览亚欧大陆的美丽景色。

2.国际航班航线少将成往事，不仅可选择的航班多了，机票也可能更便宜。

二、商贸

原文：

"积极同沿线国家和地区共同商建自由贸易区，激发释放合作潜力，做大做好合作蛋糕。"

"创新贸易方式，发展跨境电子商务等新的商业业态。"

"降低非关税壁垒，共同提高技术性贸易措施透明度，提高贸易自由化便利水平。"

解读：

1.一带一路沿线国家的进口商品价格会更便宜，品种会更丰富。

2.海淘更规范、更方便、更安心，能买到更有特色的商品。

3.与沿线国家做生意手续更简单、交税更少，赚钱机会更多。

三、旅游

原文：

"加强旅游合作，扩大旅游规模，互办旅游推广周、宣传月等活动，联合打造具有丝绸之路特色的国际精品旅游线路和旅游产品，提高沿线各国游客签证便利化水平。"

解读：

1.中国护照更给力，去沿线国家更方便，有望说走就走。周末去东南亚度假将不是梦。

2.国际旅游产品档次选择更多元，线路也更加全面。

四、教育

互联互通　　　　　新华社发　赵乃育　作

原文：

"促进科技人员交流，合作开展重大科技攻关。"

"扩大相互间留学生规模，开展合作办学。"

"整合现有资源，积极开拓和推进与沿线国家在青年就业、创业培训、职业技能开发、社会保障管理服务、公共行政管理等共同关心领域的务实合作。"

解读：

1.留学选择更多元，世界名校在向您招手。

2.就业创业不再难，国内没机会，还可以去国外闯闯，闯之前，记得先培训。

五、文化

原文：

"支持沿线国家地方、民间挖掘'一带一路'历史文化遗产，联合举办专项投资、贸易、文化交流活动，办好丝绸之路（敦煌）国际文化博览会、丝绸之路电影节和图书展。"

"沿线国家间互办文化年、艺术节、电影节、电视周和图书展等活动。"

解读：

1.各国好片大片将陆续来袭，文艺青年们有福了。

2.丝路各国文化节会让您应接不暇，敞开胸怀去迎接多元文化的熏陶吧！

共建"一带一路"造福各国人民

一年多来，习近平主席提出的共建"一带一路"重要倡议，一直是备受国际社会关注的一大焦点，沿线国家广泛响应，并表示乐于参加"一带一路"建设。这一倡议如此受到欢迎，究其原因，共建"一带一路"是造福各国人民的共同事业，并将对构建公平、合理的世界经济秩序产生重大而深远的影响。

首先，共建"一带一路"是中国全面深化改革和全方位开放的需要，沿线各国均将从中受益。

中国改革开放之初，根据当时的国情，主要从发达国家吸引所缺少的资金、技术和管理服务，来发展本国经济。经过30多年的努力，中国取得了骄人的成就，尤其东南部地区有了长足发展。

为了全面实现"两个百年"目标，需要通过向西开放来提升东南沿海地区开放水平和促进西部地区发展，以构建全方位开放新格局。实施向西部方向发展的国家开放，从那里进口特色加工产品和资源产品等，出口高质量商品和技术装备，这不仅将有力推动贸易发展，而且将大大促进旅游、文化交流等各领域的共同发展。

其次，共建"一带一路"是凝聚亚洲创新发展与合作发展的需要。

中国和许多亚洲国家曾是经济颇为落后的国家，而今亚洲是世界上经济最活跃的地区之一，但创新能力尚有待提升。"一带一路"沿线的60多个国家中绝大多数是亚洲国家，可在共建"一带一路"过程中，利用亚洲资源、亚洲智慧把"亚洲工厂"提升到亚洲创造和亚洲价值的新水平，形成东北亚、东南亚、中亚、南亚、西亚连成一体的范围更广的亚洲市场，并提升亚洲在世界市场的竞争力。

再次，共建"一带一路"是亚欧非各国共谋发展的需要。

尽管当今是经济全球化时代，但投资、贸易保护主义抬头，区域经济一体化和贸易协定"碎片化"趋势凸显。例如，美国正通过推进《跨太平洋伙伴关系协定》（TPP）和《跨大西洋贸易和投资伙伴关系协定》（TTIP）来重新制定亚洲—太平洋地区的贸易规则和欧洲—大西洋地区贸易规则。

美国推行的"两洋战略"区域均没有把中国、大多数亚洲国家及俄罗斯等欧洲国家包括在内，更不用说非洲国家了。而"一带一路"沿线国家除主要是亚洲国家外，还有邻近亚洲的非洲国家和欧洲国家，甚至欧盟国家，相邻的这么多国家通过互利合作，共谋和平发展。"一带一路"包容性强，欢迎包括美国在内的任何国家参与。这样做，其目的就在于促进各个经济要素有序自由流动，实现资源高效配置，深化市场合作，促进世界的和平发展。

第四，共建"一带一路"是建立亚欧非沿线各国互联互通的伙伴关系网的需要。

共建"一带一路"不仅是要建立面向未来的亚太伙伴关系，而且着眼于通过双边和多边构建以合作共赢为核心的新型国际关系。

第四章 你我共参与:"一带一路"改变生活

中国在过去30多年里已走出一条"和平发展"之路,今后要在共建"一带一路"中走出一条"合作共赢"之路,坚持走"结伴不结盟"的对外交往之路,形成覆盖亚欧非及其他地区的全球伙伴关系网络。沿线各国对这样的蓝图表示高度赞赏和普遍支持。"一带一路"沿线60多个国家中已有50多个国家与中国磋商或研究如何谋划、落实"一带一路"相关项目,还有些国家成立了专门研究"一带一路"的机构。

中亚国家率先响应,纷纷表示要成为亚太与欧洲的交通走廊,东南亚多数国家都表示支持和参与,西亚北非国家积极性颇高,欧盟成员国亦乐观其成,中东欧16国也希望参与其中,俄罗斯也表示要把本国重要项目与之对接,并望于今年内与中国签署共建"丝绸之路经济带"合作协议,启动对接。

人们完全有充分的理由相信,经过若干年的不懈努力,"一带一路"沿线国家及邻近地区将建成互利共赢的伙伴关系网,形成政治互信、经济融合、文化互容的利益共同体、责任共同体和命运共同体。无疑,这将是一项造福各国人民的伟业。(万成才,新华社世界问题研究中心研究员)

媒体视角

"一带一路"新观察:
"一带一路"跟你我有关吗?

据经济之声《央广财经评论》报道,家住乌鲁木齐市和顺花园的居民李新社说:"新疆被定位为'丝绸之路经济带核心区',意味着将为新疆带来更多的投资机会,随之发展的基础设施、医疗卫生、购物消费、教育文化等方面的改变都会让我们老百姓直接受益,今后我们生活的环境、质量会越来越好，希望'一带一路'能让老百姓享受到更多改革的红利，让我们得到更多的实惠。"

的确，"一带一路"看起来高大上，实际上看得见、摸得着。不仅仅是新疆，透过不久前国家发展改革委、外交部、商务部联合发布的《推动共建丝绸之路经济带和21世纪海上丝绸之路的愿景与行动》，可以清晰地看到"一带一路"给中国各地、沿线国家和地区的百姓将带来实实在在的利益，不仅仅是就业增加、收入增长，还有生活品质的提升。

中科院地理所所长助理、研究员刘卫东解读，"一带一路"建设将在旅游、教育、文化、购物、创业等多个领域影响百姓生活。

另外，"一带一路"早已成为资本市场中最炙手可热的概念。申万宏源证券的桂浩明说，投资"一带一路"概念股也能让老百姓从巨大红利中分得一杯羹。

"一带一路"与你我有关吗？如何培养沿线国内外普通百姓参与经济带建设的积极愿望和主动能力？经济之声特约评论员、商务部研究院副院长邢厚媛对此解读。

经济之声：刚刚谈到了"一带一路"即将在旅游、教育、文化、购物、创业等多个领域影响百姓生活，您给大家梳理一下，"一带一路"到底和你我有什么关系？对哪些方面的影响比较大？

邢厚媛：作为普通的听众、普通的民众，"一带一路"建设的确是会对我们每一个人都有影响。普通老百姓至少有三个角色会受影响。第一是作为供方，就是"一带一路"的战略的实施会给我们的大众创业、万众创新带来一些的机会，我们要积极参与进去。第二个作为需求方作为消费者，"一带一路"建设必然会给我们带来更多的购买境外商品的便利，价格会比以前更便宜，就像中国和东盟自贸区，现在在国内的实际上东盟来的水果比原来又便利、又便宜，对百姓每个人的人生带来新的影响，我们的视野更加的开阔，对我们个人的素质有新的要求。

经济之声：也有一些比较现实的问题，丝路战略的枢纽区多为经济发展相对滞后的边疆少数民族地区，当地民众寄望"一带一路"能助其走上跨越式发展的富裕路。比如，西北多数通晓中亚语言的少数民族，连最简单的农家乐也没有技能和资金来办。如果不培育和提高这些民族百姓的文化素质和营生技能，很难让他们参与到丝路经济带建设中来，圆其致富梦。那么，这些问题该怎么解决？

邢厚媛：有三个层面路径，第一就是各级政府，特别是地方政府这些"一带一路"沿线周边省份，重要结点尤其像新疆和福建这样的。海丝、路丝核心区的政府，做好相应的规划，而且要提供一定的财政支持，来宣传来培训，而且来扶持一部分像农家乐、旅游、跨境贸易这样的业态，带动当地的民众参与进去，这是政府的责任。第二个层面就是企业，当地企业在政府这些平台上发挥作用，因为真正的实施者"一带一路"是政府搭台、企业唱戏，所以企业要去实施这些项目，要寻找自己的商机。第三是个人要有愿望参与到"一带一路"来，通过自己的主动性，通过参与这些培训这些扶持项目，把个人的事业和个人的前途和国家战略结合起来。

经济之声："一带一路"的确能惠及百姓民生。如何培养沿线国内外普通百姓参与经济带建设的积极愿望和主动能力？

邢厚媛：这跟"一带一路"理念有很大的关系，"一带一路"战略的理念叫做三个共同，就是共商、共建、共享。共商是指出我们国家的政府和对方的国家要共同协商，涉及跨境、双边重点项目也好，产业合作也好，包括我们刚才谈到的旅游、教育这些，都是要共商的，那么在这个过程当中，会创造一些机会，就是对方的政府也有同样的职能和义务动他们的当地的民众参与，第二在共建的过程当中，我觉得我们的企业会要懂得让利，就是互利共赢。要把对方国家民众能做的，当地企业能做的，要通过合作来共同建设，而不是我们通吃，这不是中国的理念。第三就是在双边的政府搭一个平台,要加强沟通。实际上"一带一路"这五通当中,最落脚点和出发点都是民心相通,就是相关国家的老百姓,他们能够在政府搭建的这个平台上能够多一些交流,比如说我希望看到有一些展会,我们要知道吉尔吉斯斯坦有什么样的东西,我们要知道蒙古国有什么的产品,尤其是我们目前消费水平提高以后,对于一些国家的原生态、风土民情的商品,其实是有需求的,但是我们不知道,也买不到,所以通过一些展会,电子商务各种各样的业态,能够把这些东西推介到中国民众的面前,同样他们其实也有机会从中国去开展一些贸易,进口中国的商品,这样就会让民众就是相关沿线国家的民众都可以参与到这个国家的事业当中来。共商、共建、共享,在共建之后才能够共同享受。(央广网2015年4月14日)

精彩论述

在继续大力推进丝路沿线基础设施建设的同时,也要下大力气加强民生改善的建设。如果"一带一路"未来一段时期内没能带动丝路要地的百姓实现明显的"民生改善,共同致富",一些较贫困的边疆民族地区百姓的生活仍无重大改变,那么可能使丝路发展合作产生难以持续的困难。

——《瞭望》周刊评论

今后通过免签证或简化签证手续,加上更加便捷的国际交通运输,会有更多特色化、个性化旅游线路被开发,实现"说走就走的出国旅行",坐着高铁去欧洲也不是不可能。"一带一路"建设不仅能吸引沿线国家学生来中国留学,也会让中国学生增加留学国家的选择余地。而越来越多的各类文化活动的举办,无疑会让我们的生活越来越丰富,越来越精彩。

——商务部国际贸易经济合作研究院国际市场部副主任白明

"一带一路"掘金指南

"一带一路"在今年的全国两会上被频频提及,李克强总理在政府工作报告中说,要构建全方位对外开放新格局,推进丝绸之路经济带和21世纪海上丝绸之路合作建设,加快互联互通、大通关和国际物流大通道建设。

商务部部长高虎城表示,2015年将是中国"一带一路"的关键一年。外交部部长王毅说,全面推进"一带一路"是今年外交工作的一个关键词。

假如你是一家准备布局海外的企业老板,有没有嗅到商机?涉及全球60多个国家,40多亿人口,20多万亿美元经济总量,"一带一路"商机诱人,全国31个省、市、自治区都在地方两会上积极布局,作为对接"一带一路"战略的具体践行者,企业该怎么做才能淘金全球?

哪儿掘金?

"一带一路"战略将东亚、东南亚、南亚、中亚、欧洲南部以及非洲东部的广大地区联系在一起,目前已经有50多个国家积极响应。放眼"一带一路"经济大走廊,有远亲,也有近邻。

据高虎城介绍,中国与东盟的自贸区升级谈判是今年自贸区建设的首要工作。实际上,2015年是东盟经济共同体建设的冲刺之年,可以期待东南亚国家将加速改善投资环境,加大国内投资和产业升级,对基础设施建设投入将有较大需求。

同时,连接南亚、中亚、北非、海湾国家等的中巴经济走廊也将加速推进。孟中印缅经济走廊也已先期启动。中亚货运班列的开通,打开了相关行业优势产能转移的通道。

全国政协委员、经济学家林毅夫提醒公众"非洲最诱人的机会还有待发现",充足且成本低的劳动力等条件使其有望成为现代制造业中心,劳动密集型企业可以考虑转移生产基地,而对于谋求向全球产业价值链上游进军的中国企业而言,与拥有先进技术、顶尖品牌的欧洲国家开展并购等合作则是不错的选择。

如何融资?

有了好项目,钱从哪儿来?李克强总理说,2015年将实行以备案制为主的对外投资管理方式。扩大出口信用保险规模,对大型成套设备出口融资应保尽保。拓宽外汇储备运用渠道,健全金融、信息、法律、领事保护服务,让中国企业走得出、走得稳。

中国去年牵头发起成立了亚洲基础设施投资银行,设立了400亿美元的"丝路基金",专门为沿线国家基础设施、资源开发、产业合作和金融合作等与互联互通有关的项目提供投融资支持。

警惕风险

出门在外不容易,时常会遇到闹心的事儿。今年年初,多个中国企业海外投融资项目遭遇挫折。而面对政局更替、投资法律和政策变化以及行业限制等政治风险和法律风险,除了请会计师事务所、律师事务所、公关公司等专业服务中介机构做参谋,也不要忘了找海外的同胞们。

全国政协委员、香港中国商会主席陈经纬提醒,海外华侨和商协会往往经济科技实力雄厚,生产营销网络成熟,人脉广,懂沟通,可以为淘金"一带一路"的中国企业提供帮助。

另外,为保障海外企业和同胞的权益,外交部去年设立了全球领事保护与服务应急呼叫中心"12308"热线。外交部部长王毅告诉大家:"有困难,请拨12308!"

注意形象

王毅指出,"一带一路"的理念是共同发展,目标是合作共赢,在推进"一带一路"过程当中,要坚持奉行"共商、共建、共享"的原则。高虎城也强调,和平合作、开放包容、互学互鉴、互利共赢是"一带一路"的精神内涵。

全国政协委员、福耀玻璃集团董事长曹德旺认为,企业要国际化,首先在思想上做到国际化,做到公开透明,公正公平,走出去的过程中要践行企业社会责任,维护好与利益相关者的关系,做合格的当地企业公民。

"如果真正把自己的精力和爱奉献给这个产业和当地社会的话,我相信你不成功都很难。"曹德旺说。(新华社北京2015年3月10日新媒体专电,记者张钟凯、全晓书、郭信峰)

蛮荒之地创奇迹
——实地探访扎根拉美24年的首钢秘铁

从秘鲁首都利马驱车,沿泛美公路一路南下,窗外是绵延不绝的荒漠戈壁,间或掠过一片绿洲。

翻过一个沙丘,浩瀚的太平洋跃入眼帘,海边有一小城,这就是我们此行探访的目的地——首钢秘鲁铁矿股份有限公司(以下简称"首钢秘铁")矿区,中国第一家在拉美投资实体的大型企业。

"如果拍《火星救援2》,完全可以在这里取景……"不少员工打趣说。

在如此遥远荒凉之地，首钢秘铁已深深扎根24年。

铁矿粉生产记

首钢秘铁矿区地处秘鲁伊卡省纳斯卡市马尔科纳区，北距首都利马530公里。1992年12月，首钢总公司以1.18亿美元，竞标取得了秘鲁铁矿公司98.4%的股份及其所属670.7平方公里矿权区内矿产资源的永久性开采权、勘探权和经营权，成立首钢秘铁公司进行经营。

"首钢经营秘铁以来，始终坚持依法经营，企业在自身发展的同时，促进了中国和秘鲁的经济发展，"首钢秘铁总经理孔爱民介绍说。

他给我们讲了一组数据：首钢先后投入近15亿美元用于秘铁公司的设备更新、技术改造、环境治理、生活区改善和扩建项目；秘铁产量从1992年刚接手时的不足300万吨增加到2015年的1112万吨；截至2016年9月，首钢秘铁累计完成产量16623万吨，实现销售收入81.6亿美元。

我们来到主力供矿采区——4号采区，乘车下到矿底，1100米长、840米宽的露天采区犹如一个巨大的碗，自上而下深度达到276米，预计还可往下开采至少200米。

这是一个轰鸣的世界，大型采矿机械和巨型矿车咆哮作业，脚下的土地在微微颤抖。

首钢秘铁公司生产技术部经理谷广辉介绍说，矿权区内铁矿床分布面积约150平方公里，2015年末探明储量21.4亿吨，整个矿区平均海拔800米左右，地势平缓，"大部分为可见矿脉，可全部露天开采"。

首钢秘铁，我的家

首钢秘铁的徽标，是一个源自神秘"纳斯卡地画"的飞鸟图案。这也是这家中国企业融入秘鲁社会的隐喻。

用孔爱民的话说，20多年海外经营，有挫折有收获，"我们始终坚定信心，企业从积极融入稳健经营，逐步走上了可持续健康发展的道路"。

本地化管理，作为与国际接轨的经营理念，如今已被参与海外并购的中国企业所普遍接受。而在24年前首钢秘铁刚刚成立时，这是不可想象的。

接手秘铁后，首钢总公司派出一支170余人的管理队伍，按照国企管理的传统思路，在各个班次都安排了中国班组长带班。然而由于语言和文化的差异，管理脱节的现象日益突出，劳资矛盾一度尖锐。

随后，首钢秘铁迅速开始了本地化管理步伐：撤回大部分"自带"员工，将部分高层和各部门副主管等职务交由秘鲁人担任，由秘鲁人管理秘鲁人，专门组成一个秘鲁人团队，负责与当地工会组织就工资、罢工等事宜进行协商，从而提高了管理效率。如今，首钢秘铁在册人员1836人，首钢总公司派驻的中方员工仅为43人。

秘鲁员工对企业的认同感也不断增加。人事部副经理马尔科·米兰达刚刚进入首钢秘铁时是一名高级分析师，经过不懈努力，于2003年成为人事部副经理，成为秘方主要高管之一。

说起首钢秘铁的企业文化，米兰达指出中国和秘鲁文化的差异很大，需要一个磨合适应的过程，他所在的人事部在其中发挥了重要作用。人事部门每周都会与不同的工会领袖和工会代表会谈，进行劳资沟通，此外通过定期印刷新闻简报、出版双月刊等方式，将中国文化中诸如责任、守纪、准时、诚实等价值观融合其中。

一座矿、一座城

半个世纪前，马尔科纳还只是一个小渔村，散落着几十户家庭，以捕鱼为生，生活清贫。1952年，一家美国公司获得马尔科纳铁矿的开采权，拉开了马尔科纳从小渔村到工业小镇转变的序幕。自1992年首钢接手至今，又经过了24年，如今的马尔科纳已发展成为了功能齐全、设施完备的小城，常住人口达到1.8万。

在首钢进驻之前,小城只有一个社区,现在增加到十几个社区,新楼越盖越多,道路越修越宽,家家户户也都用上了首钢秘铁引的水、接的电、拉通的网络服务。

首钢秘铁公司后勤服务科长吉希臣告诉我们,首钢秘铁很重视履行企业社会责任,2010年以来用于地方赞助累计超过1000万美元。比如,为当地居民提供水、电、电信服务;为教师、医生和政府人员提供住房;为学校、医院、警察局等公共部门捐献电脑、桌椅、救护车、消防车、警车等设备;积极参与抗震、抗洪等救灾行动……

此外,首钢秘铁还积极帮助当地修建球场等体育设施、组织体育和文化活动。一年一度的"友谊杯"排球赛、足球赛和篮球赛已经成为当地的品牌活动,当地市民以社区为单位参与比赛,加强与矿区的交流和互动。

环境问题是马尔科纳市民的重要关切。首钢秘铁公司坚持环境友好的经营方针,投资6600多万美元建设了尾矿库、生活污水处理厂等环保设施,结束了50年来马尔科纳地区生产生活污水和尾矿直接排入大海的局面。(新华社利马2016年11月22日电,记者肖春飞、赵晖、申宏)

新华丝路

青岛加快融入"一带一路" 打造开放型经济新格局

2017年2月10日上午,由山东电建三公司承建的巴基斯坦卡西姆项目#1号机组DCS受电一次成功,较公司里程碑计划提前近一个月时间。这是山东电建三公司在中巴经济走廊所承建的三个火电项目之一。近年来,青岛不断夯实实体经济,融入国家"一带一路"战略,在构建开放型经济体制方面取得新进展,不断塑造开放型经济发展的新优势。据了解,作为山东对外开放"桥头堡"的青岛,在对外贸易、利用外资、国际经济合作以及服务外包等外向型经济主要指标中,都领跑全省。同时,青岛又是中国实行改革开放后首批对外开放的14个沿海港口城市之一。在新常态下,青岛正以精准的历史担当,通过深度对接"一带一路"、自贸区建设等国家战略,创造外向型经济发展的新模式。

融入"一带一路"开放型经济体制取得新进展

在过去的一年里,青岛在境内外共举办33场"丝路对话"经贸促进活动,成为首批商务部门确定的中美、中英地方经贸合作重点城市。新加坡、韩国釜山、美国旧金山、德国慕尼黑4个工商中心建成运行,日本、以色列两个工商中心启动筹建。

2016年,青岛实施与世界500强及全球行业领军企业合作行动计划,全市累计有132家境外世界500强企业投资260个项目。对"一带一路"沿线国家市场出口增长10.6%,占全市的53.1%。山东电建三公司以11亿美元承建巴基斯坦燃煤电站,成为中巴经济走廊能源领域率先进入执行阶段的项目。

2016年,青岛实际到账外资70亿美元,同比增长11.3%,占全省的41.7%;实际对外投资额51.6亿美元,增长2.9倍,占全省的42%。国际贸易总额达到1005亿美元,增长2.8%。外贸出口2821.9亿元人民币,同比增长0.2%,高于全国2.2个百分点,5个计划单列市中仅青岛实现了连续5年增长。

在各方的不懈努力下,青岛的现代国际贸易新格局正在形成。在指标方面,青岛在全国率先建立运行涵盖货物贸易、服务贸易和境外投资贸易营销额等指标"三位一体"的现代国际贸易指标体系。在跨境电商方面,青岛获批设立跨境电子商务综合试验区,全年跨境电商进出口交易额120亿元。海尔海贸云商等外贸综合服务企业平台扩大出口成效明显,获得肯定。

总体看,青岛全年货物出口实现正增长,在全国重要城市中表现突出;外贸结构持续优化,一般贸易出口占出口比重达到63.9%;服务贸易增长18.1%,成为外贸增长新亮点;服务外包执行额33亿美元,获批中国服务外包示范城市。

六年翻番GDP过万亿　为开放型经济提供新动能

开放型经济的持续发展离不开实体经济的有力支撑,面对错综复杂的国际形势和国内经济下行压力加大的局面,青岛市认真贯彻落实中央和山东省的决策部署,瞄准"三中心一基地"建设,全力推进"调稳抓"等各项工作,全市经济运行稳中有进、进中向好,实现了"十三五"良好开局。

日前,青岛市宣布2016年地区生产总值(GDP)突破万亿元,达到10011.29亿元,按可比价格计算,增长7.9%。青岛成为全国第12个GDP总量跨越万亿元的城市,昂首挺进"万亿俱乐部"。从2010年的5666亿元到2016年的10011.29亿元,青岛仅用了6年时间,使经济总量几乎翻番。

青岛的蜕变得益于城市发展的升级和产业创新的引领,青岛在制造业、海洋科技方面的持续发力,奠定了其雄厚的产业基础。2016年,青岛全面启动"三中心一基地"(创新中心、海洋中心、服务中心和制造业基地)建设。全市高新技术企业数量达到1348家;服务业增加值达5479.61亿元,占生产总值比重达54.7%;全年规模以上工业增加值增长7.5%。

聚焦"深蓝"引领发展　助推开放型经济实现新跨越

担负着国家海洋强国战略历史使命的青岛,在塑造开放型经济新优势的工作中稳步前进,得益于海洋经济的坚实发展,青岛在依托海洋经济转型升级创新的道路上,劈波斩浪,奋勇向前。

青岛蓝色经济的发展最早是依托于天然的港口及区位和科研院所集聚的

优势，《山东半岛蓝色经济区发展规划》的批复实施，以及国际先进的海洋发展中心战略目标的提出，更让青岛承担起了海洋强国战略历史使命，海洋经济正成为青岛实现经济转型发展的重要引擎，成为产业升级的骨干力量。

根据青岛市统计局发布的数据显示，2016年青岛海洋经济总量突破2500亿元大关，海洋生产总值占全市GDP的比重超过四分之一，产业强度呈现持续上升态势并达到近年来的最高点；青岛市第十一次党代会以来，海洋经济对GDP增长的贡献率年平均达到35%，成为拉动全市经济增长的生力军，仅2016年海洋经济就拉动GDP增长3.5个百分点。

青岛海洋经济发展在继续强化海洋传统优势产业的基础上，积极推动传统产业的技术转化和优化升级，加快绿色转型步伐，海洋新兴产业逐步壮大。在传统海洋经济行业领域，船舶海工产业形势有所好转，降幅逐渐收窄。航运物流产业稳中有增，全年完成港口货物吞吐量突破5亿吨，同比增长3.3%和3.44%，货物吞吐量增速逐月回升。以海洋生物医药产业为代表的新兴产业增长较快，增速保持在16%以上。游艇邮轮产业发展迅速，渤海邮轮、皇家加勒比游轮、地中海邮轮等3家邮轮公司计划在青岛开设邮轮航线，2016年邮轮母港接待邮轮达到70航次，比上一年翻一番。

启动国际城市战略　全面构建开放型经济新格局

在推进开放型经济体制建设方面，青岛已经做了有益的尝试。2017年1月份，青岛市印发《青岛市"十三五"开放型经济发展规划》，为优化开放型经济发展环境、培育经济发展新动力、在新常态下率先走在全国前列指明路径。规划指出："十三五"时期是青岛加速推进现代化国际城市建设，提升开放型经济发展水平的重要时期，开放型经济发展既面临重大机遇也面对诸多严峻挑战。目前，青岛已全面启动实施国际城市战略，完善国际经济合作伙伴城市全球布局，战略主要包括：启动推进传统对外贸易向现代国际贸易转变，对外贸易转型升级实现新突破；全面融入国家"一带一路"战略，拓展对外经贸合作；创新实施自贸区战略，国际贸易中心城市成效更明显；"走出去"与"引进来"相结合，国际双向投资合作取得新成效。同时，积极推进经济园区实现结构性转型。

为此，青岛正积极抢抓国家"一带一路"战略和自贸区战略重大机遇，以实施国际城市战略为引领，顺应经济深度融入世界经济的趋势，主动适应经济发展新常态，加快构建开放型经济新体制。统筹国际国内两个市场、两种资源，坚持走出去与引进来并重、强化调整出口结构和优化进口结构并重、提升开发区集约功能和创新功能并重，增强货物贸易、服务贸易和投资贸易的互动性、协调性，建立现代国际贸易运行机制，提升开放型经济发展水平，为青岛经济社会发展作出新贡献。

根据规划，青岛将按照国家关于全面深化改革的统一部署，推进实施"全面对接欧亚，深化提升亚太，积极拓展非洲，多方位辐射全球"的经贸合作战略布局，围绕拓展欧亚经贸合作，全方位融入"一带一路"和"欧洲和亚太两大经济圈"，内外统筹整体推进对外开放和对内开放相结合，通过全面深化改革和法治建设，加快构建提升开放型经济新体制。

按照这个发展蓝图，到2020年，在青岛全市基本形成开放型经济发展新格局，建立现代国际贸易运行体系，国际双向投资合作质量效益明显提升，初步建成东北亚区域性国际贸易中心城市，开放型经济新体制基本形成，开放型经济对全市经济社会发展和现代化国际城市建设的促进作用显著提升。

（《经济参考报》2017年3月6日，作者修国华、品之）

第四章 你我共参与:"一带一路"改变生活
The Belt and Road

 一图看懂

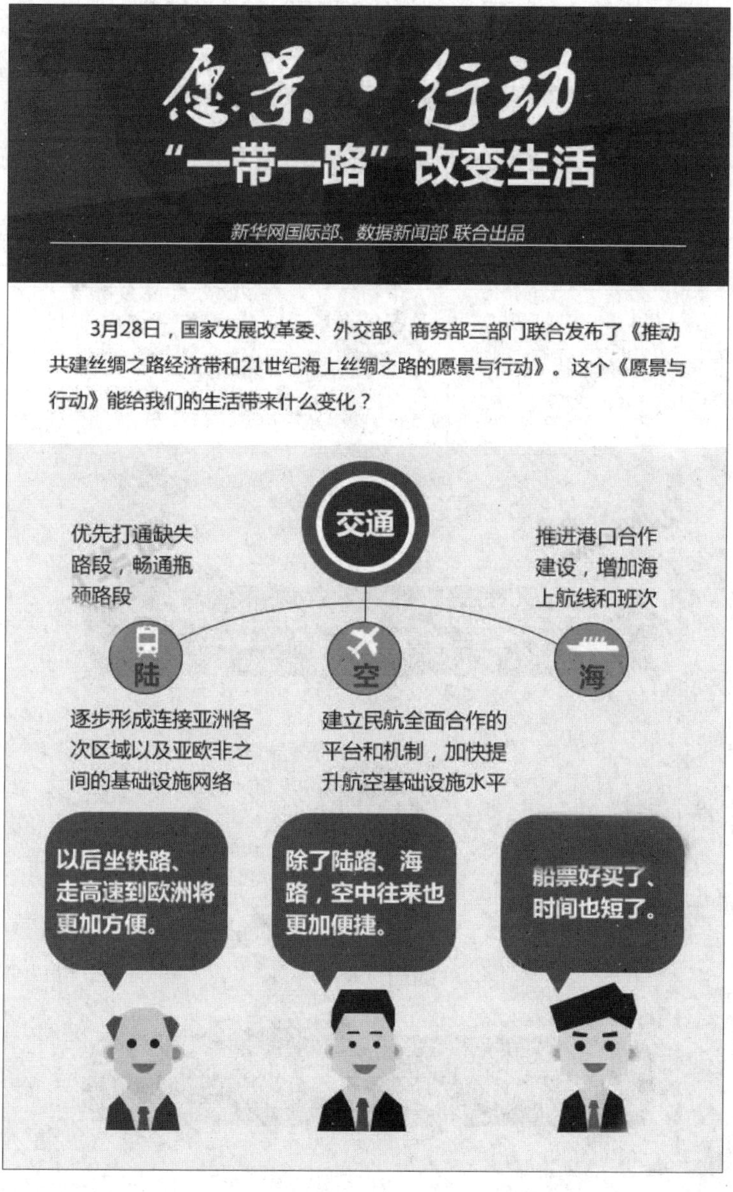

愿景·行动
"一带一路"改变生活

新华网国际部、数据新闻部 联合出品

3月28日,国家发展改革委、外交部、商务部三部门联合发布了《推动共建丝绸之路经济带和21世纪海上丝绸之路的愿景与行动》。这个《愿景与行动》能给我们的生活带来什么变化?

交通

优先打通缺失路段,畅通瓶颈路段

推进港口合作建设,增加海上航线和班次

陆 — 逐步形成连接亚洲各次区域以及亚欧非之间的基础设施网络

空 — 建立民航全面合作的平台和机制,加快提升航空基础设施水平

海

> 以后坐铁路、走高速到欧洲将更加方便。

> 除了陆路、海路,空中往来也更加便捷。

> 船票好买了、时间也短了。

201

"一带一路"简明知识读本

商贸

着力研究解决投资贸易便利化问题，消除投资和贸易壁垒，构建区域内和各国良好的营商环境，积极同沿线国家和地区共同商建自由贸易区。发展跨境电子商务等新的商业业态。

> 咱们进口商品要比以前更便宜，品种更丰富，与沿线国家做生意更方便、更快捷。

金融

扩大沿线国家双边本币互换、结算的范围和规模

引导商业性股权投资基金和社会资金共同参与"一带一路"重点项目建设

符合条件的中国境内金融机构和企业可以在境外发行人民币债券和外币债券

> 双边贸易用人民币结算，省钱、可以到国外发行人民币债券、还可以参与"一带一路"项目，为建设"一带一路"做贡献。

留学

扩大相互间留学生规模

中国每年向沿线国家提供1万个政府奖学金名额

开展合作办学

> 可以去沿线国家交流学习，增长见识。也有更多的好朋友来中国，交外国朋友更加方便。

第四章 你我共参与："一带一路"改变生活

沿线国家间互办文化年、艺术节、电影节、电视周和图书展等

能有更多机会欣赏到外国艺术家们的演出。

加强旅游合作，扩大旅游规模，互办旅游推广周、宣传月等活动，联合打造具有丝绸之路特色的国际精品旅游线路和旅游产品，提高沿线各国游客签证便利化水平。

以后就可以来一场说走就走的"一带一路"游。

恪守联合国宪章的宗旨和原则。 遵守和平共处五项原则，即尊重各国主权和领土完整、互不侵犯、互不干涉内政、和平共处、平等互利。

坚持开放合作。 不限于古代丝绸之路的范围，各国和国际、地区组织均可参与。

坚持和谐包容。 尊重各国发展道路和模式的选择。

坚持市场运作。 充分发挥市场在资源配置中的决定性作用和各类企业的主体作用。

坚持互利共赢。 寻求利益契合点和合作最大公约数，各施所长，各尽所能。

Chapter 5 携手共前行：
第五章 "一带一路"上的"中国故事"

放眼全球，世界经济正发生前所未有的复杂深刻变化，各国面临的发展问题依然严峻。"独行快，众行远"，开展更大范围、更高水平、更深层次的区域合作，成为各国人民心声。

共建"一带一路"，致力于亚欧非大陆及附近海洋的互联互通，建立和加强沿线各国互联互通伙伴关系，构建全方位、多层次、复合型的互联互通网络，实现沿线各国多元、自主、平衡、可持续的发展。

共建"一带一路"，将推动沿线各国发展布局的对接与耦合，发掘区域内市场的潜力，促进投资和消费，创造需求和就业，增进沿线各国人民的人文交流与文明互鉴，相逢相知、互信互敬，共享和谐安宁富裕的生活。

"一带一路"，开启了一扇沿线国家和平合作、互利共赢的机遇之窗。

共享发展果实 谱写文明新篇
——"一带一路"建设成果回眸

从长安古都到欧洲大陆，从泉州港口跨越汪洋大海，东西方文明曾在陆上丝绸之路和海上丝绸之路交融激荡。如今，被赋予崭新意义的"丝绸之路经济带"和"21世纪海上丝绸之路"正焕发最蓬勃的生机。

"一带一路"重大倡议提出三年来，从无到有，由点及面，"一带一路"合作蓝图正在一步步展开，一笔笔绘就，为世界提供了一份充满中国智慧、共享繁荣的发展方案，也为全球经济复苏与长远发展注入新的动力。

条条"走廊"通发展

10月的蒙古国首都乌兰巴托郊外，最低温度已经在零摄氏度以下，对于在此施工的工人来说，这是一年中最后的宝贵工期。

正在施工的是蒙古国首条高速公路——乌兰巴托至贺西格新国际机场高速公路，是"一带一路"建设在蒙实施的标志性工程。今年5月，时任蒙古国总理赛汗比勒格出席工程开工仪式时曾表示，这条高速公路建成后将揭开蒙古国交通发展新篇章。

作为内陆国家，蒙古国与中俄比邻而居，地理位置决定其与中俄发展经贸关系的便利性。蒙古国此前提出了"草原之路"倡议，包括连接中俄的高速公路、电气化铁路等，这正好与中蒙俄经济走廊建设不谋而合。

中蒙俄经济走廊是推进"一带一路"建设的六大国际经济合作走廊之一。

就在上月,中国公布了《建设中蒙俄经济走廊规划纲要》,标志着"一带一路"框架下的第一个多边合作规划纲要正式启动实施。

中方加快"一带一路"倡议与"草原之路"倡议等的战略对接,将进一步促进中蒙俄经贸利益互惠、人文交往融通和人民相知相亲,推动中蒙全面战略伙伴关系发展取得更多成果。对此,蒙古国政府总理额尔登巴特10月2日表示,蒙方愿积极参与习近平主席提出的"一带一路"、周边国家互联互通、全球能源互联网建设等合作倡议。希望双方不断拓展和充实合作领域和内涵,为蒙中全面战略伙伴关系发展注入新动力。

"要致富,先修路",这条中国发展经验,巴基斯坦人同样感同身受。多年来,由于资金缺乏、设备落后,巴基斯坦的很多路修修停停,成了断头路。如今,在中巴经济走廊建设推动下,巴基斯坦基础设施发展迎来飞跃。

正如巴基斯坦总理谢里夫所强调的,中巴经济走廊将惠及整个地区,为中国、中亚、南亚、中东30亿人带来福祉。

与此同时,新亚欧大陆桥经济走廊、孟中印缅经济走廊等的建设也在稳步向前推进。这些以沿线中心城市为支撑、以重点经贸产业园区为合作平台的经济走廊,就像一条条巨龙,蜿蜒在"丝绸之路经济带"的广袤土地上,积蓄力量,等待腾飞。

点点"明珠"生共赢

位于地中海之滨的比雷埃夫斯港(简称比港)是希腊最大的港口,也是"21世纪海上丝绸之路"建设中的一颗明珠。

当地时间8月10日上午,随着雅典股票交易所一阵清脆的铃声,中希两国完成了比港67%股权的交割,中远海运正式成为比港港务局的大股东。

比港地理位置优越,既是海上丝路进入欧洲后的大港,也可以通过中欧陆海快线与"丝绸之路经济带"连接起来。今年是中希两国建立全面战略伙伴关系十周年。在"一带一路"绘制的蓝图中,比港项目建设正在成为两国战略合作的典范,并将进一步推动中希在基建、贸易、海运、旅游等各领域的互利合作。

3年前的金秋十月,习近平主席在访问东南亚期间发出了共建"21世纪海上丝绸之路"的倡议。如今,海上丝路建设亮点纷呈。

放眼海上丝路沿线,由中方合作建设的中泰铁路项目奠基仪式已于去年底举行;在印度尼西亚,中国青山集团投资的不锈钢产业链项目一期已成功投产,二、三期项目正在投资建设,印度尼西亚不产不锈钢的历史从此翻页。在老挝,中国水电建设集团开发的老挝南欧江梯级电站项目已实现首台机组发电,是老挝国家能源战略关键项目……

9月11日至14日,以"共建21世纪海上丝绸之路,共筑更紧密的中国—东盟命运共同体"为主题的第13届中国—东盟博览会吸引了来自东盟10国以及"一带一路"沿线国家等29个国家的2600多家企业参展,盛况空前。

"共建'21世纪海上丝绸之路',共筑更为紧密的中国—东盟命运共同体,将成为促进中国与东盟更为紧密的合作,同甘共苦,走向共同繁荣的重要因素。"率团出席博览会的老挝副总理宋赛说。

文明互鉴书新篇

当地时间10月3日,一场中华文明与欧洲文明的对话会,在欧洲文明发源地希腊雅典举行。同一天,雅典中国文化中心揭牌,中国故宫博物院向希腊国家考古博物馆150周年庆典借展文物揭幕。

2000多年前,贯通亚欧的古丝绸之路架起了一座东西方友好往来、文明交流的重要桥梁。历史表明,世界各民族文化互鉴共进是人类文明的基本特征,也是人类文明发展的重要动力。当今世界面临诸多共同挑战,如何处理不同文明间的关系、促进文明互鉴共进,更为紧迫地摆在人们面前。

10月4日,希腊总理齐普拉斯在会见中国客人时表示,希腊与中国的发展战略高度契合,具有很大合作潜力,希望双方抓住机遇,着力推进并取得务实成果，为希中、欧中友好和世界的繁荣发展作出更多贡献。

在新的时代，东西方文明的交流和互鉴，在"一带一路"倡议框架中得到传承和发扬。文明对话会、海外中国文化中心、丝绸之路国际文化博览会等，以"一带一路"为主题的国际艺术节、博览会、国际论坛等人文交流如火如荼；"一带一路"文化遗产保护、考古研究合作、博物馆交流等，国际文化合作日益密切。

正如参加首届丝绸之路(敦煌)国际文博会的英国牛津大学教授希瑟所指，文化交流交融和合作发展对世界各国都非常重要，"文化交流给我们提供了一个相互了解、增进友谊的平台和机会"。

"大道之行"时所趋

"加强全球治理、推动全球治理体系变革是大势所趋。"这是习近平总书记在中央政治局第三十五次集体学习时作出的重要论断。

当今世界，随着时代发展，现行全球治理体系不适应的地方越来越多，国际社会对变革全球治理体系的呼声越来越高。"一带一路"倡议的提出和实施恰逢其时，日益成为完善全球治理的新平台。三年来的实践充分表明，共建"一带一路"，有利于促进沿线各国经济繁荣与区域经济合作，有利于加强不同文明交流互鉴、促进世界和平发展。

"对中国来说，'一带一路'与其说是'路'，不如说是中国最重要的哲学范畴——'道'，包含行动、力量展示、创举和社会秩序等多重含义。"俄罗斯《导报》刊文指出，"一带一路"构想展现了中国对全球治理新理念的思考。

10月5日，位于匈牙利首都布达佩斯的罗兰大学"一带一路"研究中心正式举行揭牌仪式，这是在中国以外设立的专门研究"一带一路"的研究机构。匈牙利总统阿戴尔6日指出，匈中友好有深厚的历史基础，并面临"一带一路"建设等现实机遇。

9月下旬，2016"一带一路"国际研讨会在古丝路起点西安举行。与会专家们指出，"一带一路"倡议建立在人类命运共同体的基础上，其提倡的发展是一种包容性发展，堪称全球治理的典范之作。

捷克前总理伊日·帕鲁贝克指出，无论是国际货币基金组织的份额改革，还是设立金砖国家新开发银行，抑或是成立亚投行，中国正以清晰的思路协助全球治理的改进。

"一带一路"在解决中国发展问题的同时，也在解决世界发展问题。尼日利亚中国问题研究中心主任查尔斯·奥努奈柱说："'一带一路'将改造世界经济秩序，是中国做出的巨大努力。沿线地区包括很多发展中国家，任何国家的发展都离不开基础设施建设、资金和市场，中国正在贡献自己的解决方案。"（新华社北京2016年10月8日电，记者刘颖、冯武勇）

深入解读

"一带一路"促进全球发展合作的中国方案

2013年，习近平同志在出访中亚和东南亚国家期间，先后提出共建丝绸之路经济带和21世纪海上丝绸之路的重大倡议。"一带一路"倡议顺应和平、发展、合作、共赢的时代潮流，是推动开放合作、促进和平发展的中国方案，是纵贯古今、统筹陆海、面向全球的世纪蓝图，得到国际社会广泛关注和许多国家积极响应。经过近两年的不懈努力，"一带一路"建设取得阶段性成果，积极效应正在显现。展望未来，应更加全面深入地理解"一带一路"倡议的深刻内涵,共同推动这一重大倡议落实,给亚欧非及世界各国人民带来更多实实在在的利益。

发展开放型世界经济的重要途径

国际金融危机爆发至今,世界经济复苏进程艰难曲折,新的强劲增长动力尚未形成,国际贸易和跨国投资萎靡不振,世界经济陷入低增长、低通胀、低需求和高失业、高债务、高泡沫的"新平庸"。面对全球有效需求不足的困扰,各国抓紧调整发展战略,着力优化经济结构,积极培育新的经济增长点。尽管国际社会出现一些"去全球化""逆全球化"的声音,一些国家甚至采取加强贸易投资保护等不合时宜的做法,但经济全球化深入发展的大势没有改变,以开放促发展、以合作图共赢仍然是世界发展的主流。"一带一路"建设以政策沟通、设施联通、贸易畅通、资金融通、民心相通为主要内容,有利于区域乃至全球要素有序自由流动、资源高效配置和市场深度融合,有利于扩大国际贸易和跨国投资规模,创造更多的市场需求和就业机会,为发展开放型世界经济注入更为持久的新动力,为世界和平发展增添新的正能量。

"一带一路"相关国家要素禀赋各异,比较优势差异明显,互补性很强。有的国家能源资源富集但开发力度不够,有的国家劳动力充裕但就业岗位不足,有的国家市场空间广阔但产业基础薄弱,有的国家基础设施建设需求旺盛但资金紧缺。我国经济规模居全球第二,外汇储备居全球第一,优势产业越来越多,基础设施建设经验丰富,装备制造能力强、质量好、性价比高,具备资金、技术、人才、管理等综合优势。"一带一路"建设的空间和潜力巨大,打造全方位、立体化、网络状的大联通,共建集群化落地、链条式发展的产业合作园区,有利于各国发挥比较优势,拓展贸易投资和产能合作,把经济的互补性转化为发展的互助力,形成生机勃勃、群策群力的开放合作系统。

提供具有广泛包容性的发展平台

习近平同志指出,"一带一路"建设不是封闭的,而是开放包容的;不是中国一家的独奏,而是沿线国家的合唱。"一带一路"相关国家基于但不限于古代丝绸之路的范围,各国和国际、地区组织均可参与,成为"一带一路"的建设者、贡献者和受益者。"一带一路"不是对现有地区合作机制的替代,而是与现有机制互为助力、相互补充。"一带一路"倡议强调求同存异、兼容并蓄、和平共处、共生共容,尊重各国的发展道路和模式选择,加强不同文明之间的对话。中国坚持走和平发展道路,愿意与其他国家分享自己的发展经验;希望世界了解历史悠久、博大精深的中华文明,也希望从其他文明中汲取更多智慧。目前已有60多个国家和国际组织对参与"一带一路"建设表达了积极态度,充分体现了"一带一路"深厚的民意基础和广泛的亲和力、吸引力。

"一带一路"的包容性还体现在与各国发展战略的对接上。近年来,相关国家和地区着眼于自身发展和区域合作,提出了一系列发展战略。比如,俄罗斯推进欧亚经济联盟建设,印尼提出全球海洋支点发展规划,哈萨克斯坦提出光明之路经济发展战略,蒙古国提出草原之路倡议,欧盟提出欧洲投资计划,埃及提出苏伊士运河走廊开发计划,等等。"一带一路"与这些战略的对接已经或正在达成重要共识,一批重大合作项目也在规划和建设之中。中国政府还在与相关国家共同规划中蒙俄、新亚欧大陆桥、中国—中亚—西亚、中国—中南半岛、中巴和孟中印缅六大经济走廊,规划建设以重点港口为节点的海上国际运输大通道。只有实现各国发展战略确定的目标、路径和举措深度对接、优势互补,建立更加紧密的互利合作关系,才能使这些发展战略取得更大效果、发挥更大作用。只有把是否促进各国经济社会发展、是否提高民众福利水平作为衡量建设成效的标准,"一带一路"才有吸引力、凝聚力和生命力。

全球经济治理新模式的积极探索

第二次世界大战后形成的一整套国际贸易、金融、发展合作制度安排，曾营造了稳定的国际环境，促进了世界经济发展，但这一体系已不能完全适应当今世界格局的发展变化。当前，国际经贸规则面临重构，多边贸易体制发展坎坷，多哈回合谈判久拖不决，多边投资规则尚未建立。国际金融体系亟待改革，现有的国际货币基金组织、世界银行等多边金融机构代表性不足，难以满足全球日益增长的融资需求，难以适应防控区域性和全球性金融风险的需要。"一带一路"建设致力于推动相关国家扩大市场开放和贸易投资便利化，有利于促进国际经贸规则制定朝着更加公正合理的方向发展，是区域经济合作理论和实践的重大创新，也为完善全球经济治理提供了新思路新方案。

"一带一路"倡议提出以来，中国政府加快实施自贸区战略，与韩国、澳大利亚分别签署自贸协定，中国—东盟自贸区升级谈判进展顺利，区域全面经济伙伴关系协定、中日韩自贸区等谈判扎实推进，更多国家和地区正在与中国开展自贸区联合可行性研究。亚太自贸区进程启动，联合战略研究稳步推进。亚洲基础设施投资银行协定顺利签署，意向创始成员国达到57个，明确了专业、高效、廉洁的新型多边开发银行的发展方向，成为现有国际金融体系的有益补充。中国政府出资400亿美元成立丝路基金，为相关国家基础设施建设、资源开发、产业合作和金融合作等提供融资支持，目前已按照国际化、市场化、专业化原则开展了实质性项目投资。

民心相通和文明互鉴的桥梁纽带

习近平同志指出："国之交在于民相亲，民相亲在于心相通""文明因交流而多彩，文明因互鉴而丰富"。"一带一路"为相关国家民众加强交流、增进理解搭起了新的桥梁，为不同文化和文明加强对话、交流互鉴织就了新的纽带。从历史上看，古丝绸之路不仅是一条通商合作之路，更是一条和平友谊之路、文明互鉴之路。在新的历史条件下，深化各国的人文交流，可以让各国民众有更多共同语言，增进相互信任，加深彼此感情，夯实"一带一路"建设的社会根基和民意基础。加强各国之间的文明互鉴，可以让不同文明在相互尊重的基础上，从其他文明中寻求更多智慧、汲取更多营养。

"一带一路"相关国家民族众多，拥有各自灿烂辉煌的文明。在求和平、谋发展、促合作的今天，各国人文交流形式更加多样、内容更加丰富。特别是"一带一路"倡议提出以来，很多国家纷纷探寻古丝绸之路与本国难以割舍的联系，人文交流合作进一步展开。中国政府开展了大量工作，与相关国家科技、教育、文化、体育、卫生、旅游等领域合作水平不断提高。中国政府还通过提供力所能及的援助支持一批人文交流合作项目，得到相关国家的热烈欢迎和普遍赞誉。

始终坚持共商共建共享原则

当前，世界多极化、经济全球化、文化多样化、社会信息化深入发展，新一轮科技革命、产业革命、能源革命蓄势待发，全球产业链、供应链、价值链加速整合，各国相互联动、机遇共享、命运与共的利益交融关系日益凸显。习近平同志多次强调，"一带一路"建设秉持的是共商、共建、共享原则。共商，就是沟通协商，兼顾各方利益和关切，体现各方智慧和创意；共建，就是共同参与，充分发挥各方优势和潜能，持之以恒加以推进；共享，就是互利共赢，寻求各方利益契合点和合作最大公约数，做大共同利益蛋糕，让共建成果惠及更广泛的区域。这三者相辅相成、密不可分，构成一个有机统一的整体。我们将充分尊重相关国家发展水平、经济结构、法律制度、营商环境和文化传统的差异，坚持具体问题具体分析，"一把钥匙开一把锁"，共同探讨符合各国国情的合作模式。

在"一带一路"倡议的酝酿、提出阶段以及建设过程中，中国始终坚持共商、共建、共享原则。中国政府在编制发布《推动共建丝绸之路经济带和21世纪海上丝绸之路的愿景与行动》过程中，广泛听取并吸收相关国家的意见和建议。为使"一带一路"倡议尽快落地，我们与相关国家一道，共同推动贸易投资合作，实施了一批有需求、有共识、基础好、影响大的项目。2015年上半年，中国与相关国家双边贸易总额达到4854亿美元；对相关国家非金融类直接投资达到71亿美元，增长22%。中俄东线天然气管道、巴基斯坦瓜达尔港、匈塞铁路、埃塞—吉布提铁路、中哈连云港物流合作基地等项目进展顺利，中白工业园、中马钦州产业园和马中关丹产业园、中印尼综合产业园、中埃苏伊士经贸合作区等园区建设扎实推进。这些项目的陆续实施已经并将继续促进相关国家经济社会发展，带动就业和民生改善。

处理好政府和市场的关系，是坚持共商、共建、共享的题中应有之义。只有遵循国际通行规则，尊重市场规律和企业市场主体地位，才能使不同国家之间、不同企业之间的互利合作持久开展。政府的作用主要在于提供公共政策、公共管理和公共服务，为各类企业开展合作营造良好环境。中国在"一带一路"建设中将坚持市场化的运作原则，充分发挥市场在资源配置中的决定性作用，更好发挥政府作用。

"一带一路"是促进全球发展合作的中国方案，是加快区域经济一体化、经济全球化的重要推动力。中国愿与各国一道乘势而上、相向而行，全方位推进务实合作，共襄"一带一路"建设盛举，推动更大范围、更高水平、更深层次的大开放、大交流、大融合，打造政治互信、经济融合、文化包容的利益共同体、责任共同体和命运共同体，早日把"一带一路"宏伟蓝图变成美好现实，为促进全球发展繁荣作出新的更大贡献。　（《人民日报》2015年9月18日）

"一带一路"为全球化带来"三大利好"

在世界经济低迷不振、逆全球化暗流涌动之际,中国国家主席习近平在利马举行的亚太经合组织领导人非正式会议上就经济全球化问题发表了重要主张,认为经济全球化符合生产力发展要求,符合各方利益,是大势所趋。

我们不能因为一时困难停下脚步,要在参与经济全球化进程中,注重同各自发展实践相结合,注重解决公平公正问题,引领经济全球化向更加包容普惠的方向发展。

观察人士认为,虽然在某种程度上带来发展不均衡等问题,经济全球化终将浩浩荡荡地向前发展。中国顺应时代潮流,提出"一带一路"倡议,打通生产要素全球流通渠道,以互联互通和产能合作推动均衡、包容和普惠的全球化,举世瞩目,为全球化进程带来"三大利好"。

利好一:破解全球化困境

过去30多年来,经济全球化推进速度之快、拓展范围之广超乎想象。经济全球化带来各种经济要素如资本、信息、资源、产品和其他相关因素如人员、技术、思想的跨国流动,极大地促进了世界经济的融合与快速增长。

全球知名战略家、布鲁金斯学会研究员康纳在《超级版图》一书中指出,全球化正在进入新的黄金年代。在地球村里,人们的生活、国家的运转都已离不开全球化,无法想象重新回到孤立保守的老路上。

另一方面,经济全球化衍生出的诸如国家间发展不均衡、全球金融风险加大等问题也引起了国际社会的关注。

例如,全球化鼓励竞争和效率,但同时也使财富越来越向少数国家或利益集团集中，导致贫富差距扩大。发展中国家在融入经济全球化方面参差不齐：一些国家（以金砖国家为代表的新兴经济体）尽管加入世界经济分工，但长期徘徊在全球价值链中下游；一些欠发达国家更是由于缺乏科技、运输等方面优势，并没有被纳入全球价值链，成为"被遗忘的角落"。

2008年国际金融危机爆发以来，全球范围内保护主义、内顾倾向抬头，多边贸易体制受到冲击，特别是英国选择脱离欧盟、特朗普当选美国总统等"黑天鹅"事件将全球化推到一个十字路口。

专家认为，只有推动全球经济复苏增长，并且破解经济增长的不均衡和不平等问题，经济全球化才能沿着健康的轨道前行。中国提出的"一带一路"倡议有助于破解经济全球化面临的困境。

利好二：塑造更健康全球化

"一带一路"顺应国际经济发展的内在规律，积极适应全球经济合作新趋势，获得了广泛的国际共识。吉尔吉斯斯坦前总统阿卡耶夫指出，"一带一路"基于所有参与国的互利互惠，是国际关系和世界贸易的新模式，将使全球化变得公平而且富有人性。

"如果在道路、通信等基础设施方面缺乏保障，很难融入全球化的生产活动，'一带一路'可以为弱势群体和欠发达地区提供融入全球化的接口。这一点已经在中国的脱贫道路上得到证实。"中国社科院世界经济与政治研究所全球治理研究室主任黄薇说。

"美国人在售卖坦克，中国人却在提供挖掘机。"康纳在其"脸书"个人主页上如是写道。

他指出，全球互联互通的革命已经开启，而中国打造的丝绸之路经济带是世界历史上规模最大的基础设施投资倡议。人类在未来40年内要建设的基础设施将超过以前4000年的总和。铁路、公路、隧道、电网、电缆的建设，将给各国带来更大的好处。

"一带一路"建设启动三年来,一幅连接东西方的互联互通超级版图浮出水面。从穿越中亚腹地的塔吉克斯坦瓦亚铁路,到连接东南亚岛屿的印尼塔扬大桥;从横贯东欧平原的匈塞铁路,到跨越非洲大陆的亚吉铁路,全球互联互通版图打上了清晰的中国印记。

目前,"一带一路"建设吸引了100多个国家和国际组织参与,30多个沿线国家同中方签署了共建"一带一路"合作协议,20多个国家同中方开展国际产能合作,以亚投行、丝路基金为代表的金融合作不断深入,一批有影响力的标志性项目逐步落地。

随着新兴经济体的发展和中国话语权的增强,新一轮全球化将以均衡、包容发展为要义。在基础设施互联互通的带动下,"一带一路"沿线国家经贸和产业投资合作获得新动力,出现新的经济增长点。2015年,中国同"一带一路"参与国双边贸易额突破1万亿美元,中国企业对沿线国家的直接投资额近150亿美元。

联合国方面认为,中国倡导的"一带一路"是联合国2030年可持续发展议程的一个最重要支撑点,期待中国在全球发展中发挥更大作用。俄罗斯科学院远东研究所副所长奥斯特洛夫斯基指出,从推动经济发展到促进政治、社会领域的融合,"一带一路"将给经济全球化的健康发展带来机遇。

利好三:重构全球价值链

"一带一路"倡议,在帮助发展中国家推进基础设施建设,打通物流通道的同时,还通过产能合作帮助他们发展纺织、家电、汽车制造、钢铁、电力等重点工业部门。

上世纪90年代以来,中国在国际制造业产业转移中获得了世界工厂地位,目前开始进行产业调整升级,并为此出台"中国制造2025"。"一带一路"沿线国家处于工业化的不同阶段,中国部分劳动密集型产业和资本密集型产业有望转移到"一带一路"参与国。

专家认为，"一带一路"将为弱势群体和欠发达地区提供加入世界经济分工的机会。这些国家有望搭上新一轮全球化列车，提高工业化水平，实现经济现代化。"一带一路"建设将通过对外投资和产能合作，推动全球价值链重构，逐渐形成联动式发展和生产链。

以纺织业为例。由于劳动力成本上升等因素，中国纺织业正向"一带一路"沿线的孟加拉国、塔吉克斯坦等国转移。孟加拉国已经发展成为仅次于中国的全球第二大服装出口地，中国人开设的纺织厂、制衣厂随处可见。

上海东方国际集团负责人介绍，在孟加拉国进行服装生产对国内服装行业产生了拉动作用。一方面，孟加拉国产业链不全，许多高质量的原材料和纺织机械基本来自中国；另一方面，国内的服装销售企业也面临成本上升的压力，订单转移到孟加拉国生产降低了成本。此外，到孟加拉国设厂有助于国内产品结构调整，将简单加工转移到这边，国内可以更专注产品设计和研发。

在"高山之国"塔吉克斯坦，来自中国新疆的中泰集团不仅向当地棉农传授棉花种植技术，还设立了一家纺织品工厂，成衣生产车间也在规划中。塔吉克斯坦由此被纳入全球纺织产业链。

吉尔吉斯斯坦经济专家贾纳别科夫说，历史上由于海上贸易的盛行和美元单极货币结算体系，包括吉尔吉斯斯坦在内的许多欧亚内陆国家失去了发展机遇，经济发展模式单一。"一带一路"构想让地区乃至全球的经济发展模式更多元化，推动经济有序、多元、健康发展，为重塑新时代全球化作出积极贡献。

阿根廷"亚洲和阿根廷"研究中心主任古斯塔沃指出："中国提出的'一带一路'倡议通过重塑价值链、产业链和供应链，正在编织一张立体化的贸易投资网络，让过去居于全球化边缘的次区域国家获得发展机会，新时代的探险者们将沿着这条新的丝绸之路发掘出前所未有的发展机会。"

现代工业革命和数字经济的发展正推动世界向多极化和多元化方向发

展,与全球化未来发展并驾齐驱的必然是全球经济治理体系的变革与完善。顺应世界格局变化大势,"一带一路"不仅将推动全球化向均衡、包容方向发展,也将促进全球治理机制向着更加公平合理的方向迈进。(新华社北京2016年12月12日电,记者孙萍、叶书宏、陈瑶、魏良磊)

精彩论述

我国是"一带一路"的倡导者和推动者,但建设"一带一路"不是我们一家的事。"一带一路"建设不应仅仅着眼于我国自身发展,而是要以我国发展为契机,让更多国家搭上我国发展快车,帮助他们实现发展目标。我们要在发展自身利益的同时,更多考虑和照顾其他国家利益。要坚持正确义利观,以义为先、义利并举,不急功近利,不搞短期行为。

——2016年4月29日,习近平在中共中央政治局第三十一次集体学习上讲话

3年多前,我提出了"一带一路"倡议。3年多来,已经有100多个国家和国际组织积极响应支持,40多个国家和国际组织同中国签署合作协议,"一带一路"的"朋友圈"正在不断扩大。中国企业对沿线国家投资达到500多亿美元,一系列重大项目落地开花,带动了各国经济发展,创造了大量就业机会。可以说,"一带一路"倡议来自中国,但成效惠及世界。

——2017年1月17日,习近平在达沃斯国际会议中心出席世界经济论坛2017年年会开幕式上的主旨演讲

中外专家畅谈"一带一路"广阔前景

优势互补　合作共赢

"一带一路"沿线60多个国家，总人口约44亿，GDP约21万亿美元，分别占世界的63%和29%。受资源禀赋、产业基础、地缘政治等因素的制约，一些国家在发展进程中明显落伍。沿线国家人均GDP约为世界平均水平的48%，一些国家是低收入国家，还有9个是最不发达国家。一些国家基础设施落后，产业和社会事业的发展水平低。建设"一带一路"有利于沿线国家发挥各自比较优势，把经济的互补性转化为发展的推动力。

"一带一路"将为各国发展提供广阔的新空间。"一带一路"东牵发展势头强劲的东亚经济圈，西牵发达的欧洲北美经济圈，两条南北主线之间架起一条纵贯东西的大经济带，可以充分发挥沿线各国比较优势、挖掘潜力深入合作，建立世界跨度最长、最具活力、发展前景好的经济走廊。

——中国国际经济交流中心常务副理事长张晓强

优化环境　企业主导

企业是推动"一带一路"建设的主体，也是开展务实合作的主要参与者。发挥好企业的作用，要进一步深化"走出去"管理体制改革，简化审批手续，减少审批环节，加强对走出去的指导协调，营造好的政策环境。

发挥骨干企业带头作用，吸引上下游产业链的转移和关联产业的协同布局，建立研发、生产、营销体系，提升产业配套能力和综合能力。鼓励到境外建设产业园区、科技园区、经贸合作区等，通过专业化园区运营整合各类生产要素，搭建产业合作平台，吸引企业入园投资，促进集中布局，集群发展。

我们也将规范企业走出去行为，鼓励企业树立社会责任意识，尊重和保护知识产权，严格保护生态环境，积极帮助当地经济发展和民生改善，树立良好的中国企业形象。

——国家发改委西部开发司巡视员欧晓理

增进理解　互联互通

感谢习近平主席提出的"一带一路"重大倡议。这是一个非常有远见的计划，可以促进沿线国家取得更好发展。"一带一路"意义重大：第一，促进相互的理解和合作，通过文化和学术以及人文间的交流，加强彼此了解。第二，促进区域的合作，能够在人员流动、商品流通，包括在税收方面以及贸易和非贸易壁垒上，各方统筹协调相关的法律法规。第三，在货币方面，有利于进一步加强银行等部门的合作。第四，改善地区架构，进一步促进本地区的互联互通，改善高速公路、铁路、机场等交通基础设施。

巴基斯坦非常欢迎和支持"一带一路"，愿意和中方一起共同建设"一带一路"。"中巴经济走廊"就是一个重要组成部分。目前，"中巴经济走廊"正在稳步前进。中巴已达成广泛共识，包括如何规划，如何执行相关基础设施项目等。期待"中巴经济走廊"对巴基斯坦的经济、本地区经济以及全球经济产生积极影响。

——巴基斯坦驻华大使马苏德·哈立德

能源合作　前景广阔

"一带一路"广大腹地国家经济发展潜力巨大,能源需求较大,开展互利合作前景十分广阔。我们对"一带一路"带来的发展潜力和机遇充满期待和信心。

建议国家搭建完善海外项目资源整合平台和信息共享平台,加强海外投资指引和风险警示,健全完善"走出去"协调联络机制,引导企业根据自身竞争优势和市场需求做好海外投资。同时,鼓励和引导国内电力企业组成"走出去"联盟,尽快形成投资、装备、建设、运营、金融支持一体化的海外项目发展产业链。另外,希望沿线各国政府强化多边合作机制作用,加强相关国家的沟通,探讨互利合作的有效途径。

——华能集团副总经理孙智勇

同行天下　共圆梦想
——记行进中的"一带一路"

2014年3月29日,一列披红挂彩的"渝新欧"国际货运班列驶抵德国杜伊斯堡港口站台,见证中欧加快互联互通合作的重要瞬间。

两年后的6月8日,中国铁路正式启动中欧班列统一品牌。分别从重庆、成都、郑州、武汉、长沙、苏州、东莞、义乌等八地始发的中欧班列，跨越辽阔的欧亚大陆，前往欧洲主要城市。

以奔驰的列车和飘扬的丝绸造型为统一标识、承载着"中国梦"和"欧洲梦"的班列正越来越频密地穿梭于中欧之间。汽笛声声、车轮滚滚，谱写着雄浑激越的"一带一路"进行曲。

普惠共享的"公共产品"，凝聚共识的宏大倡议

"一带一路"东联亚太经济圈，西接欧洲经济圈，沿线国家超过60个，人口数量和经济体量分别约占全球的六成和三成。在当前全球经济复苏乏力的大背景下，"一带一路"建设正在促进着沿线国家和地区的共同发展，为世界经济注入新的活力。

比雷埃夫斯港就是这样一个见证者。

2016年4月8日，希腊共和国发展基金与中远海运集团签署新的协议，中远海运将购买该港口管理局67%的股权。而自中远海运几年前接管比港二号、三号码头以来，比港的世界排名从2010年的第93位提高到了2015年的第39位。这家中国海运巨头已为希腊贡献5亿欧元的收入。

比港周边的派拉马市市长杨尼斯·拉贡达基斯曾经反对中远海运接管比港。如今，在红红火火的就业和经济增长数据面前，他已成为这一合作的坚定支持者。他说："这儿有不少人在比港码头工作，新协议会给当地带来更大发展可能性。祝愿中远海运取得更大成功，与当地社会实现和谐共存。"

尽管希腊尚未走出债务危机的阴影，但这一希腊最大港口与中国企业的互利互动，无疑是一抹提振信心的亮色。

德国杜伊斯堡的梦想则是打造国际物流运输中心。在市长林克看来，中欧国际班列的运行，使这座历史古城的发展梦想再进一大步，"这是一个共赢局面"。

中国出资成立的丝路基金，是中国积极参与全球基础设施投融资、促进可持续增长的重要行动。2015年，成立不到一年的丝路基金出手投资的三大项目举世瞩目——支持三峡集团在中巴经济走廊建设水电等清洁能源、与俄罗斯亚马尔液化天然气一体化项目投融资、支持中国化工集团并购意大利倍耐力轮胎公司。

丝路基金董事长金琦认为，面对脆弱复苏的世界经济，"一带一路"倡议是一款普惠的"公共产品"，堪称应对危机的一剂良方。

清华大学国情研究院院长胡鞍钢认为，"一带一路"体现出来的"共赢"理念，是中国与世界良性互动的重要指导思想和出发点，也为在国内外凝聚共识提供了一个良好的价值观平台。

国际合作的框架，互利共赢的"最大公约数"

"一带一路"是什么？做什么？怎么做？3年来，随着其核心理念的全球共识日益扩大，"一带一路"朋友圈越来越大。迄今，中国已与34个国家和国际组织签署了共建"一带一路"政府间合作协议，超过70个国家和组织表达了支持和参与的意向。

国家发改委西部司巡视员欧晓理告诉记者，这些年来，在顶层设计和高层引领下，和平合作、开放包容、互学互鉴、互利共赢的丝路精神，共商共建共享的建设原则，利益共同体、责任共同体、命运共同体的理念，正在得到越来越广泛的认同和点赞。

理念凝聚共识，共识孕育成果。中国与沿线国家共同探寻利益"最大公约数"，"一带一路"正在成为具有广泛影响的国际合作框架，一系列重要早期收获开始呈现：

——互联互通网络逐渐成型。匈塞铁路、雅万高铁陆续开工，中老、中泰等泛亚铁路网开始启动，一批高速公路建设正在推进，海上互联互通蓄势待发。

——国际产能合作加快推进。中国已与20个国家签署了协议，开展机制性的产能合作。迄今，中方设立的各类多双边产能合作基金逾1000亿美元，一大批重点项目在沿线各国落地生根。

——经济走廊建设取得重要进展。中巴经济走廊已实质性启动一批重大项目建设，中蒙俄经济走廊规划纲要正在编制，新亚欧大陆桥经济走廊、孟中印缅经济走廊建设稳步前推。

——金融支撑机制开始发挥作用。丝路基金全面启动运行，亚洲基础设施投资银行2016年1月开业运营，并已确定首批投融资对象，中非产能合作基金、中拉产能合作投资基金相继设立、启用，人民币跨境使用稳固扩大。

——贸易投资蓬勃发展，自贸区建设和区域次区域合作加快。"一带一路"相关区域贸易和投资增长迅猛，年均增速高于全球平均水平近一倍。2015年，中国与沿线相关国家双边贸易总额达9955亿美元，占全国贸易总额的四分之一，中国企业对"一带一路"相关的49个国家开展了直接投资，投资额近150亿美元。

——人文交流更加密切。中国与沿线国家互办文化年、艺术节、影视桥、丝路书香工程等，"一带一路"人文合作取得积极成果。丝绸之路联合申遗取得成功，海上丝绸之路联合申遗也已启动。中国与位于古代海陆丝路文明地带的埃及、乌兹别克斯坦、肯尼亚、印度、柬埔寨的考古合作积极展开。

……

北京大学国际关系学院教授、"一带一路"课题组组长翟崑说，"一带一路"建设的这些早期收获证明"一带一路"的理念是正确的，是符合时代潮流的。

"除了这些实实在在的项目收获，还有一点比较重要，就是我们得到越来越多的国际认可，我们学会运用规则和创造规则，"他说，"这些尝试的成功是很重要的收获，它的后续效应将随着'一带一路'建设的继续推进进一步显现，有可能成为21世纪最为丰富生动的国际关系现象之一。"

"走出去"的升级版，共商共建共享的发展平台

越来越多的中国企业，在参与"一带一路"建设中学习、成长、壮大。共享利益、共圆梦想，正在内化为企业的追求理念。

法国前总理多米尼克·德维尔潘曾在《携手共建新丝路》一文中指出，古代丝绸之路的历史向人们展示，"所有伟大的文明成就，都是富有冒险精神的商人的强大意志和富有远见的政治家的力量共同作用的结果"。

在"一带一路"重点建设领域基础设施互联互通方面，中交建集团堪称其中的先行者，其参建的中巴经济走廊上的喀喇昆仑公路、瓜达尔港，斯里兰卡汉班托塔港、科伦坡港口城，印度尼西亚泗水—马都拉海峡大桥，马来西亚槟城跨海大桥，蒙巴萨—内罗毕铁路，匈塞铁路，等等，均是"一带一路"上的标志性项目。

中交建副总裁孙子宇说，在他看来，"一带一路"是企业"走出去"的升级版，是中国发展、中国经验主动融入世界经济的开放共享体系，也是中国智慧对世界经济版图和经济治理体系的真诚奉献。

"通过实施'一带一路'沿线的重大基础设施项目，走出去的中国企业更加积极采取新的商业模式，主动追求业务和结构的转型升级，在更高层次、更广领域参与国际竞争，提升中国企业、中国品牌的影响力，"孙子宇说。

"一带一路"沿线有些地带存在地缘政治、地缘经济、文化差异、自然灾害等各种风险，许多中国企业在参与"一带一路"建设的摸爬滚打中，逐渐掌握了科学的风险评估和风险管控机制，建立和完善了企业社会责任体系,真正做到落地生根、与当地经济社会共生共赢。

孙子宇举例说,在肯尼亚的建设项目中,集团在当地雇佣员工比例达到86%以上,仅蒙内铁路建设的高峰期,就能带动当地近两万人就业。

中国水电在斯里兰卡中部山区承建的M坝项目是斯最大在建水电站。中国水电斯里兰卡区域总部总经理李世中介绍,中水非常注重与当地社区和媒体的沟通。一方面,项目严格遵守当地法律法规,并按最高标准施工。另一方面,积极承担企业社会责任,不仅为水坝周边民众提供大量生活援助,还大量聘用和培训当地员工,用人性化管理赢得民心。

如今,斯里兰卡《每日新闻》《星期日观察》等主要英语、僧伽罗语媒体记者已经成为工地"常客",对工程进度、质量及对本地就业的带动作用予以好评。

2016年是"十三五"开局之年,也是"一带一路"建设承前启后的重要一年。"十三五"规划中提出了创新、协调、绿色、开放、共享的五大发展理念,与建设绿色、和谐、共赢的"一带一路"无缝对接。

"'一带一路'源于中国而属于世界,它在解决中国发展问题的同时,也在解决世界发展问题。"中国人民大学教授王义桅说。

德维尔潘如是感言:"'一带一路'给我们与中国携手合作的机会,这是政府之间的合作,是企业家和投资者的合作,是人民之间的合作……它让拥有不同历史、关系、思维、期望的国家在一个架构下共同发展,它将为对话、理解与最终的和平创造条件。"

迈出携手同行的步伐,共筑发展繁荣的梦想。"一带一路"行进在越来越宽广的路上!(新华网2016年6月18日,记者冯武勇、张伟、刘莉莉、刘丽娜、刘轶芳、乔继红、樊宇)

做好"一带一路"交汇点大文章

国家主席习近平对中东三国的访问,将世界的目光再次聚焦这里。中东位于亚、非、欧三大洲结合部,素有"三洲五海之地"之称,拥有丰富的石油、天然气资源和苏伊士运河战略要地,在世界政治和经济舞台上都发挥着重要作用。历史上,中东就是丝绸之路和香料之路的通达之地,促进了东西方之间的经济、政治和文化等诸方面的交流。

而新时代的"一带一路"秉承"共商、共建、共享"的原则,以互联互通为主要内容,推动沿线国家发展战略的对接与耦合,以新的形式使亚非欧各国联系更加紧密,实现互利共赢。中东地区属于中国的"大周边",既是"一带一路"的交汇点,也是共建"一带一路"的关键节点。2014年6月,习近平主席在中阿合作论坛第六届部长级会议开幕式上的讲话中提出中阿共建"一带一路"和"1+2+3"的合作格局,打造中阿利益共同体和命运共同体,从而明确了中东在"一带一路"建设中的重要地位。

进入新世纪,尤其是中阿合作论坛成立以来,中国与中东国家经贸关系进入历史快车道,经贸合作不断向深度和广度发展,主要呈现以下特点:第一,双边贸易突飞猛进,贸易结构日趋多元化。中国主要从中东国家进口石油、天然气和石化产品,主要出口机电产品和纺织品等轻工业产品,但高新技术和高附加值产品所占比重不断提高。第二,投资合作呈现出以能源合作为主,其他合作同时并进,并且领域不断扩大的态势。第三,金融合作以及信息、通信技术等高新领域的合作,成为双方合作的新亮点。第四,高层高度重视框定战略合作框架,合作机制日臻完善。最新发布的《中国对阿拉伯国家政策文件》成为规划中阿互利合作的蓝图。

对于中东各国来说,"一带一路"则给地区带来发展新机遇。中东地区文化历史悠久、宗教和文明多样性突出,资源禀赋独特,发展潜力巨大。第二次世界大战后,中东国家在发展民族经济过程中,出现了形形色色的经济发展道路,但至今未见成功范例。中东国家经济依然落后,沦落为全球化的边缘地带。

2010年底,中东国家发生了以民生和发展为内在诉求的"阿拉伯之春"革命,然而,在国内外各种势力的角逐和干预之下,这场"革命"导致地缘政治格局严重失衡,相关国家进入漫长而痛苦的政治、经济和社会转型期,缺资金、少技术,面临促进就业、改善民生、实现稳定的严峻挑战。美国战略收缩和欧盟经济乏力,无暇顾及中东。石油出口国在国际油价跌跌不休之际,经济受到严重冲击,迫切需要加快经济多元化步伐,寻找稳定的能源出口市场,这与中国打造能源共同体的需求高度契合。

中东阿拉伯世界失业人口约2200万,"一带一路"带来的投资,将帮助其增加就业,改善民生。中东国家工业基础薄弱,"一带一路"产能合作和技术转移,有助于中东国家实现工业化和现代化。中东国家基础设施落后,亚投行和丝路基金以及中国庞大的基建能力成为改善中东基础设施环境的新契机。

当前,中东乱局严重威胁地区和世界稳定,中国作为一支和平力量出现在中东,倡导以政治对话促和平,以建设促稳定,以稳定促发展的解决方案,有助于中东局势趋稳。"一带一路"将为中东国家带来资金、技术和发展经验,成为地区和平、稳定与发展的新机遇。

综合来看,中国与中东堪称是共建"一带一路"的天然合作伙伴。中国与中东国家友谊源远流长,在漫长的历史长河中,和平合作、开放包容、互学互鉴、互利共赢始终是双边交往的主旋律。中国的"一带一路"倡议得到中东国家的积极响应，有 8 个国家成为亚投行创始成员国。

一则，中国构建开放共赢的新型国际关系与中东国家的对外开放战略高度契合。中国与中东国家产业结构不同，互补性强。中国是中东国家的第二大贸易伙伴，中东是中国的主要能源供应地和第七大贸易伙伴，这是双方构建"一带一路"的良好基础，有利于打造能源安全共同体。

二则，中东国家"向东看"与中国"向西开放"相向而行，双方取向和目标一致。当前形势下，中东国家自主探索符合本国国情的发展道路，致力于推进工业化进程，努力扩大就业和改善民生，从而提出一系列的发展战略和规划，这与中国应对经济新常态，全面深化改革，促进产业转型升级，从"中国制造"转向"中国创造"的中国梦不谋而合。此举既能帮助中东国家促进就业、实现工业化和经济多元化，还有利于中国产能转移、产业合作和扩大海外工程承包市场。

三则，中东国家作为"一带一路"的交汇点，中国与中东国家实现互联互通、合作共赢将产生广泛的辐射效应，成为打通欧亚非经济大动脉，促进区域经济一体化的关键一环。

当然，中国与中东国家共建"一带一路"可能还会遇到各种障碍，不会一帆风顺。但是，中国与中东国家因双方发展和战略需求高度对接，将成为"一带一路"建设的先行者。做好"一带一路"交汇点大文章，打造中阿利益共同体和命运共同体，无疑是实现欧亚非互联互通的关键一环。（《瞭望》2016 年 1 月 25 日，姜英梅，中国社会科学院西亚非洲所副研究员）

产能合作筑就中哈互利共赢之路

里海之滨的阿克套是哈萨克斯坦著名港口城市,由于周边油田众多,这里也是哈萨克斯坦重要的石化行业基地。在这座美丽的能源之都近郊,坐落着中国与哈萨克斯坦在非资源领域最大的合作项目——中哈里海沥青合资公司。沥青厂投产3年来,改写了哈萨克斯坦沥青依赖进口的历史,为哈萨克斯坦基础设施建设作出了重要贡献。

再也不用以原油换沥青了

沿着蜿蜒的滨海公路开车大约15分钟就到了阿克套郊外。在一望无际的荒原中,往来的大型货车、油罐车川流不息,一派繁忙景象。道路两侧是鳞次栉比的石化相关企业。作为该地区最大规模的石化工厂,中哈里海沥青合资公司高耸的储油罐、现代化的厂房、整齐排布的管线以及整洁的厂区环境,格外引人注目。

哈萨克斯坦拥有丰富的石油资源,是原油开采和出口大国。然而,由于炼化技术发展相对滞后,该国许多石化产业链下游产品长期依赖进口。2014年以前,哈萨克斯坦近九成的沥青需要从俄罗斯等国进口,严重制约哈萨克斯坦基础设施建设与经济发展。中哈里海沥青合资公司设计年产沥青超过40万吨,建成投产后完全满足了哈萨克斯坦对道路建设的需求,彻底改写了哈萨克斯坦沥青严重依赖进口的历史。

"哈萨克斯坦再也不必面对用原油换取沥青的尴尬局面了,"沥青厂总经理赵景忠说。哈萨克斯坦幅员辽阔,基础设施建设薄弱,对道路沥青的需求巨大。赵景忠说,该国过去只有个别炼油厂有一些小的沥青生产装置,年产量不过几万吨,根本无法满足每年数十万吨的需求。为此,哈萨克斯坦不得不将本土开采的原油无偿送往其他国家的炼厂,在支付高额的加工费、运输费后,以进口的方式将沥青买回来。

沥青厂由中国中信集团与哈国家石油天然气公司共同投资。经过3年的建设发展,沥青厂目前每年可加工原油100万吨,生产氧化沥青、改性沥青、混合油等产品。中信集团哈萨克斯坦有限公司总经理孙阳向本报记者介绍,2016年,沥青厂在曼吉斯套州名优工业产品评比中荣获银奖,已被列入哈石油加工企业名录。2017年,沥青厂计划申请进入欧盟市场的产品认证,力争实现对外出口。

说到沥青厂对哈萨克斯坦的重要意义,该厂行政与人事部主管阿比尔卡伊尔·白帕科夫提起了哈总统纳扎尔巴耶夫的话:"现在我们终于可以依靠自己的力量来保障国家的道路建设了,我感到无比幸福。"

为两国战略对接服务

未来,随着"西部欧洲—西部中国"国际公路干线以及"希姆肯特—克孜洛尔达"等哈萨克斯坦国内洲际公路建设项目的深入推进,沥青厂的产品必将发挥更大的作用,成为中国"一带一路"与哈萨克斯坦"光明之路"经济计划对接的重要成果和推动力量。

"为中哈两国发展大局服务,为哈萨克斯坦民众带来更多福祉,是企业孜孜以求的目标。"谈到沥青厂过去几年取得的成绩,孙阳告诉记者,截至2016年6月,沥青厂累计在哈萨克斯坦纳税超过2000万美元。

除了为哈萨克斯坦经济发展作出贡献外,沥青厂还为当地民众提供了大量就业岗位。沥青厂人力资源部高级经理柯普别尔根诺夫·马拉特告诉本报记者,在企业筹建阶段,沥青厂累计为当地创造了2000多个就业岗位。在正常生产经营阶段,工厂直接聘用的哈萨克斯坦籍员工有210人,间接为企业提供各种服务的当地人大约300人。

企业在生产过程中，还结合哈萨克斯坦独特的气候特点，研究测试更符合本土需求、在低温环境下耐受性与抗疲劳性更强的改性沥青。"实际上，我们已经拿到了改性沥青生产许可证，但产品一直未投入市场，"沥青厂总机械师周瀚章向记者解释说，这种沥青多数用在高速公路等高等级道路上，需求量大，附加值高，投入市场后会给企业带来更大收益。沥青厂2015年小规模试制的产品全部优于哈萨克斯坦国家标准，成为在哈萨克斯坦境内首次成功生产的改性沥青，填补了该国空白。"但考虑到哈萨克斯坦个别地区经常出现极端天气，我们认为有必要用更加严格的标准对产品进行测试，进一步优化原料配比和加工工艺，确保产品在更加苛刻的环境中不出问题。"

见证中哈员工深情厚谊

7年多的时光，沥青厂创造了历史，也见证了中哈员工的深情厚谊。沥青厂现任采购部经理阿尔曼是哈萨克斯坦人，2013年初通过竞聘来到沥青厂工作。小伙子踏实肯干，业绩突出，在实现自我价值的同时，也赢得了在厂里担任翻译的中国女孩韩江红的芳心。2013年底，两人喜结连理。目前他们已经有了一个孩子，家庭幸福美满。

"我们和中国员工相处得非常融洽，遇到不懂的问题，他们总能耐心解释，大家相互理解、彼此支持，共同克服各种困难，感情也越来越深。"沥青厂员工加比特说。

王富华是厂里的总仪表师，从企业筹备初期就在一线，一干就是7年。面对哈萨克斯坦缺少仪表自动化专业人员的现状，他找来各种资料反复进行培训，专业词汇表达不清就画图示范，一直到当地同事完全理解为止。很多哈方技术人员都亲切地称他"师傅"。

"王师傅不光教知识,关键时候还冲在最前头。"柯普别尔根诺夫说,有一次生产过程出现异常,一台阀门无法打开,情况危急,哈方同事几经努力无法排除故障。王富华到现场后,冒着高温油品泄漏着火的危险,迅速检查设备,排除故障。在场的人惊出一身冷汗的同时,也纷纷为王富华的敬业精神和高超的技术水平竖起了大拇指。

在"一带一路"宏伟倡议的指引下,沥青厂不仅创造了两国经济合作的历史,也在一个领域彻底改变了哈萨克斯坦的历史。相信未来沥青厂的优质产品在铺就一条条高速公路的同时,也将筑就中哈互利共赢之路和民心相通之桥。(《人民日报》2017年3月2日)

· 资料链接 ·

"一带一路"国际合作重大工程项目盘点

"一带一路"倡议提出三年以来,得到国际社会的广泛关注和积极响应。三年来,"一带一路"建设从无到有、由点及面,取得长足进展,并且在政策沟通、设施联通、贸易畅通、资金融通、民心相通等方面都取得了显著的成果,而工程项目以及产能合作作为"一带一路"的重要组成部分,更是留下一行行坚实的足印。

项目名称	三家央企联手收购土耳其第三大码头
所在国家	土耳其
建设地点	伊斯坦布尔
项目状态	已竣工
项目简介	土耳其是丝绸之路经济带和21世纪海上丝绸之路沿线的重要节点，Kumport码头位于马尔马拉海西北海岸的Ambarli港区内，靠近伊斯坦布尔的欧洲部分，占据欧亚大陆连接处的重要战略地理位置，距离黑海航线必经的博斯普鲁斯海峡仅35公里，是黑海和地中海之间的咽喉要地，是土耳其第三大集装箱码头。

项目名称	沙特延布炼厂
所在国家	沙特
建设地点	延布
项目状态	已投产
项目简介	2016年1月20日，中国在沙特最大的投资项目，中国石化首个海外炼化项目——延布炼厂项目正式投产启动。中国国家主席习近平和沙特阿拉伯国王萨勒曼共同出席中沙延布炼厂投产启动仪式。习近平指出，中沙在能源领域的互利合作给两国人民带来了实实在在的利益。

项目名称	哈萨克斯坦苏克石油天然气公司（港资）
所在国家	哈萨克斯坦
建设地点	克孜奥尔达州
项目状态	在建
项目简介	2010年，公司实际控制人名下的香港中科国际石油天然气投资集团有限公司（以下简称"中科集团"）开始介入苏克项目并完成大量前期资料收集、整理、研究工作，并组织专家团队分8个课题进行基础地质研究、勘探开发方案技术论证等工作。经多名专家论证，确认苏克气田是一个超大型气田。

项目名称	帕德玛大桥及河道疏浚项目
所在国家	孟加拉国
建设地点	孟加拉国达卡地区Mawa镇
项目状态	在建
项目简介	全长6公里的帕德玛大桥由中铁大桥局承建,是连接中国与东南亚泛亚铁路重要通道之一,不仅连接孟加拉国南部21个区与首都达卡交通,结束了这些地区与达卡之间摆渡往来的历史,也使中国和印度泛亚铁路的南部对接,对深化中国与南亚及周边国家合作具有重要作用。

项目名称	阿斯玛特·阿里汗桥(中孟中友谊七桥)
所在国家	孟加拉国
建设地点	马达里普县阿里尔坎河
项目状态	已竣工
项目简介	中孟友谊七桥全称阿斯玛特·阿里汗桥,位于孟加拉国巴里萨尔大区马达里普市东郊,路线全长4.96Km,主桥卡兹尔特克大桥694.16m,宽13.3米。项目建成后有效缩短了孟西南地区至吉大港的运输距离。

项目名称	丝路书香工程
所在国家	"一带一路"沿线国家
建设地点	"一带一路"沿线国家
项目状态	在建
项目简介	"丝路书香出版工程"是中国新闻出版业唯一进入国家"一带一路"战略的重大项目,于2014年12月5日正式获得中宣部批准立项,规划设计到2020年,其中2014至2015年重点项目包括5大类8项,涵盖重点翻译资助项目、丝路国家图书互译项目、汉语教材推广项目、境外参展项目、出版物数据库推广项目等。

项目名称	中老铁路(玉溪—磨憨—万象)
所在国家	中国、老挝
建设地点	中国云南、老挝孟赛、琅勃拉邦、万荣、万象
项目状态	在建
项目简介	中老铁路是联通中老两国的重要基础设施,也是泛亚铁路的重要组成部分。中老铁路建设的实施,对于发挥铁路在推进"一带一路"建设中的服务保障作用,实现"一带一路"沿线国家交通基础设施互联互通等具有重要推动作用。

第五章 携手共前行:"一带一路"上的"中国故事"

项目名称	中缅铁路(保山—瑞丽,大理—临沧,临沧—清水河)
所在国家	中国、缅甸
建设地点	云南保山市、德宏州、大理州、临沧市
项目状态	在建
项目简介	中缅国际铁路起点为中国云南省昆明市,终点为缅甸最大城市仰光。按照规划,昆明至仰光铁路全长约1920公里,中国境内段昆明至瑞丽铁路全长690公里。据云南省发展和改革委员会提供的资料,目前昆明至瑞丽铁路已建成长350公里的昆明经广通至大理段,规划昆明至大理段在2010年以前改造为复线铁路;新建大理至瑞丽铁路长340公里,预计投资100亿元,目前已经动工建设。

项目名称	白俄罗斯中白工业园
所在国家	白俄罗斯
建设地点	白俄罗斯明斯克州斯莫列维奇区,距明斯克市25公里
项目状态	在建
项目简介	中国—白俄罗斯工业园(简称:中白工业园)位于白俄罗斯首都明斯克近郊,由中白两国合资建设。中方股东为中工国际工程股份有限公司和哈尔滨投资集团有限责任公司,占60%股份;白方股东为明斯克州政府、明斯克市政府和白俄罗斯地平线控股集团公司,占40%股份。中国—白俄罗斯工业园重点发展的项目是电子信息、生物医药、精细化工、高端制造、物流仓储等产业。工业园位于明斯克国际机场附近,交通便捷,总用地面积91.5平方公里,一期工程用地面积8.5平方公里。

项目名称	中缅天然气管道项目
所在国家	中国、缅甸
建设地点	管道起自中缅天然气管道楚雄分输站,终点位于四川省攀枝花市仁和区
项目状态	已竣工
项目简介	中缅油气管道是继中亚油气管道、中俄原油管道、海上通道之后的第四大能源进口通道。它包括原油管道和天然气管道,可以使原油运输不经过马六甲海峡,从西南地区输送到中国。2013年9月30日,中缅天然气管道全线贯通,开始输气。

项目名称	"丝绸之路"生态文化万里行
所在国家	土库曼斯坦、意大利、中国等
建设地点	土库曼斯坦阿什哈巴德市、意大利米兰市,中国福建省泉州市等
项目状态	已竣工
项目简介	丝绸之路生态文化万里行活动,以中华优秀传统文化为支撑平台,以弘扬生态文化,倡导绿色生活,共建生态文明为宗旨,向世界传播数千年中华民族之精华,证明中国乃是"聪明睿智之所居,万物才用之所聚,圣贤之所教,仁义之所施,诗书礼乐之所用,异敏技艺之所试"的文明礼仪之邦。

项目名称	霍尔果斯国际边境合作中心
所在国家	中国
建设地点	霍尔果斯边境
项目状态	在建
项目简介	中哈霍尔果斯国际边境合作中心是建立在中哈两国霍尔果斯口岸的跨境经济贸易区和区域合作项目,是中国与其他国家建立的首个国际边境合作中心,也是上海合作组织框架下区域合作的示范区,中哈霍尔果斯国际边境合作中心连接通道已经正式开始动工建设。

项目名称	马来西亚马中关丹产业园
所在国家	马来西亚
建设地点	马来西亚彭亨州关丹市
项目状态	在建
项目简介	2012年4月1日,马来西亚总理纳吉布与时任中国国务院总理温家宝在出席中马钦州产业园区开园仪式时,提议中国在马来西亚创建"马中合作产业园"。对此,温家宝总理予以积极回应。同年6月,中马双方共同在吉隆坡签署了《关于马中关丹产业园合作的协定》。自此,由中马两国总理亲自推动、两国政府合作共建的马中关丹产业园区,与中马钦州产业园一起,成为了世界上首个互相在对方建设产业园区的姊妹区。

(中国一带一路网2017年2月4日)

第五章 携手共前行:"一带一路"上的"中国故事"
The Belt and Road

踏上"一带一路",
中国企业迈出什么样的新步伐?

近年来,中国对外直接投资增长迅速,"一带一路"建设更给中国企业"走出去"带来了新的机遇。而企业在"一带一路"沿线进行产业战略布局的同时,可能面临的投资风险或阻碍也值得关注,正所谓步子迈得大,更要走得稳。

中国企业这样"走出去"

所谓的"走出去",实际是中国企业国际化的过程,即通过本国企业、产品、服务、资金、技术和人才等优质要素走向国际市场,使国内市场向国际市场延伸,最终实现企业国际化。21世纪以来,中国企业"走出去"已经历了很多重要的节点:

"一带一路"建设拓展了中国对外开放的内涵,成为中国企业"走出去"进入新阶段的标志。现阶段中

中国企业"走出去"的重要历程

2001年	中国加入世贸组织,中国企业走向海外的步伐开始加快
2004年	联想收购IBM公司的全球PC业务,中国企业不再只靠外贸"走出去"
2007年	美国金融危机爆发后,中国企业海外并购经历小高潮
2010年	债务危机波及整个欧洲,中国企业海外并购又达高峰
2014年	中国企业对外直接投资达1400多亿美元,中国成为资本净输出国
2015年	《推动共建丝绸之路经济带和21世纪海上丝绸之路的愿景与行动》发布,"一带一路"进入实际操作阶段

数据来源:中国国际安全研究报告(2016)　　新华网数据新闻

国企业在"一带一路"沿线的投资中,国企、央企是投资的主力军和领头羊,"开拓产品/业务国际市场、占领当地市场、提高全球市场份额、增加盈利能力"等市场因素是企业"一带一路"沿线投资的第一大动因,政府政策位居其次。

随着"一带一路"倡议的落实,越来越多的国内企业参与到"一带一路"沿线国家的投资当中,由于对"一带一路"相关国家投资企业以国企为主,企业来源地也主要集中在国内一线大城市。

"迈开大步",投资不断扩展

"一带一路"沿线各区域经济发展程度和社会文化具有多样性,与中国在空间距离和国际关系方面也不尽相同,这些直接影响到了中国对沿线国家投资的区位选择。根据商务部相关数据显示,2016年,我国企业共对"一带一路"沿线的53个国家进行非金融类直接投资145.3亿美元,同比下降2%;在"一带一路"沿线61个国家新签对外承包工程项目合同8158份,新签合同额1260.3亿美元,同比增长36%;完成营业额759.7亿美元,同比增长9.7%。

"一带一路"相关国家要素禀赋存在较大差异,与中国经济互补程度不同,中国对沿线国家直接投资的产业领域也呈现异质性。能源是中国对"一带一路"相关国家直接投资规模最大、最为重要的产业领域;交通运输也具有重要地位，其投资规模仅次于能源类投资；此外，作为信息基础设施建设的一部分，电信等技术类投资也是中国对"一带一路"相关国家直接投资较为重要的产业领域之一。

面对挑战，"步伐"也应更稳健

在中国企业"走出去"取得成功的同时，中国企业遭遇到的阻碍也在大幅增加。自2016年1月至2017年3月，针对中国企业或可能对中国企业产生影响的贸易救济调查达215起，包括反倾销、反补贴、双反、反规避、保障措施。

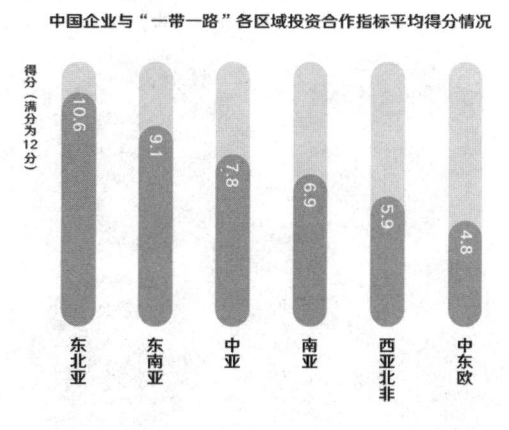

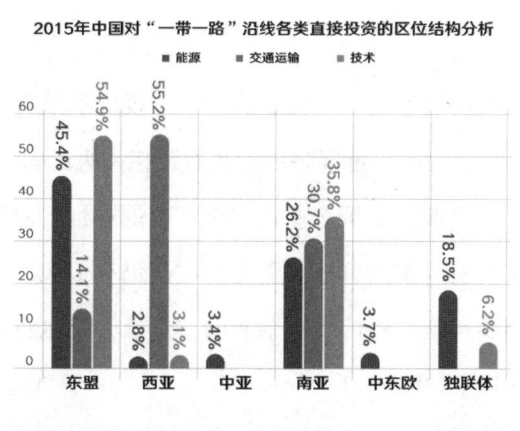

从争议解决看，有31%的被访者提及企业在"走出去"过程中曾遭遇程序或处罚，其中以遭遇民事诉讼和仲裁的企业较多。纠纷所涉领域主要为采购合同、销售合同纠纷。涉案最大标的在500万以下以及一亿元以上区间的最多。诉讼费用在10万—50万区间的最多。诉讼和仲裁的结果以和解、调解居多。

此外值得关注的是，由于"一带一路"沿线国家多为发展中国家，发展阶段差异巨大，国情复杂多样，在为我国投资者提供广阔空间的同时，也加

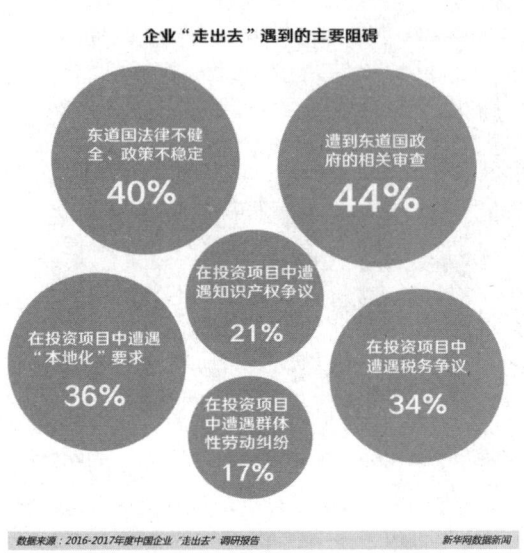

大了中国企业在海外投资、运营过程中的潜在风险。相关调查结果显示，近四成受访者认为投资过程中遇到的主要困难是政治不稳定、恐怖主义、战争、内乱、军事冲突等。

随着"一带一路"建设的深入推进，中国企业也将更多地参与到国际规则的运用中。相关配套措施，包括区域投资争端解决机制的设立、投资争端解决规则及程序的指引、双边投资保护协定的完善等将成为政府及相关机构的重点工作之一。

目前，中国企业正在全球范围进行产业战略布局，"一带一路"相关国家占整体中国海外投资金额比例仍有很大的增长空间，随着"一带一路"的逐步实施，相信中国企业的"走出去"也将迈出更大更稳的步伐。（新华网2017年4月17日）

中企，在加勒比海逐浪

在世界版图上，加勒比地区并不显眼，但又是不容忽视的一个区域，东西比邻大西洋和太平洋，上下连接美洲两块大陆，在国际事务中发挥着重要作用。

第五章 携手共前行:"一带一路"上的"中国故事"

牙买加位于加勒比心脏地带,在地区事务和国际问题上发挥着超出其自身实力的影响力;哥斯达黎加是中国在中美洲地区的唯一建交国。记者日前走访了在这两个地方开拓市场的中国企业,它们的共同感受是:这是一片有潜力的地区,尤其制造业、旅游业、农业等方面大有可为,值得中企"撸起袖子加油干",在适应中前行,在突破中提升,推动双方共同发展。

练队伍——上好"如何进入中美洲"实践课

去年12月9日,中国电建集团(以下简称中国电建)参与承建的哥斯达黎加楚卡斯水电站,两台机组同时完成72小时试运行,进入商业运行。这是中国电建在哥斯达黎加、也是在中美洲第一次通过国际招标获得的项目。

楚卡斯水电站位于哥首都圣何塞以南40公里的塔古拉斯河上,总装机量5万千瓦。2010年底,中国电建获得合同,负责修建一条长205米、直径9.8米的马蹄形导流洞、上下游围堰以及一座地面式水电站的厂房土建施工和机电部分的设计、采购、施工等。项目应在2013年完工,但工期却被一推再推。"业主在办理开工许可和伐树许可证明拖延,导致我们开工就晚了5个月。"在水电站营地,项目经理张波一条一条给本报记者数着,"之后由于地质勘探和总体规划不到位、设计图纸提供不及时等原因,项目迟迟无法上马。"

对中国电建哥斯达黎加团队来说,楚卡斯项目的推进过程是一堂"如何开拓中美洲市场"的实践课:企业如何适应当地的政策法律环境?怎样与当地业主打交道?如何才能最大限度地推进项目?中国建设者要解决一个个难题。

"通过这个项目,我们锻炼了队伍,也积累了一些经验。"中国电建哥斯达黎加国别代表刘燊深有感慨。

理解方能合作。"决策前,要站在拉美人的角度去考虑,这样才能更好地取得信任和理解。"最初张波和同事们对于"中美洲风格"不理解也不适应,"每次我们与业主、监理开会,只要一个人有异议,项目就得打住,几天的准备就白白浪费了。"

中方团队想了很多方法来推进和业主方的沟通，包括建立定期沟通机制、聘请大量当地专业人士等。按照该国法律规定，外企聘请外国劳工与本地劳工的比例需达到1∶2，在楚卡斯项目中，中哥双方工作人员的比例最高时达1∶7。刘燊告诉记者："引进的律师、土建工程师、机电工程师、环境工程师、地质工程师等当地雇员帮了大忙，他们语言相通，熟知当地文化习俗和市场规则，与政府等对接时也更容易沟通，从而节省了我们大量时间和人力成本。"

质量是基础。哥斯达黎加是中美洲地区经济较发达国家，堪称"准高端市场"，其"对规范和标准的执行以及安全和环境保护都有很高标准，出台的'质量健康安全环保'（QHSE）管理体系很严苛。"刘燊举了个例子，在楚卡斯项目现场，一次因当地工人的劳保手套破了一个洞，业主的安全工程师就要求所有工作面都停工，一停就是两天。尽管困难重重，中方团队经过努力最终通过了漫长、严苛的"考试"：6年的施工期内，实现零事故。楚卡斯项目施工现场都在水域附近，山洪、泥石流等情况时有发生，实现零事故并不容易。

努力终有回报。楚卡斯项目成了中国电建在中美洲的"黄埔军校"，为企业培养出一支高效、专业、熟悉当地规则的国际管理团队。以哥斯达黎加为根据地，中国电建成功地实现了向周围国家的辐射，先后在洪都拉斯、玻利维亚、委内瑞拉等国陆续取得多个工程项目。

促发展——"扩容"哥斯达黎加战略动脉

再有几个月，哥斯达黎加32号公路改扩建项目就要正式动工了。这是该国新一届政府的重点工程，也是一件利民生的大工程。

156公里长的32号公路是哥国交通大动脉。它横穿全境，连接首都圣何塞和哥最大港口利蒙港，途经5座重要城市，承担着国内80%的重要物资运输。每天大约有1.4万辆汽车行驶在这条公路上，将纸张、钢材、纺织品等运至首都，又将咖啡、香蕉等运往利蒙港转运世界各地。随着国家进出口贸易的逐年上升，32号公路的现有容量逐渐不能满足需求，扩建公路被政府提上日程。

2016年4月，哥斯达黎加政府批准了由中国港湾工程有限责任公司（以下简称中港湾）承建32号公路改扩建项目的合同。根据合同，中港湾除了负责将32号公路107公里路段的双向2车道扩建至双向4车道，还包括在道路沿线修建36座桥梁、13座立交桥等任务。项目总造价为4.95亿美元，由中国进出口银行提供其中3.95亿美元的贷款。哥斯达黎加总统索利斯曾兴奋地说："这是一个好消息！这条连接加勒比区域的重要战略道路终于启动了！"

一项利国利民的工程，实施起来却一波三折。"这个项目难度不算大，难点是我们如何适应当地的法律社会环境，又如何让对方理解我们。"中港湾高级业务经理、32号公路扩建项目总经理周竟雄坦言。

哥斯达黎加是一个"律师多过工程师"的国家，法律繁多、体系复杂，政府中对这个项目也有不同声音。一次活动中，一位不了解详情的政府官员公开批评项目进展"太慢"。对此，中港湾改变了过去"身正不怕影子斜"的做法，当时就争取到发言机会予以回应，详细解释了合同迟迟未能批复的原因。"现场有媒体在，直接把我们的声音传递了出去。此后，明显感觉来自社会各界的阻力、批评声音小了。"周竟雄感慨道。

有利民生的项目，终会得到民众发自内心的支持。在项目正式批准前，利蒙市政联合会组织相关代表到中港湾驻哥公司参观，当地出口与运输协会的负责人一到就主动问："我们怎么做才能更好地帮助你们？"周竟雄说，"得到民众的支持，是我们这个项目能够坚持下来的一个重要原因。"

今年是中国和哥斯达黎加建交10周年。"我们预计在6月开工建设，将这个项目作为两国建交10周年的献礼。"中港湾哥斯达黎加国别经理吴虹表示。

根据项目计划，改扩建后的32号公路设计时速将从原来的80公里提升至100公里，日通行车辆也将从现有的1.4万辆增至2万辆。"路宽了，跑的车多了，不仅能够适应港口更大的吞吐能力，对于当地依靠港口为生的工人、旅游行业从业者来说,也意味着更多工作、更多机会。"吴虹说。

谋转型——进军当地产业链上游

牙买加西侧,尼格瑞尔,游客们最喜爱的"七英里"海滩。沙滩洁白柔软,海水随阳光的照射呈现蓝绿变幻,这里被许多旅游杂志评为"世界十大著名沙滩"之一。由中成进出口股份有限公司(以下简称中成)负责建设的森萨特瑞酒店,就坐落在这片沙滩上。

规划中的森萨特瑞酒店由6栋3层楼房组成,共149个房间,计划今年4月完工。在中成驻牙买加国别负责人韩乐田看来,这个项目有着特殊意义,"这是我们集团将在牙买加的发展重点转向旅游相关行业后的第一个项目"。

在进入牙买加市场的道路上,中成可称得上是先行者。自2005年起,中成开始在牙买加跟踪并中标一系列项目,10多年间,先后完成牙买加垂罗尼板球场、蒙贝会展中心、牙买加经济住房等项目。项目越做越多,"中成"品牌在牙买加市场的认可度也越来越高。2016年12月,牙买加经济住房最后一期开售,牙买加经济增长和创造就业部部长霍拉斯曾用"完美"来形容这项工程。

品牌树起来了,中成开始思索在牙买加市场下一步的发展战略,将目光锁定了旅游相关行业。旅游业是牙买加的支柱产业。根据全球旅游协会联盟的报告,2014年牙买加交通旅游业对国民生产总值的直接贡献为1283亿牙买加元(约合9.95亿美元),约占国民生产总值的8.1%,报告预测,到2025年,旅游交通业的直接贡献将增至11.6%。

"尽管旅游产业对牙买加国民经济贡献非常大,但与旅游相关的基础设施发展还比较欠缺,这中间的缺口就是市场的巨大潜力,也是我们的机会。"韩乐田说,森萨特瑞酒店就是中成在转向旅游相关行业后的第一个"机会"。

机会到了,要把握好实现转型,中成仍有许多挑战。比如工程把控中成此前在牙买加的项目多为政府项目，此酒店项目为纯商业项目，这对企业把控项目的能力提出了更高要求。"以前遇到一些困难，可以请政府相关部门帮忙协调，并且项目中我们采用中国规范、中国图纸，也能被业主接受。"现场工程师黄同金经历过两个不同类型项目，感受特别明显。他告诉记者，以前自己只负责施工技术，但现在每天要跟业主、环保局、劳工组织等各路人马沟通。该项目的管理团队非常国际化，业主是墨西哥公司，管理公司则来自西班牙、牙买加和塞尔维亚，需要对各种不同标准规范进行协调。

又如环保要求。牙买加以旅游产业为重点产业，当地非常重视环保，再加上酒店施工现场距离海岸线只有20多米，右侧还有正在营业的酒店，环保要求就更加严格，环保局几乎每周都会到项目现场来检查。中成给自己额外立了许多规矩：每两小时洒一次水以有效减少粉尘；在施工现场大门口安装冲洗设施，为每辆离开工地的车辆清洗轮胎，避免污染主干道；晚上7时后不施工，避免影响周围酒店游客休息等。

"刚进入项目的前两个月，晕头转向摸不到头脑，我们就多沟通、多学习，现在顺手多了。"黄同金说。业主方驻项目经理迈克·卡特的评价也证明了这种变化："第一次与中国企业合作，我的感觉是中方管理团队非常专业，质量和进度控制有条不紊，令人放心；在环保方面，也严格执行了环保部门近乎苛刻的规定，没有对环境造成任何破坏，非常值得称赞。"

"时机合适时，我们考虑进入一些合适的公私合作项目，不只作为项目的承建者，而是向产业链的上游进军。"韩乐田对此信心满怀。

利民生——助力牙买加医疗产业整体升级

樊国琦还记得第一次看到康沃尔医院的样子。

天气酷热，加勒比的强烈日照下，白色的医院大楼楼门紧锁。大楼前的空地上，几顶军绿色的帐篷里，一些病人或坐或站，等待接受治疗。

2016年初，这家牙买加西部地区最大的综合性一级甲等医院放射科发生化学液体泄漏，化学液体渗入到医院空调排风系统，全院62%的区域受到影响，部分员工和病人出现皮疹和呼吸系统不适等症状。10月，医院进入紧急状态，主要门诊服务在室外临时设施内进行。

紧急情况下，牙买加卫生部发出求援，中国国际医药卫生公司（以下简称国药国际）接手了康沃尔医院的管道消毒和通风系统修复工作。"我们在15天里提交了危机处理解决方案，从国内调来7台专业管道清扫消毒机器人，正式入场启动修复工作。"国药国际牙买加负责现场的项目经理陈欣回忆道。两个月后，清扫修复工作全部完成，康沃尔医院的医护人员和患者终于从帐篷搬回大楼。

康沃尔医院修复项目，是国药国际进入牙买加后的第一个项目，不过国药国际对牙买加市场的构想，远不止于此。2016年7月，国药国际在牙买加设常驻机构，正式开拓牙买加市场。"牙买加在加勒比区域国家里的影响力非常大，市场对周围的加勒比国家有示范效应；另一方面，牙买加的公共医疗服务还有待改进。"樊国琦给记者列举了一串数据，2006年至2013年间，牙买加平均每万人只拥有医生5人、护理和助产人员11人、牙医1人、药师1人。

"此前在牙买加的医疗市场上，古巴、印度、美国的企业都占据了很重要的份额，但这些国家往往只侧重某个方面，或是药品供应，或是医护人员。我们想参与竞争，就要有我们的优势和与众不同之处，也就是我们的全产业链运作能力。"樊国琦说，国药国际向牙买加卫生部提出了打造"医疗卫生一揽子提升项目"的概念，目的就是希望在医疗机构建设、疫苗药品合作、医疗产业园建设、人员培训和医疗用品属地化生产方面，实现系统的、全方位的提升，以此帮助牙买加医疗体系实现提档升级。牙买加方面热烈回应，"这个理念非常新。"卫生部长克里斯托弗·塔夫顿听完计划，立刻就派员对接此事。

理念新也要实力强。康沃尔医院修复项目的时间和难度不算大，但中国企业在项目中展现出的高效让对方佩服。一般类似的修复工作要4个月完工，国药国际团队只用了一半时间。"非常专业,我们可以毫不犹豫地将他们推荐给其他项目。"康沃尔医院院长安东尼·斯迈克自信地说。

去年12月,国药国际收到中标通知书,将参与承建当地健康产业集团格雷斯肯尼迪公司的大健康综合体项目。如果说康沃尔医院的修复只是国药国际进入牙买加的牛刀小试,那么大健康综合体项目将是国药国际在牙买加的第一个真正意义上的重量级项目。

"这座总建筑面积约1.7万平方米的10层大楼,建成后将兼具医疗诊治、健康食品分销等多种功能,成为首都金斯顿老城区的地标性建筑。这也将是我们与牙买加一道打造'医疗卫生一揽子提升项目'的标志性工程。"樊国琦说。(《人民日报》2017年2月20日)

乘着"一带一路"的东风,中国环保产业怎么出得去、站得住、长得大?

2013年,我国提出"一带一路"的国家战略。2015年,国务院授权国家发改委、商务部等部委发布《推动共建丝绸之路经济带和21世纪海上丝绸之路的愿景与行动》,基础设施互联互通成为"一带一路"建设的优先领域,并明确拓展"一带一路"沿线各国相互投资领域,积极推进环保产业等多领域合作。

随着相关政策的发布,中国企业积极参与到对沿线国家的投资、基础设施建设中。据商务部统计,今年1~10月,我国企业对"一带一路"相关的51个国家非金融类直接投资120.7亿美元。对外承包工程方面,我国企业在"一带一路"相关的61个国家新签对外承包工程项目合同6877份,新签合同额

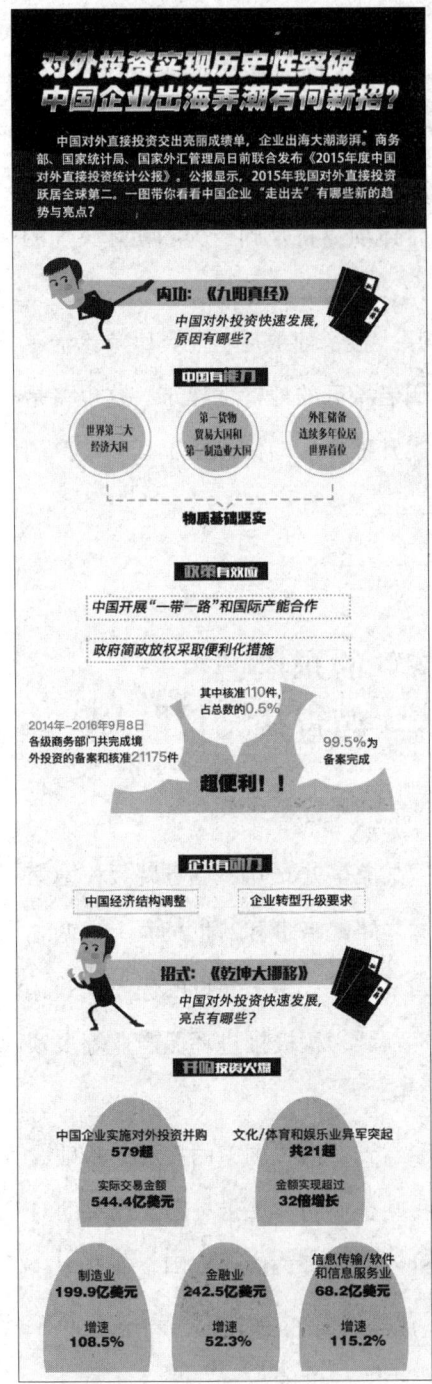

843.9亿美元,同比增长30.7%。

环保产业企业作为我国新兴战略产业的主体,响应中央号召,积极探索海外市场,成为"一带一路"的积极参与者。他们在探索和参与的过程中,在工程、技术、管理以及文化等方面,顺应潮流,迎接挑战,不仅向沿线国家送去了绿色、生态的理念,树立了中国环境工程、技术、成套设备以及服务的新形象,还在激烈的国际竞争中带动了企业自身的工艺、技术和管理水平的提高,进一步增强了竞争力,成为我国实施"一带一路"战略的绿色亮点。

哪些企业扬帆出海?

走出去企业呈现出区域性、行业性特点,技术含量逐渐提高,产品性价比具有一定竞争力,大型企业已经展现出在技术、工程、资本等方面的优势

近两年来,我国环保企业走出去的步伐明显加快,并呈现出区域性和行业性特点。

在西南地区,广西具有与东盟国家陆海相邻的独特优势。作为21世纪海上丝绸之路与丝绸之路经济带的重要门

户，广西的环保产业更多的是瞄准东南亚市场。广西鸿生源环保科技有限公司一直从事环保技术、生物技术的研发及推广应用工作，其生物产品销往泰国、越南、缅甸等地。广西博世科环保科技股份有限公司业务则涵盖水、气、土污染治理及新能源开发与利用多个领域，技术与产品远销东欧、东盟、俄罗斯、南美等海外市场。

在东部沿海省份，长三角聚集的环保企业可谓众多。江苏宜兴、浙江绍兴等地区都形成了环保产业园或企业集群。以诸暨为例，全市着力培育战略性新兴产业，特别是将环保装备产业作为出口的增长极来培育和扶持，今年1~10月，全市环保装备直接出口5449万美元，同比增长30.1%。菲达环保、天洁环境等企业的烟气除尘设备销往东南亚、南亚、中亚、拉美等多个地区。

在南部沿海，广东则将目标瞄准技术平台搭建。日前在深圳举行的"一带一路"生态环保国际高层对话会上，"一带一路"环境技术交流与转移中心（深圳）正式揭牌，中心由环境保护部与深圳市政府共同建设，将作为我国与

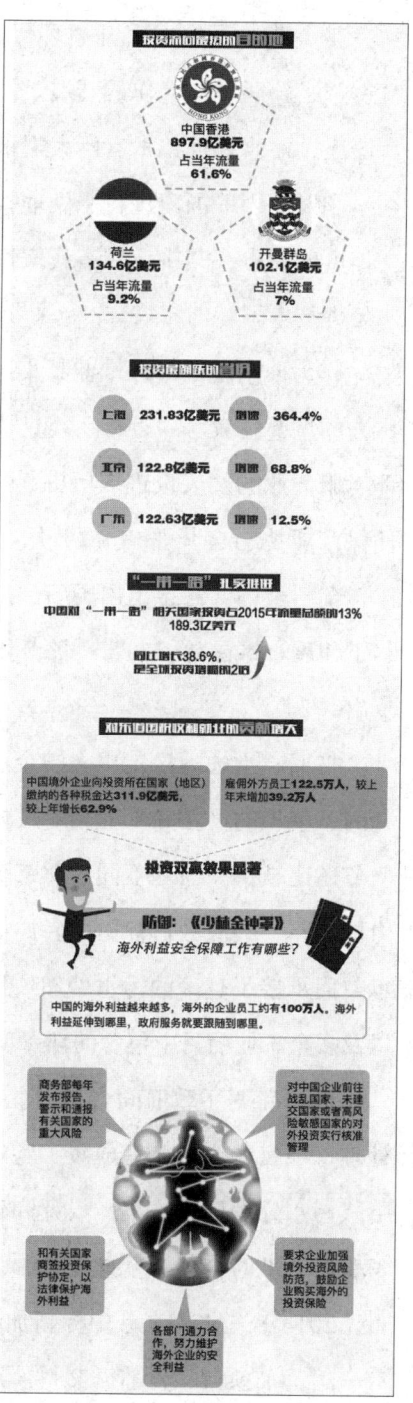

"一带一路"沿线国家开展环保产业国际合作的高端实体平台,推动绿色"一带一路"务实合作的开展。同时,由于"一带一路"不少沿线国家水资源匮乏,对水处理技术有巨大需求,而广东除具有南部港口的区位优势,也很早和以色列等国家进行水处理技术的深度合作,因此打造技术园区成为这一地区的特点,其中比较有代表性的是在东莞已经建成的国际水谷——中以水处理技术国际创新园。

作为西南地区环保产业聚集的重镇,重庆市是"一带一路"环保产业走出去的重要代表。"近5年,重庆环保相关企业数量增长最快,新增415家,环境服务业的发展也进入历史最快阶段,年均增加约45.6家企业。"重庆市环保产业协会会长张勇介绍说,一批环保龙头企业,业务范围早已突破重庆,辐射全国,甚至走出国门。"比如,重庆三峰环境实施走出去战略,签约了印度、泰国等'一带一路'国家的垃圾焚烧项目,实现了国产焚烧技术输出。"

然而,上述地区走出去的企业多是进行装备和技术输出,给主体工程配套的、单项的设备和工程相对较多,总包式、交钥匙式的高端工程、项目和服务还比较少。与之不同,北京等区域则聚集了大量央企和国企,他们的实力更雄厚,瞄准的目标更大。比如,中冶国际工程集团有限公司作为工程总承包商承接了越南的污水处理项目,非洲莫桑比克、阿尔及利亚的供水项目以及多个工业项目中包含的环保项目。

2011年基于政府间合作,北控水务在马来西亚获得吉隆坡PantaiⅡ污水处理厂项目,今年已完成竣工验收。为改善周围环境,北控水务提出了全地下式污水处理厂的方案,设计和建设难度大,企业在经历了甲方的重重严苛考验后,准时交付。依此项目,北控水务成功签约登嘉楼州朱盖市自来水项目。2014年,北控水务中标新加坡樟宜Ⅱ新生水厂DBOO(设计—建设—拥有—运营)项目,目前已交付使用,并获得了2016全球水峰会最佳水务交易大奖。

同为凭借大型工程项目走出去的企业，金科水务试水伊朗市场，规模大、技术强、质量高成为企业在伊朗大型污水再生回用项目的突出特点。

在固废领域，中国光大国际有限公司近年来摸索出自己的技术路线，在焚烧炉排、烟气净化、渗滤液处理及自动化控制等方面形成了自主知识产权的核心技术，同时全部实现关键核心设备的中国制造，并取得欧盟CE认证。今年1月，光大国际与中国电建集团、越南UDIC投资公司、越南河内市环卫公司签署了越南河内日处理能力2000吨的南山垃圾发电项目合作协议。7月，光大国际中标越南芹苴市垃圾发电项目，企业负责人表示，公司将在越南打造第一座无害化、减量化、资源化的垃圾发电项目。9月，由科技部主办的2016年垃圾焚烧发电技术国际培训班在常州举办，来自"一带一路"沿线11个国家政府、院校和科研机构的环保专业人士，参观光大常州的设备制造和垃圾发电项目后，纷纷表示期待光大公司能够帮助他们国家建设出这类高水平的环保项目。

从全国范围看，环保企业走出去总体上虽然还比较分散，但技术含量在逐渐提高，与不少发达国家相比，产品性价比具有一定竞争力。同时，大型企业参与"一带一路"沿线国家的大型项目建设的步伐在加快，已经展现出在技术、工程、资本等方面的优势，开始引领国外项目的发展趋势。

如何塑造核心竞争力？

除了技术过硬、项目经验丰富、符合所在国标准，还要有耐心，并增强服务意识，满足客户需求，融入当地文化

企业缘何能借"一带一路"战略走出去？打造核心竞争力是关键。这些竞争力不仅包括技术过硬、项目经验丰富、符合所在国标准，还要有耐心，并增强服务意识，满足客户需求，融入当地文化。

"在国内，一般同类的污水回用项目我们绘制设计图纸也就千八百张，

而在伊朗大型污水再生回用项目中，图纸数量是1.5万张。"金科水务董事长张慧春说。

作为世界钢铁巨头，总包方达涅利集团这一项目引来多方竞争者，其中包括意大利本土的水处理企业竞相角逐。最终，金科水务中标价格竟然比竞争对手还高。更出乎人们预料的是，总包方达涅利集团与金科水务签订了长期战略合作协议，在中国及海外市场推广金科的再生水处理技术。而项目的最终用户——伊朗方面也与金科水务进一步签订战略合作协议，共同开发伊朗钢铁行业水处理市场。

"标准不同是环保企业走出去面临的挑战之一。"全国工商联环境服务业商会会长、博天环境董事长赵笠钧在接受记者采访时说，"虽然很多沿线国家经济还不发达，但是标准却很严格，经常采用欧标、美标、英标和世界银行的标准。"

金科水务也遇到了这一挑战。张慧春坦言，伊朗工程中标准繁多，多采用美国、德国、英国等多国标准。比如工程用电缆采用美标、截面积、电流、电缆量都和国内标准大不相同。在垃圾焚烧发电行业，正在为走出去积极准备的杭州锦江集团有限公司CEO王元珞告诉记者，在印度，二噁英排放执行的是欧盟标准。

但许多企业在不断迎接挑战中，自身的竞争力也随之提升。除了拥有应对标准差异的能力，项目设计也成为企业提升竞争力的重要方式。在我国现在用BIM（建筑信息模型，BuildingInformationModeling）进行工程设计的企业非常少，传统的市政设计院也不愿意采用这一设计手段。但是，在伊朗项目中，金科水务已经采用BIM设计模型，不仅实现零件设备按需采购，减少材料浪费，而且每个零部件上都有唯一码，组装快速简便，能大幅缩短工期。

"小到两毫米的线圈，在三维设计模型中都有显示，而且设备和零件安装就像组装乐高玩具一样，提升效率的同时，返工率降低了70%~80%，并且后续运营维修也方便了许多。"张慧春说。

如何达到甲方严苛的考查要求是金科水务面对的另一挑战。"在'一带一路'走出去后我们发现，国外政府和企业对项目企业的质量控制要求非常高。比如，我们一开始找到国内的一家设备制造商作供应商，但因这家制造商将不锈钢材料和碳钢材料堆放在一起，甲方就敦促我们在这一项目中停止和这家企业合作。此外，甲方每月会有两次来工程实地监管，精细到对焊缝大小要求一致的地步。"

无独有偶，北控水务在马来西亚Pantai项目中也经受了类似考验。由于项目是在使用了20多年的氧化塘上建设新的污水处理厂，法律要求建设期间现有污水必须经处理后达标排放。

"原址根本没有足够空间来处理现有污水，氧化塘里还有一两米深的泥沙和污泥，总共约有几十万立方米，需要按环保法律要求脱水清除。"北控水务海外事业部副总经理罗学耕说，"为此企业采用了土工管袋用于污泥脱水，仅清理泥沙和污泥就花费了半年时间。同时，由于污水处理厂位于100多年前的矿场上，基坑深度达16米，坑底低于紧邻的巴生河河床，周边还有居民建筑、铁路等设施，如何保证质量和安全都是严峻的挑战，需要企业精心设计精心施工以避免施工事故。"

除了硬指标，软实力也成为人们看重的因素。价值理念、企业文化、尊重并融入当地历史和文化等，是不可忽视的条件。王元珞表示，环保企业带给"一带一路"沿线国的不只是项目，还有环保、生态、绿色理念。

必须积极适应当地历史传统和文化是企业走出去最深的感受。从事海外业务20余年的中冶国际工程集团有限公司海外事业部部长林洪冰表示，企业开展对外业务重要的就是入乡随俗，遵守当地国法律、规则、程序和与当地政府、企业建立良好关系同样重要。

罗学耕对此深有感触，他举了个有趣的例子。"比如在吉隆坡Pantai项目土方工程中，土方外运的单价是150马币车，每天每台车外运6车，企业为赶工期提高价格到180马币车，结果每天每台车外运5车，没想到效率反而降低了。因为司机觉得运完5车一天的钱就赚够了，不愿意多干。"

此外，企业还要充分考虑国外的宗教信仰。"在Pantai污水处理厂，无论是建设期的临时办公设施，还是永久工程的地面休闲公园、工厂办公楼，考虑到马来西亚的伊斯兰文化，我们都设计了祈祷室，风格装饰完全按照当地习俗布置，体现对当地宗教文化的接受和尊重。这些工作需要在项目设计阶段就要考虑到。"罗学耕说。

高要求带来了企业整体实力的提升，环保产业走出去的项目逐渐具有了示范意义，甚至引领了国内产业发展。以金科水务的伊朗项目为例，虽然甲方没有对设计模型做具体要求，但是企业自主应用了国际领先的BIM工程设计模式，此后这种方法完全可以应用到国内，并且基于此建立数据库，看似无意的举动实则契合行业发展的需要。就在不久前，上海水务局要求今后3年的工程设计全部要采用BIM模型。

而近日中标浙江恒逸集团在文莱的PMB石油化工项目电站工程的杭州锅炉集团股份有限公司，除了公司能以总包商的身份参与"一带一路"建设，把握价值链中的核心环节外，追求公司未来海外大型电站项目总包业务的开拓与合作中积累的经验，为公司未来承接同类业务打下基础。

怎么出得去、站得住、长得大？

信念、准确的认知以及判断非常重要，除顶层设计外，还应加强对走出去的企业提供政策支持和融资的便利，并加强相关辅导和咨询服务等。拿下第一单远远不够，国外持续的市场才是企业看中的"蛋糕"。然而"蛋糕"能否吃得到，还需要企业在对目标国家的认知和了解上下功夫。

有业内人士说，十年前有不少环保企业折戟东南亚市场，就是因为缺少对当地的深入了解,给企业造成很大损失。"比如,柬埔寨存在大量成衣制造企业,在制衣以后的浆洗环节会产生大量纤维屑、染料、浆料、化学制剂,而这些污染物都包含在排放的废水中。色度深、可生化能力强,随季节、经济形势变化大,是这一地区的水质特点。然而,我国环保企业当时并不了解这些情况,应对上就出现了问题。"

第一步失败了,企业纷纷打道回府。如何成功走出第一步,并能长久在当地获取资源、拓展业务并实现本土化,成为企业亟待解决的问题。

林洪冰将企业走出去的过程概括为看得准、出得去、站得住、扎得稳、长得大。"看得准,是指企业走出去前一定要对'一带一路'沿线国家的政治、经济形势和项目情况有准确的认知和判断。出得去是企业要有相应的理念、信念、人才和方向。"

林洪冰强调,信念非常重要。"很多谈判耗时长达一两年,常常是'进二退一',有可能前一天还谈得很好,看似合作有较大进展,但是第二天一早进程就重新归零,需要重新谈起。这对工作人员的耐心、恒心、意志力和体力都是极大考验。"

站得住、扎得稳则是指企业在所在国的第一个项目一定要做好,通过了对方的考验,树立了品牌,就有望逐步扩大当地市场。当企业能够完全从当地获取人力、设备、信息等资源,真正实现属地化后,当地项目收入成为了公司稳定的营收来源,这样就真正实现了长得大。

除了企业自身应对挑战,政策支持也十分必要。企业家呼吁,除顶层设计外,还应加强对走出去的企业进行多方面辅导和咨询服务,并提供政策、融资的便利等。

赵笠钧表示,"一带一路"战略下,扶持环保企业走出去的政策需要顶层设计,政策间要相互协调,而目前这方面制度安排并不很清晰。"比如,最近我国外汇管制趋严,中国人民银行、外管局发文对对外投资进行了限制,但应实行差别化政策,以与鼓励企业'一带一路'走出去政策相协调。"

环境商会秘书长马辉则表示,环保企业走出去包括并购公司、提供设备、环保企业作为工程项目联合体成员等多种形式,但还不够系统。

"目前,走出去的环保企业大概分为3类,第一类是上规模、有技术、对外合作基础比较好的大企业,他们走出去步伐会快一些。第二类是持观望状态的企业,其占比比较大。第三类是小微企业,自身不具备走出去的能力,只能做一些辅助性工作。政府部门可以总结第一类企业走出去成功和失败的经验,评估风险,做好基础性工作,让他们起到引领作用。这样在不远的未来,环保企业很可能是组团、成规模走出去。"马辉说。

林洪冰表示,企业走出去面临不少风险,包括来自政治、经济、法律、合约、业主、承包商等方面的风险。目前,政治风险已经成为影响企业走出去的最大风险。"我国企业如果要走出去,需要进行国别、资金政策、财会、金融、税务等多种培训。"

在细化政策方面,罗学耕表示,我国的劳务人员是优秀的建设者,但是由于一些国家对我国没有开放劳务,导致项目执行容易拖延。"希望政府能够与'一带一路'沿线国家就适当给予中国企业劳务配额进行协商,解决企业的一些困难。"

同时,中国企业在项目执行过程及售后服务中,需要派出技术骨干和管理人员,但是国内业务骨干的工作签证非常慢,比如去年马来西亚移民局收紧工作签证,导致我国专业人员不能及时赴当地处理问题。

此外,金融政策的支持不可或缺。虽然作为国家顶层设计的《"一带一路"愿景与行动》中明确相关国家加强资金融通,但是细化的金融政策还没到位,难以支持企业走出去。

目前由于欧美国家对伊朗实行禁运,所以对我国环保企业来说,目前是

"入伊"的最佳时机,张慧春将之称为"窗口期"。"比如伊朗需要大量基础设施投资建设,如果国家出台相应金融政策,增加对环保企业的授信,将加快企业走出去的进程。"他还透露,仅在伊朗,企业预估的水务项目市场就有几十亿美元。(国际在线2016年12月28日)

丝路故事

"一带一路"奏响马赛之歌

在法国南部马赛市圣—安德烈区的一片山坡上,马赛市市长让—克洛·戈丹左手指着土地,右手挥着讲稿,激情澎湃地喊道:"这个项目是我们马赛一个真正的机遇!"

在他背后,火红的中国灯笼高高挂起,与邻近山坡上马赛市政府几个月前竖立的城市名片——大写的"马赛"市名交相辉映。

由中国企业家投资建造的马赛国际商贸城10日在戈丹站立之处正式开工。数月之后,一片由彩色集装箱搭建而成、洋溢着独特时尚气息的商贸园区将依山建起,俯瞰碧波万顷的地中海,与船只林立的马赛港相守相望。在马赛人眼中,这个投资额达3000万欧元、规模庞大的国际商贸城将意味着新的就业、贸易和繁荣,奏响共建"一带一路"的马赛之歌。

了解马赛的人都知道,由于历史原因,马赛的商品批发商大量聚集在市中心,那里的老街蜿蜒曲折,大多只容一辆汽车前行。每逢货车停靠卸货,一条街的交通都会完全瘫痪。市民、商家、货车司机之间的争吵和叫骂成为马赛的街头一景。

"这让马赛不能适应一个商品从各地纷涌而来的全球化时代。"戈丹说。

新的商贸城为马赛走出困境提供了理想解决方案。新园区与优质高速公路相接,毗邻马赛港未来的集装箱码头,距离机场仅约15分钟车程。园区内,商铺大多由两层集装箱搭建,每家面积约170平方米,展示货物极为便利。戈丹说,这样"很容易吸引国际客户前来,为马赛批发商赢得先机,同时强化马赛港的战略地位"。

更加重要的是,这个能容纳200家商铺的商贸城还将创造不少的就业岗位。戈丹强调说,这是马赛需要的项目,"是一个真正的战略性项目"。

从更广阔的全球视角来看,这个新建商贸城的意义不仅仅在于让马赛更加繁荣,它如同一个枢纽,把中国浙江、法国南部和北非国家更加紧密地联系到一起,令跨洋数万里的贸易流运转得更加通畅。这恰恰是中国提出"一带一路"倡议、主张加强互联互通的初衷。

法国南方华人总商会会长陈定国说起新商贸城滔滔不绝,他表示,未来将会有更多从浙江发来的中国商品直接在马赛港装卸,来订货的北非客户们可以在商贸城看好货,随即就能在港口或机场把货发走,货物的中转速度和数量将会得到明显提升。"另外,法国南部的精油、肥皂等特色产品向中国和北非的出口也会更加方便。"

马赛港港务局首席运营官克里斯蒂娜·卡博·沃埃海勒表示:"商贸城建成后,从中国到马赛港的货物量将实现增长,对我们马赛港肯定是件好事。"

见微知著,马赛国际商贸城的兴建生动地折射出一幅方兴未艾的时代图景:自三年多前提出以来,"一带一路"倡议很好地把握了时代的需求,人们被强大的吸引力凝聚在这个富有生命力的倡议下,共同追求发展和繁荣。

中国驻马赛总领事朱立英告说,马赛和中国的关系源远流长。大约30年前,马赛和上海结成友好城市,各种交流日益丰富;近10多年来,中国多家企业投资马赛,盘活了马赛的一些"百年老店",留下多段佳话……

"我相信,马赛必将在'一带一路'建设中扮演重要角色,"朱立英说。(新华社法国马赛2017年2月12日电,记者韩冰、应强)

远东渔民的"中国梦"

符拉迪沃斯托克是俄罗斯远东地区著名的不冻港,附近海域盛产帝王蟹、龙虾和海参。由于与拥有巨大消费市场的中国相邻,这几年向中国出口海鲜的俄罗斯渔民越来越多,向中国市场出售更多的俄罗斯海鲜产品也成为这些远东渔民的"中国梦"。

渔民卡列耶夫在符拉迪沃斯托克从事海鲜生意多年。他告诉记者,这几年销往中国的海鲜越来越多。俄中两国相邻,对华出口具备得天独厚的优势。此外,随着中国经济发展,中国民众收入和消费能力不断提高,对生活品质有了更高要求,俄远东地区海鲜质量好,正好满足这一需求。

据他介绍,这两年销往中国东北地区和北京等地的帝王蟹、龙虾等海产品数量明显上涨。现在他正抓紧与相关物流公司洽谈,希望能建立运输海鲜的完善的冷链物流体系,以保证俄远东地区出产的海鲜保质保量地安全运往中国,让中国消费者满意。

符拉迪沃斯托克是俄罗斯远东联邦区下辖的滨海边疆区的首府,是俄罗斯进入太平洋的出海口,战略位置极其重要。而滨海边疆区与中国接壤,对于推动俄中贸易作用突出。

中国提出的"一带一路"倡议得到了滨海边疆区政府积极响应。滨海边疆区行政长官米克卢舍夫斯基不久前在接受记者采访时说，滨海边疆区与中国有上千公里的边界线，该区正积极开发建设从纳霍德卡港通往中国黑龙江省的"滨海1号"和从扎鲁比诺港通往中国吉林省的"滨海2号"两条交通走廊。这两条交通走廊是丝绸之路经济带的一部分，这条经济带可以将亚洲和欧洲连接起来，方便亚洲和欧洲之间的货物和人员往来，会对促进世界经济发展起到重要作用。

在中俄边境绥芬河—波格拉尼奇内口岸可以看到，俄罗斯一侧等待安检的车辆排起长队，货车上装载的主要是木材、海鲜、石油产品等，这些货物将通过绥芬河口岸发往中国各地。货车司机谢尔盖告诉记者，冬季每天往返一趟，等天气转暖了每天能往返两趟，运送的货物也多很多。

卡列耶夫说，俄罗斯很多媒体都报道了中国经济改革取得的成就，他身边很多朋友都在从事同中国的贸易，俄罗斯生产的蜂蜜、巧克力、糖果、面粉、葵花籽油等受到中国老百姓欢迎，很多俄罗斯商人计划扩大同中国伙伴的生意。

卡列耶夫说，俄政府正计划改进远东地区基础设施，充分发挥远东地区在促进俄中经贸关系方面的"交通走廊"作用。他早就知道中国高铁运行速度快、服务好，也希望在俄远东地区能修建通往中国东北地区的高铁，更好地促进两国贸易发展。

"也许有一天，海鲜运到中国仅需要一两个小时，早上捕捞的俄罗斯海鲜中午便可以端上中国人的饭桌，这不是梦。"他说。

俄罗斯远东联邦大学经济管理学院专家委员会主任马克西姆·克里约列维奇表示，中国的"一带一路"倡议与俄罗斯构建欧亚经济联盟的发展战略相辅相成，滨海边疆区提出的"滨海1号"和"滨海2号"交通走廊构建了中俄经贸新桥梁，为两国扩大边境经贸联系描绘了广阔蓝图。（新华社2016年6月19日专电，记者吴刚）

"中国亭"、中国制造与中巴情缘

11月,中国已是深秋,但南半球的巴西,正在迎接炎夏到来。

在里约热内卢蒂茹卡国家森林公园半山腰,建有一座"中国亭"。记者登临时,细雨蒙蒙,雾岚弥漫。不多时,海风劲吹,大雾散去,眼前跃出里约最经典的伊帕内玛海滩,浪花若白练,俯瞰者无不心醉神迷。

"中国亭",正是中国与巴西——北半球与南半球两个大国共同演绎的一部大片的序幕。虽然故事开头带些悲情,但接下来精彩纷呈。

大片的魅力,往往正在于此。

"似是而非"的中国亭

因为俯瞰城市的绝佳位置,中国亭已是里约标志景点,曾出现在电影《里约大冒险》里。

里约姑娘苏埃莉·科代罗一大早领着外地朋友登上了中国亭,观看美景之余,还不忘介绍中国亭的来历。她告诉新华社记者,以前常来观景,但对中国亭的来历并没有什么了解。随着"中国热"在巴西的兴起,她对与"中国"相关的事物逐渐感兴趣,特意就中国亭查找资料,现在都能给外地朋友们当讲解员了。

不过,对登临中国亭的大多数中国游客来说,乍看可能忍俊不禁。远远看,飞角、重檐,这个山间观景胜地还真有"中国范"。但走近细观,差异立现,原该粗壮的立柱过于纤细,本应引颈昂首的中式雕龙也成了俯首喷火的"西方龙"。

中国亭的"似是而非"也在情理之中。200多年前,中国茶农的到来开启了中巴民间交往的一线"门缝"。但在中国早期移民的辛酸背后,巴西看到的并非一个清晰的中国。

据考证,1812年,受当时迁都里约的葡萄牙摄政王若昂六世之邀,首批300多名中国茶农来到里约培育茶树。王室还特意在里约植物园辟出一块地,专门种植茶树,意图打破英国对茶叶贸易的垄断。

在中国茶农指导下,巴西种茶业一度欣欣向荣,巴西也成为了继中国和日本之后的第三大产茶国。然而,由于英国在国际市场上万般阻挠,巴西的"茶叶梦"最终破灭。茶叶滞销导致茶园败落,中国茶农顿时失去了谋生手段,思乡心切但无钱返乡,不少人郁郁成疾、晚景凄凉。他们想家却回不去,就开出了一条从茶园到蒂茹卡公园的小路,在如今中国亭所在处搭建了一个凉棚,于此远眺大洋,倚柱思乡。

1903年,里约市政府为纪念中国茶农建造了这座"中国亭"。然而,上百年前的短暂接触,并没有让中国与巴西这对遥远的陌生人真正熟知,中国亭的"似是而非"恰恰是这种认知差异的体现。

斗转星移,如今,"中国亭"俯视着的巴西第二大城市呈现出越来越多有形无形的中国元素,"以茶结缘"的中巴之间,出现了更多、更宽广的沟通桥梁。

有缘万里的"中国制造"

里约城里,一片长期被阿拉伯后裔商户垄断的小商品市场内,近些年入驻了不少中国商户。生意竞争中,一名中国姑娘与一名阿拉伯小伙子"冲撞"出一段缘分。不同文化在这块包容的土地上拼出了"缘分的天空"。

这是巴西导演埃斯特万·齐亚瓦塔在喜剧片《中国制造》中讲述的故事。影片2014年上映时,吸引了大量巴西观众。抛开情感主线,这部影片的种种细节也展示着"中国制造"在当今巴西的发展。

的确,巴西人今天的日常生活离不开"中国制造"。小到电子产品、空调,大到渡轮、地铁、电力和通讯设施，来自中国的投资、贸易、科技和文化往来赢得了巴西的市场和巴西人的友谊。

如今，巴西是中国在拉美地区的第一大贸易伙伴、第一大投资目的地国和第二大工程承包市场。中国连续7年成为巴西最大贸易伙伴国。近两年来，巴西也成为中国禽肉、牛肉进口第一大来源地。

不久前闭幕的里约奥运会上，"中国制造"成为赛场外最受关注的话题之一。无论是冉冉升起的各国国旗，还是奥运吉祥物、比赛器材、安检设备、地铁列车，"中国制造"无处不在。以至于有媒体惊呼："无论本届奥运中国能夺得多少面奖牌，毫无疑问，中国都是里约奥运最大的赢家。"

河北女孩王伊立是喜剧片《中国制造》的主演。她说，这些大大小小的"中国制造"便捷了巴西人的生活，但巴西人对中国的了解和认知仍较浅。她希望通过塑造中国新一代移民形象，反映不同文化交汇时的碰撞、调适和融合。

"以前，巴西普通民众提到中国，首先想到的是功夫、长城和熊猫，仅此而已。但近几年来变化非常明显，我身边的一些巴西朋友开始使用微信，习惯从中国网购商品，去过中国或计划去中国的巴西人也越来越多。"王伊立自豪地介绍。

王伊立本人也是中巴交流日益扩大的受益者。2014年，主演《中国制造》让王伊立在巴西人气直升。同一年，在巴西福塔莱萨金砖峰会上，王伊立被邀担任翻译，是峰会上最年轻的同声传译员。大学毕业后，王伊立加入了母亲创办的中巴国际文化交流公司，母女两人还经营着一家中文学校。

心心相通的中巴情缘

近年来，巴西人对汉语的热情不断升温。10月25日，巴西帕拉州立大学孔子学院举行揭幕仪式，这是巴西第9所孔子学院，也是孔子学院首次落户巴西亚马孙地区。

巴西现在是拥有孔子学院和孔子课堂最多的拉美国家，注册学生近2万名。孔子学院和孔子课堂为巴西人搭建了学习汉语、了解中国文化的重要平台，丰富了巴西人对中国的认知。

通过孔子学院结缘中国，并因此开辟人生新天地的巴西人不在少数。几年前，17岁的圣保罗小伙栎树借助"孔院网络春晚"比赛，获得了到湖北大学学习汉语的机会。后来，因在中国国内一档综艺节目中的桑巴热舞，他一下成了"网红"。与中国的结缘，为栎树搭建了更高的梦想平台。

随着中巴经贸往来和民间交往的蓬勃发展，中巴结缘的故事越来越多。中国青年音乐人赵可也收获了一段奇妙的巴西缘。

赵可对来自巴西的另类爵士乐——波萨诺瓦非常着迷，经常演唱巴西波萨诺瓦大师伊万·林斯的作品。他一直有个愿望，就是结识林斯，促成中巴爵士乐的交流与合作。一次很偶然的机会，通过在中国访学的巴西学者牵线，赵可终于得识林斯，后者对赵可大为赞赏，邀请赵可赴巴西合作。共同的音乐理想和追求，让两名年龄差距30岁的巴中艺术家相见恨晚，开始了共同出版专辑、举办演唱会的合作计划。

与中巴爵士乐合作刚刚起步相比，200年前与茶叶几乎同时走进巴西的中医已结出丰硕果实。日前，华人中医针灸师宋南华被巴西科学、艺术、历史和文学学院授予"终身院士"称号。如今，巴西已有8000多名医学院毕业生从事针灸专科，巴西260家公立医院开设了针灸科室。

古往今来，中巴之间的故事宛若繁星。这两个"金砖国家"中的重要成员，这两个举办过奥运会的发展中国家，这么远，又这么近……如果说，有形之亭将中巴交流往事重温，那么，中巴民心相通的无形之亭，正在现实的一个个场景里温暖地连接。

中巴情缘的大片刚刚开始。（新华社里约热内卢2016年11月1日电，记者肖春飞、赵晖、申宏）

连接大河文明的"万里纽带"

19世纪中叶的汉口港,运茶船队穿梭不息,蔚为壮观。茶叶从汉口出发,沿水道一路向北,后转陆路继续北上,穿越西伯利亚,运抵俄罗斯的欧洲部分。这是继丝绸之路之后又一条横跨亚欧大陆的国际商道,史称"万里茶道"。武汉,曾是这条传奇商道的起点。

时隔一个多世纪,武汉再次成为一条联通亚欧商道的节点。这次,商道上的行进者,不是驮着丝绸和瓷器的驼队,不是载满茶叶的商船,而是铁轨上呼啸而过的中欧班列。中欧班列在武汉和欧洲城市之间运输货物、交流文化、融通理念,正在书写一段新的传奇。

"唯一没有生锈的铁轨"

中国武汉、德国杜伊斯堡、法国里昂,中欧武汉班列穿梭往来的这三座城市有着一个有趣的地理文化特征:每个城市都有两条河流:浩荡的长江和支流汉江在武汉交汇,宽阔的莱茵河与鲁尔河在杜伊斯堡交融,平静的罗讷河和索恩河在里昂交织。

2017年2月初,中欧武汉班列从法国里昂启程,途径杜伊斯堡开往武汉。这列满载着葡萄酒和汽车配件的火车历时15天左右,横穿欧亚大陆一万多公里,不久前抵达武汉吴家山中心站。

紧张繁忙的卸货和装载之后,火车又将拉着"中国制造"的机械、电子、化工产品和服装等货物,启程开往欧洲。如同"万里纽带"一般,定期往返的中欧武汉班列将这些依河而建立的城市、因河而繁荣的国家、由河而诞生的文明,紧密地联系在一起。

武汉汉欧国际物流公司董事长王利军介绍说，中欧武汉班列以德国、法国等工业制造强国和俄罗斯、白俄罗斯等资源大国为目标，始发于武汉，南线"汉新欧"经新疆到欧洲，北线"汉满欧"经满洲里到欧洲。统计数据显示，2016年，中欧武汉班列共发往返欧洲班列234列，同比增长42.68%，货值约8.59亿美元。班列快速发展的背后，是"一带一路"倡议的通盘布局，是共建丝绸之路经济带的实践落实。

法国国家铁路公司中欧贸易发展负责人格扎维埃·万德尔皮蓬说："国际货运铁路变成了中国的一种竞争力，也使和中国合作的欧洲企业的竞争力大大增强。在法国，像大型零售连锁集团、汽车工业集团，都需要这种物流方案。越来越多的法国小型企业，更需要这种快捷的运输方式。"

汉欧国际德国公司总经理王甲璞说，中欧班列的欧洲用户正在快速增加，业界知名度也在迅速上升，最直观的反映就是班列运输量的上升，"比如白俄罗斯，我之前去过一次，发现边境城市里有几个铁路场站，铁轨都生锈了，唯独中欧班列经过的那个场站，铁轨还是锃亮的！"

"把婚纱照运往欧洲"

关于中欧武汉班列，有这样一条备受关注的新闻：由武汉发往杜伊斯堡的中欧班列"汉新欧"开通了"私人定制"铁路跨境货运服务。这意味着，今后国内个人自用的非贸易物品，可通过中欧班列"门对门"发往欧洲。

首位享受"私人定制"服务的用户是一位前往荷兰定居的新移民，他运送的是自己的婚纱照、窗帘、儿童玩具等个人自用物品。大概经历半个多月的时间，这些家当就从武汉运到了欧洲。

"以前班列运送的货物以工业产品居多，现在普通消费品越来越多，包括酒、奶粉、小商品，甚至是个人物品。"王利军说，中欧武汉班列从为大型制造企业提供专列服务开始，逐步发展为为中小企业提供公共班列服务，直到面向未来的为小微企业、跨境电商乃至个人提供拼箱服务。

王甲璞认为，中欧武汉铁路干线的运输已经稳定，未来将把服务往两端延伸，包括给客户提供"门到门"的完整物流解决方案，提供报关报检，解决"最后一公里"的仓储配送，发展铁路冷链运输等等。班列以运输起步，升级为物流，最后完善为供应链服务，让园区建设和产业落地相结合，这才符合国家"一带一路"的建设方向，也符合市场的发展方向。

"当中国茶遇到法国酒"

2016年，中欧武汉班列首次采用冷链技术，在"万里旅途"中全程使用冷藏箱，确保列车虽然经过高温和极寒地区，但始终保持恒温恒湿，并将波尔多葡萄酒从法国波尔多产区直接运回武汉，开始了葡萄酒跨国铁路运输。

在葡萄酒运输过程中，来自法国某酒庄的一位酒商让王利军非常吃惊，因为这位法国人来武汉推介自己酒庄的葡萄酒时，居然花了大段时间介绍如何保护葡萄酒产区的生态系统：鸟、昆虫、土壤、植被等。在这个法国人眼中，葡萄酒代表的并不是一个单纯的商品，它首先是人对自然规律的尊重。王利军突然觉得，"中欧班列从法国引进的不仅仅是产品，还有欧洲人的生活理念。我们应该把其他文化中精致的、有追求的、注重环境系统的东西都引进来。"

2017年，汉欧国际物流公司计划在武汉和法国各筹备一场"中国茶遇上法国酒"活动，旨在推进中国文化和法国文化的融合，通过中欧武汉班列通道，拉近武汉与法国的距离，带动中国茶与法国酒在中法两国之间的贸易。

"湖北的茶叶大多产自经济相对落后的地区，但相关行业还没有把'一带一路'倡议变成动力，缺乏对茶叶品牌的宣传，缺乏自己主动和国际标准对接的意识。中欧武汉班列通过创造'联通性'，产生贸易需求，将会对湖北茶叶走向欧洲市场产生积极的推动作用。"王利军说。

1957年法国前总理富尔到访武汉时，看到即将通车的武汉长江大桥连起蛇山和龟山,他深受触动,回到法国后著下《蛇龟》一书,暗喻中法两国就如蛇龟二山,需要一座"长江大桥"将天堑变通途。这本书影响了时任法国总统戴高乐,对此后中法正式建立外交关系也起到了积极作用。

今天,历史再次选择武汉。从这片荆楚大地上发散出的中欧班列路线,跨过长江,延伸到更广阔的远方,将中国和欧洲更加紧密地连接在一起。(新华社武汉2017年2月23日电,记者唐霁、梁霓霓)

湄公河畔山乡"变形记"

老挝境内湄公河东岸的最大支流南欧江,北起中国云南江城,奔流崇山峻岭、深林高草,蜿蜒南行,在老挝北部琅勃拉邦汇入湄公河。随着南欧江梯级水电站工程的逐步开展,这里的山乡正迎来巨变,当地百姓和电站移民开始走进新生活。

驱车从琅勃拉邦沿江向北行驶约20分钟就进入山区。这里的道路施工繁忙,每走一小段就会看见一座新加油站,分布得比老挝一般公路频密。随着路旁出现越来越多的中文施工标识和道路警示牌,中国电建旗下各公司、项目部驻地逐一显现。

南欧江梯级水电开发是中国电建在老挝唯一获得全流域整体规划和投资开发的项目,7个梯级电站分两期进行开发,总装机容量达128万千瓦,也是老挝国家能源战略关键项目。今年5月,开发项目一期3个水电站全部机组已成功投产发电。

我们首先到达的是正在建设的项目二期、南欧江一级电站工地。35岁的当地村民郎巴一年前拿出积蓄在马路旁新建了棚屋,开了一间小卖部。

"中国公司员工常来买东西，电话卡、方便面卖得最好。"朗巴说。南欧江项目二期4个电站主体工程2016年4月正式开工建设，2020年全面投产发电。朗巴相信，自己店里的生意会越来越好。

郎巴家小卖部的旁边，是河南人杨冬清开的小餐馆。"中国公司在这里修建、运营电站给当地村民带来了很多好处，"他指着沿马路的一排店说，"这些都是近一两年开的铺面。"

走进杨冬清的小餐馆，21岁的荣和20岁的维正在包饺子。两位姑娘都是本地人，初中毕业后在家待业。"中餐馆让我们有了打工赚钱的机会，将来还想继续读书。"维说。

下了马路，走进南欧江一级电站工地。位于河西岸的办公、管理区井井有条，一桥早已飞架两岸，两岸机器、车辆流转不息，奋战正酣。

从一级电站驱车北行半个小时，就来到了二级电站所在的西岸厂区。这里植被丰富如花园一般，东岸山体开挖面已被绿植"愈合"。从高处看，被葱郁的森林围绕的高坝平湖就如同绿色山林里镶嵌的一颗钻石。

"我们不仅考虑当地村民的经济利益，也注重对环境的保护，"中国电建南欧江项目二期执行总经理胡胜丰介绍说，"比如两岸山体，除了必须处理的开挖面，原始林我们都尽最大可能地予以保护；我们专门投资约30万美元建设废水处理系统；在施工营地也都建有化粪池。"

中国电建南欧江一期的运营方、南欧江流域发电有限公司总经理宋会红介绍说，南欧江一期项目正在发挥着较大的经济效益，到二期全部投产时，南欧江将占老挝总装机容量的30%以上。

除了经济效益，项目给整个流域带来了巨大的综合社会效益。宋会红说，项目建设以来，除去项目带来的周边产业就业，项目高峰期提供的5000余个岗位中，当地员工占了一半；已运营的一期三个电站同样有超过一半的老挝员工。

2014年6月,在新建的二级电站库区移民村哈克,242户移民整体迁入别墅式的砖木房。宋会红介绍说,中国电建在移民村修建了集中的供水设施、民用电线路、学校、寺庙、医务所、村公所、交易市场等公共设施,还组织了十几批次的家具捐赠;另外,仅一期建设就改扩建公路约250公里,修建大小桥涵20余座,形成了进村、进城的道路网,周围村庄基本形成了"村村通路通电"。

"以前村子在河的对岸,进出需要划船,很不方便;现在新村有水有电,省好多事。"52岁的妇女布翁说。

中国电建还在新村里修建了宏伟的寺庙,79岁的潘阿婆还在适应新村环境。她满意地说:"寺庙更大了,到那里修行的人可以住得更舒适了。"

中国电建为村民新建的宽敞的教学楼边,大树下聚着一群小学生,"这里比以前山里好","找伙伴们玩方便多了","教室比原来的大很多"……孩子们叽叽喳喳地表达他们纯真的感受。一个叫拉塔的11岁小女孩说:"我长大以后也要修电站!"(新华社老挝琅勃拉邦2016年12月13日电,记者章建华)

第五章 携手共前行:"一带一路"上的"中国故事"
The Belt and Road

一图看懂

大数据看大世界

BIG DATA BIG WORLD

《一带一路大数据报告（2016）》全球首发。该报告依托亿赞普集团布局全球的大数据网络，集成互联网公开数据和政府部门已脱敏业务流数据，基于大数据算法及其建模技术构建的评价体系，对"一带一路"发展成效进行综合测评。

1 "国别合作度"排排座

前五名国别合作度综合得分

NO.1	NO.2	NO.3	NO.4	NO.5
俄罗斯	哈萨克斯坦	泰国	巴基斯坦	印度尼西亚

- 3.125% / 50%
- 20.3125%
- 26.5625%

■ 深度合作 2 个
■ 快速推进 13 个
■ 逐步拓展 17 个
■ 有待加强 32 个

2 国内各省市区谁最积极？

参与度评测大赛开始啦！

85.61分　　77.16分　　77.08分

广东

浙江

上海

交通设施"优等生"

山东、浙江、广东、上海、江苏等东部沿海地区的港口吞吐量最大

云南、甘肃、吉林、黑龙江等省市与周边陆上邻国有直接的公路连接

13个省市的航空货邮运输量均高于10000吨，其中上海高达117万吨

沿线国家的中欧、中亚班列等跨境客、货运铁路涉及27个省市

第五章 携手共前行："一带一路"上的"中国故事"
The Belt and Road

附录:"一带一路"大事记

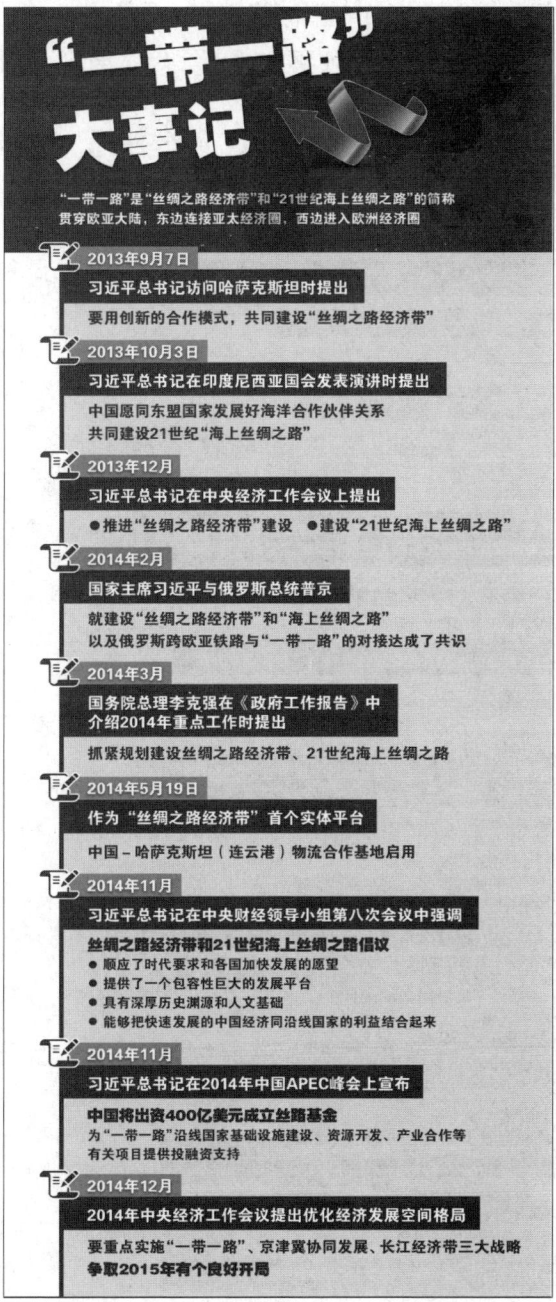

2014年12月

2014年中央经济工作会议提出优化经济发展空间格局

要重点实施"一带一路"、京津冀协同发展、长江经济带三大战略，**争取2015年有个良好开局**

2015年2月

"一带一路"建设工作领导小组成员亮相

中国将出资400亿丝路建设工作

2015年3月

发布了《推动共建丝绸之路经济带和21世纪海上丝绸之路的愿景与行动》

2015年3月

2015年被视为"一带一路"战略落地实施的关键年

国务院总理李克强在政府工作报告中三次提及"一带一路"，"一带一路"成为了今年两会出现频率最高的词。

2015年4月

丝路基金首个对外投资项目

国家主席习近平出访巴基斯坦期间，4月20日，丝路基金、三峡集团与巴基斯坦私营电力和基础设施委员会在伊斯兰堡共同签署了《关于联合开发巴基斯坦水电项目的谅解合作备忘录》。

2015年6月

签署了《中华人民共和国政府和匈牙利政府关于共同推进丝绸之路经济带和21世纪海上丝绸之路建设的谅解备忘录》

6月6日，中国外交部长王毅同匈牙利外交与对外经济部部长西亚尔托签署了该备忘录。这是中国同欧洲国家签署的第一个此类合作文件。

2015年10月

亚洲政党丝绸之路专题会议10月14日下午在北京开幕

中共中央政治局常委、中央书记处书记刘云山出席开幕式，并发表题为《深化丝路政党合作共同开创美好未来》的主旨演讲。

2015年11月

2015成都全球创新创业交易会暨第十届中国—欧盟投资贸易科技合作洽谈会

欧洽会的主题是"一带一路连接中欧新未来"，300多家中方企业与150多家欧方企业将聚焦节能环保、电子信息、新能源新材料、现代农业、生物制药等产业的合作。

2015年11月

逐步构筑起立足周边、辐射"一带一路"、面向全球的高标准自由贸易区网络

中央全面深化改革领导小组第十八次会议对未来一段时间自贸区战略的推进目标提出明确要求：逐步构筑起立足周边、辐射"一带一路"、面向全球的高标准自由贸易区网络。

2015年11月

中国同中东欧16国共同发表《中国–中东欧国家中期合作规划》，推动"16+1合作"提质增效

2016年8月

推进"一带一路"建设工作座谈会召开

习近平表示，已经有100多个国家和国际组织参与其中，我们同30多个沿线国家签署了共建"一带一路"合作协议、同20多个国家开展国际产能合作，联合国等国际组织也态度积极。

2017年5月

14-15日，"一带一路"国际合作高峰论坛将在北京举行